韃靼千年史

[英]巴克爾◎著
向達 黄静淵◎譯

山西人民出版社
山西出版傳媒集團

圖書在版編目(CIP)數據

韃靼千年史 / [英]巴克爾著；向達，黄静淵譯. —太原：山西人民出版社，2015.12(2024.2重印)
(近代海外漢學名著叢刊 / 鄭培凱主編)
ISBN 978-7-203-09308-4

Ⅰ. ①韃… Ⅱ. ①巴… ②向… ③黄… Ⅲ. ①韃靼－民族歷史－中國 Ⅳ. ①K289

中國版本圖書館CIP數據核字(2015)第235516號

韃靼千年史

叢刊主編　鄭培凱
著　　者　[英]巴克爾
譯　　者　向　達　黄静淵
責任編輯　張文穎

出 版 者　山西出版傳媒集團·山西人民出版社
地　　址　太原市建設南路21號
郵　　編　030012
發行營銷　0351－4922220　4955996　4956039
　　　　　0351－4922127(傳真)
天猫官網　https://sxrmcbs.tmall.com　0351－4922159(電話)
E－mail　sxskcb@163.com　發行部
　　　　　sxskcb@126.com　總編室
網　　址　www.sxskcb.com

經 銷 者　山西出版傳媒集團·山西人民出版社
承 印 廠　山西出版傳媒集團·山西新華印業有限公司

開　　本　700mm×970mm　1/16
印　　張　19.25
字　　數　141千字
版　　次　2015年12月　第1版
印　　次　2024年2月　第2次印刷
書　　號　ISBN 978-7-203-09308-4
定　　價　96.00圓

近代海外漢學名著叢刊編委會名單

出版説明

近代海外漢學名著叢刊選取一九四九年以後未再刊行之近代海外漢學作品，編例如次：

一、本叢書遴選之作品在相關學術領域具有一定的代表性，在學術研究方嚮、方法上獨具特色。

二、爲避免重新排印時出錯，本叢書原本原貌影印出版。影印之底本皆經專家組審定，原書字體大小、排版格式均未做大的改變。

三、爲使叢書體例一致，本叢書前言、後記均采用繁體字排版。

四、個別頁碼較少的版本，爲方便裝幀和閱讀，進行了合訂。

五、少數作品有個別破損之處，編者以不改變版本内容爲前提，部分進行修補，難以修復之處保留缺損原狀。

六、原版書中個別錯訛之處，皆照原樣影印，未做修改。

由於叢書規模較大，不足之處，在所難免，殷切期待方家指正。

總序／温故而知新

晚清以來，西力東漸，西方文化思想的著作也大量譯成中文，最著名的如嚴復與林紓的譯著，影響了整個二十世紀中國的知識界與文學界，使得中國文化的思維脈絡爲之丕變。除了西方思想經典、文學與實證科學著作的翻譯，以實證方法系統化探討中國文史的域外漢學，也對中國學術思想界産生了莫大衝擊，改變了中國學術的著述方法與取嚮。

中國傳統的知識結構，是按經史子集四庫分類的，以儒家意識形態的經學爲文化知識的砥柱，以史學爲貫串歷史經驗的殷鑒，至於子部與集部，則是作爲保存文獻、擴大知識面的附帶知識，可以耽情冥想，可以悠遊玩賞，却都是邊緣化的知識，無關聖教的弘揚，無關文化精髓的宏旨。西方文藝復興之後的現代學術體系，在知識分類上，與中國傳統大相徑庭，講究系統分科，不同知識領域各有其客觀存在的價值，有其相對獨立的目的與標準。日本知識界在明治維新以來，鑒於東方文明落後於西方的船堅炮利，率先效法西方，在追求「文明開化」、「脱亞入歐」的過程中，爲日本學術發展循着現代西方的體例，建立了哲學、文學、歷史學、經濟學、法學、商學、物理學、化學、地質學、醫學、農學、工程學、植物學、動物學等等新型學科，企圖與西方學術齊頭並進，從而影響了中國近代學術體系的發展。

本叢刊選印二十世紀上半葉出版的漢學譯著近百冊，分爲三大類：「歷史文化與社會經濟」、「古典文獻與語言文字」、「中外交通與邊疆史」，反映民國時期學術界重視西方及日本漢學研究的成果，藉助他山之石，重新審視中國傳統歷史文化的意義，特別是開拓了傳統學術忽略的領域。五四新文化運動以來，中國學者如蔡元培、胡適都提倡「整理國故」，以理性實證的方法，對中國文化傳統做出系統化的研究，是與這些漢學譯著相輔相成的。這些譯著除了介紹域外漢學的成果，還引進了嶄新的學術研究方法與視角，有助於梳理中國文化傳統的脈絡，重新整合知識結構與學術體系。雖然這些學術著作不是中國學者的成就，無法納入二十世紀中國文史學術的主脈，但是從中文譯本的影響而言，起碼也應當視爲中國近代學術發展的支脈或潛流，不容忽視。可惜的是，到了二十世紀下半葉，因爲兩岸政治形勢的變化，這些漢學譯著，除了部分因王雲五重新入主臺灣商務印書館，而得以在臺灣做了少量的重印，在大陸的出版界，則完全受到遺忘，甚至在許多新成立的大學圖書館中也不見踪影。我們搜集了近百冊塵封的漢學譯著，呈現給二十一世紀的中國學術界，一方面是爲了銘記前人爲推展學術而做出的努力，另一方面也是爲了提醒新常態時期的學人，學術發展有其歷史累積的脈絡，可以從中汲取歷史經驗，温故而知新。

説到「温故知新」與這批早期漢學譯著的關係，可以從兩個方面來思考，以見翻譯域外漢學如何反映了時代精神，爲融匯東西方學術思維，重新闡釋中國文化傳承，做出不可磨滅的貢獻。一是域外漢學的研究對象，以中國歷史文化典籍爲主，屬於中西文化碰撞期間興起的「國學」範疇，與五四新文化人物提倡的「整理國故」運動若合符節。研究中國歷史文化，並賦予新的學術意義，是清末民初知識精英念茲在茲的心結。歷史發展走到一個環節，時代的狂風揚起了批判傳統的大旗，風中的英雄幫着推波助瀾，却又無時或忘自己民族文化主體的未來，糾纏於「傳統」能否「現代」的困境。域外漢學的出現，以西方實證方法研究中國歷史文化傳統，綜合東西方各種語言文字材料，擴大了研究國學的眼界，即使無法打開中國文化傳統是否走到盡頭的心結，至少是提供了一個解惑的方嚮，在大霧彌漫的夜晚，看到了依稀渺茫的星光。

二是翻譯域外漢學，有一種以子之矛攻子之盾的吊詭作用，逐漸化解了中國文化思維中的自大心理與封閉心態，讓唯我獨尊的國粹基本教義派解除武裝到牙齒的盔甲，轉而吸收並接受西方實證研究的學風。民國期間新式教育制度的推行、學術體系的變化、大學學術專業的創建，具體到北京大學國學門的成立，中央研究院規劃歷史、語言、考古的研究領域，都與翻譯域外漢學背後的旨意是息息相關的。因此，重新閲覽這批民國期間的漢學譯著，對二十一世紀的現代學人來説，温故而知新，不但可以窺知民國學人追求新知的心理狀態，也會刺激吾人反思，認真思考學術研究方法與中國學術發展的前景，更進一步，探索文化傳統的重新闡釋與新知介入的關係。知識體系的變化當然與傳統的重新闡釋有關，是外爍的影響大呢，還是內因變化的成分居多？

論語·爲政記載孔子説：「温故而知新，可以爲師矣。」歷代解經，對這個「爲師」的道理，有兩種相近似但又取嚮不同的解釋。朱熹四書集注説：「故者，舊所聞。新者，今所得。言學能時習舊聞而每有新得，則所學在我而其應不窮，故可以爲人師。若夫記問之學，則無得於心而所知有限，故學記譏其不足以爲人師，正與此意互相發也。」雖然朱熹把知識分爲「舊所聞」與「新所得」，强調的却是「學而時習之」，從中生發新的心得，也就是從詮釋舊典中得到新知。這個説法與朱熹在鵝湖之會以後，作詩唱和，寫給陸九淵的詩句，「舊學商量加邃密，新知涵養轉深沉」，异曲同工，是一個意思，萬變不離其宗，舊學與新知是同一個脈絡的知識學理。

然而，有些朱熹之前的經學家，解釋「温故知新」，却有不同的取嚮。皇侃論語義疏就説：「故，謂所學已得之事也。所學已得者則温尋之不使忘失，此是月無忘其所能也。新，謂即時所學新得者也。知新，謂日知其所亡也。若學能日知所亡，月無忘所能，此乃可爲人師也。」皇侃明確説到，「故」指的是過去所學的知識，而「新」則指的是新近學到的知識，新舊結合，相互發明，就可以「爲人師」了。邢昺論語注疏循着皇侃的思路，也説：「言舊所學得者，温尋使不忘，是温故也。素所未知，學使知之，是知新也。既温尋故者，又知新者，則可以爲人師也。」這裏講的「素所未知」，就不祇是研讀舊學，有了新的體會，從過去的傳統中發展出的「新知」，而是從來没聽過、没想過的新學問了。這種「素所未知」的新學問，結合「舊所聞」，對習以爲常的知識框架，就會産生巨大的衝擊，而出現飛躍性的結構變化。知識内容或許大體沿襲傳統，知識結構却得以重新整合，出現嶄新的認知系統，重新審視自己文化傳統的意義，打開文化傳承的新局面。二十世紀上半葉的漢學譯作，就發揮了這樣的作用，促使中國學者放棄自我中心的文化態度，從各種不同側面，探知中國歷史文化的光譜，以域外（或是全球）的角度觀測中國傳統，摇動了文化的萬花筒，看到七彩繽紛的中國。

嚴復在甲午戰争之後，改良變法思想風起雲涌之時，開始大量翻譯西方思想經典著作，是有感於國人（特别是傳統文化孕育的知識精英）思維系統封閉，企圖介紹實證新知，引進邏輯思維的方法，以破除儒學之道「一以貫之」與「放之四海而皆準」的虚妄。他翻譯天演論，在序文中提到，有人歸納東西方學術思想，認爲中國文化重精神，是形而上之學，立意高超，而西方文化重物質，是形而下之學，祇追求功利的回報。他認爲，這種自以爲是的蒙昧態度，陷入傳統舊學的框囿而不自知，没有自我反思的能力，無法吸收「素所未知」的新知識，也就無法開展並弘揚自己的文化傳統。嚴復非常清楚他翻譯西方經典的目的，是爲了介紹新知，打破中國傳統思維的封閉性，但是，作爲披荆斬棘的拓荒人，他深知思想封閉者的頑固心理，必須因勢利導，以免遭到盲目衛道之士的攻訐。嚴復有其防身的策略，不會像許褚戰馬超那樣赤膊上陣，而是以桐城文章譯述赫胥黎、斯賓塞、穆勒、亞當·斯密、孟德斯鳩，博得晚清知識精英的贊許，文章深閎而傳入了新知義理。從文化變遷的角度而言，通過翻譯，以迂迴戰術來介紹西方思想，得到巨大的成功，産生了改變傳統思維體系的實效，是中國近代思想史上影響深遠的大事。以此類推，民國時期大量翻譯域外漢學的影響，也是不容忽視的思想史課題。

關於清末民初西方學術思維衝擊中國知識精英，顛覆傳統文化的知識結構，錢穆在現代中國學術論衡的序言中，從中國文化本位的立場，發出深刻的感慨，做了籠統的批評：「文化异，斯學術亦异。中國重和合，西方重分別。民國以來，中國學術界分門別類，務爲專家，與中國傳統通人通儒之學大相違异。循至返讀古籍，格不相入。此其影響將來學術之發展實大，不可不加以討論。」錢穆所指出的問題，是傳統知識體系强調「通」，文史哲不分家，最崇尚通儒，而現代學術講究專業分科，各司其職，以至於讀不通古籍呈現的整體性知識思維。姚名達在撰寫中國目録學史的時候，對西力東漸，西潮帶來的翻譯著作及新知新學，也有類似的感慨：「四部分類法，不合時代也，不僅現代爲然。自道光、咸豐允許西人入國通商傳教以來，繼以派生留學外國，於是東西洋洋籍逐年增多。學問翻新，迥出舊學之外。目録學界之思想不免爲之震蕩。」這種對學術體系發生重大變化的觀察，反映了中國學人從晚清一直到民國，夾在東西方兩種不同思維體系的衝突中，身歷其境的切身感受，因此感觸良多。

二十世紀上半葉最能代表中國學術的通儒是王國維與陳寅恪，他們浸潤了經史子集的四部知識傳統，承繼乾嘉篤實的考據學風，却都經過西洋邏輯思維與實證科學的洗禮，參與中國知識結構的轉型。對西方現代知識結構如何在中國生根發芽，不但再三致意，并且以自己的學術實踐來努力促成。王國維早在一九〇二年就寫信給張之洞，反對把經學列爲大學分科之首，而主張效法西方與日本的大學，設立哲學科，明確指出知識結構的分類不可因循傳統，而必須另起爐竈。陳寅恪在一九二五年就清華大學建制的問題，寫了吾國學術之現狀及清華之職責，指出大學的職責在於學術之獨立，而中國學術界的情況令人十分不滿，必須認真效法西方學術的體制及實踐。他説：「蓋今世治學以世界爲範圍，重在知彼，絕非閉門造車者比。」這兩位國學大師，對西方與日本的漢學研究十分注意，都是以開放態度對待域外漢學研究，集思廣益，以成其大家。

再回到「温故知新」的歷代經解，説説文化傳承的闡釋學意義。劉寶楠在論語正義中指出，上古之時，文化知識是上層統治精英的家學，不再治理實際政事的長者可以傳遞德行的知識，可以爲人師。「温故而知新」，就顯示長者不忘舊時所學，且能吸收新知，繼承并發揚這種學術與政治合一的傳統。到了孔子之時，時代出現了變化，士大夫不見得能够謹守家法，弘揚德行，也不一定能够「爲師」了。孔子之後，世變日亟，「道術爲天下裂」，文化知識不再爲少數統治精英所壟斷，也不必然與治理政事有關，學術在民間百花齊放，百家争鳴。但是，學術知識發展的脈絡基本未變，仍然是要温故知新，進德修業。從劉寶楠不經意的闡釋中，可以看到時代變遷影響了學術文化的内容，改變了知識結構的體系，但其内在發展的理路仍舊，還是需要舊學與新知的融合，才能有所發展。

劉寶楠還引述了劉逢禄的解釋：「故，古也。六經皆述古昔、稱先王者也。知新，謂通其大義，以斟酌後世之製作，漢初經師皆是也。」劉寶楠贊成這個説法，並指出，漢唐人解釋「知新」，大多數都沿用此意。也就是説，舊學是傳統的知識結構體系，新知是時代變化出現的新知識，必須相互斟酌，才能發揮得宜。至於如何對舊學「通其大義」，就見仁見智，各有説法了。從這個通達的詮釋來討論近代西學東漸的情況，我們可以看到，「温故而知新」在民國學人的心底，是產生「傳統」與「現代」糾葛的心理陷阱，不易跨越。若依照朱熹的説法，「學能時習舊聞而每有新得，則所學在我而其應不窮」，雖然在哲理上可以模模糊糊説通，但在清末民初的具體歷史環節，西學的新知屬於完全不同的知識體系，在原有的舊學脈絡中，根本無從立足，如何「其應不窮」?所以，真要放之四海而皆準，提升「温故而知新」的普世意義，以理解域外漢學譯著與近代學術知識體系變遷的文化史意義，我們認爲，皇侃、邢昺，一直到劉寶楠的闡釋，是比較合適，並與現代文化闡釋學的説法相近。

伽達默爾（Hans-Georg Gadamer）在他的名著真理與方法中，説到認知理性與文化傳統的關係，特别指出，人們通過理性，來判斷歷史文化中事實的真相，但是人的理性與生存環境息息相關，與傳統所衍生的豐富文化底蕴有關，不可能完全超越文化傳統的思維脈絡。他認爲，人生活在文化傳統之中，就不可能「遺世獨立」，以全能超越的抽象思辨來認識傳統，甚至是批判或顛覆傳統。傳統是歷史文化延續與傳承的表徵，不會一成不變，而我們的認知理性也會因時代變遷，而不斷重新詮釋傳統。伽達默爾的闡釋學以西方文化傳統爲例，説明新知如何納入傳統，而使文化傳統生機不斷，生生不息，與中國歷代經學家的説法（朱熹除外），有异曲同工之效。以此觀照民國時期的漢學譯著，我們認爲，這批學術新知傳入中國，對中國文化傳統的繁衍與發展，實有承先啓後之功。

近代海外漢學名著叢刊的出版，最值得感謝的是南兆旭先生二十多年來搜羅的執着與努力。雖然這套叢刊不能窮盡民國時期的漢學譯著，但是，能滙集上百冊自一九四九年以來在國内不曾重印的學術著作，再度公之於世，總是功不唐捐的大功德。忝爲本叢刊的主編，我面對這批民國學術材料，先是感到紛雜無章，有些原作者的學術素養也難副當前的學術標準，甚爲猶豫。後轉念一想，這是上個世紀中國最紛亂時期的學術記録，也是民生凋敝，國勢隤危，内亂外患交加之際，仍有許多學者孜孜矻矻，戮力翻譯域外漢學，爲中國學術的傳承拓展新知的坦途，不禁肅然起敬，開始用心整理分類。掛一漏萬，在所難免，好在有學殖豐贍的戴燕教授負責「歷史文化與社會經濟」、有傅杰教授負責「古典文獻與語言文字」、霍巍教授負責「中外交通與邊疆史」，吾道不孤矣。在整理編輯過程中，周威先生費心最多，也是我要衷心感謝的。

道術之存亡，全在人心之嚮背。這批民國漢學譯著重新問世，對我們生長在承平之世的學人，應當有激勵的作用，爲學術研究多盡份力，讓中國學術發展更上一層樓。

鄭培凱

二〇一五年七月

前言

在中國近現代學術史上，一個重大的轉折時期出現在清末民初，中國文化和中國學術幾千年來所積澱的自負和驕傲，受到前所未有的衝擊和挑戰。這種壓力既來自外部，也來自於內部，既包含着一個古老民族對於西方列强從政治、軍事、經濟、文化等各個方面强勢壓迫的自然反抗，也有着當時學人從學術傳統、研究範式、價值取嚮、材料方法等深層次的理性思考。在這樣一個大背景之下，陳寅恪先生因主張「一時代之學術，必有其新材料與新問題」而著稱於世，傅斯年先生也因倡導「上窮碧落下黄泉，動手動脚找東西」而聲名顯赫。其實，傅斯年先生這句名言的出處是在他撰寫的歷史語言研究所工作之旨趣一文當中，在講這句話的前面，他還有很長的一段話比較了當時中西學術發展出現的差距，并且指出了學術發展的三項標準：

> （一）凡能直接研究材料，便能進步。凡間接的研究前人所研究或前人所創造之系統，而不能繁豐細密的參照所包含的事實，便退步。（二）凡一種學問能擴張他研究的材料便進步，不能的便退步。西洋人研究中國或牽連中國的事物，本來没有很多的成績，因爲他們讀中國的書不能親切，認中國事實不能嚴辯，所以關於一切文字審求、文籍考訂、史事辯別等等，在他們永遠一籌莫展。但他們却有些地方比我們範圍來得寬些。我們中國人多是不會解决史籍上的四裔問題

> 的，丁謙君的諸史外國傳考證，遠不如沙萬君之譯外國傳、玉連之解大唐西域記、高幾耶之注馬可波羅遊記、米勒之發讀回紇文書，這都不是中國人現在已經辦到的。凡中國人所忽略，如匈奴、鮮卑、突厥、回紇、契丹、女真、蒙古等問題，在歐洲人却施格外的注意……（三）凡一種學問能擴充他做研究時應用的工具的，則進步，不能的，則退步。……西洋人做學問不是去讀書，是動手動脚到處尋找新材料，隨時擴大舊範圍，所以這學問才有四方的發展，嚮上的增高。〔一〕

他這裏所强調的材料的擴充、方法的進步，尤其舉出研究中國「四裔問題」上西方學術界的重視與所獲成績的例子，實際上都暗含着兩層意思在內：其一，是倡導重視除文獻材料之外地下材料的出土，號召學人不讀死書，而要「動手動脚到處尋找新材料」，才有可能拓展學術空間，「隨時擴大舊範圍」。西方學者古書遠遠不如中國人讀得好，却能够不斷拓展新領域，取得新成績，這是一個重要的原因。其二，是主張將研究空間從傳統的中原地區嚮着邊疆地區（亦即舊籍中的「四裔」）拓展，認爲這將是中國學術未來發展的方嚮。他尤其提到的匈奴、鮮卑、突厥、回紇、契丹、女真、蒙古等問題，都是國人重視不足，但「在歐洲人却施格外的注意」的新問題。直到今天看來，傅斯年先生所倡導的這個方嚮，也仍然具有深遠的戰略眼光。民國時期學術所受海外漢學的影響是多方面的，而其中對於中國邊疆、民族和中外文化關係等方面的研究成果尤其引人注目，也爲時人所重視，都與這個時代背景有着密切的關係。

近代以來，西方學者（包括被國人視爲「東洋」的日本學者在內）的一批學術著作陸續被翻譯成中文出版，成爲當時國人瞭解西方並從而反觀自身的一面鏡子。其中，被選入本套近代海外漢學名著叢刊的許多名

〔一〕傅斯年：歷史語言研究所工作之旨趣，國立中央研究院歷史語言研究所集刊第一本第一分，民國十七年十月。

家著作，堪稱其代表之作。這當中，有對中國古代民族史進行深入研究的白鳥庫吉著康居粟特考、帕克（E. H.Parker）所著匈奴史、津田左右吉著渤海史考等名著，也有涉及中國古代民族制度文化史的箭內亘著元朝制度考、元代經略東北考等系列研究專著。尤其是在中外文化交流和關係史方面，日本學者桑原騭藏著唐宋貿易港研究、木宮泰彦著中日交通史等著作，都開啓了這個領域的研究先河，影響甚爲深遠。

這批海外漢學名著的學術特點非常突出，一方面，它們大都充分利用了豐富的中國古代歷史文獻進行精深的文本分析，體現出作者的漢學水平和深厚的古文獻根基；但另一方面，從總體的研究方法上却與傳統的中國學術大相徑庭，作者已經不再像二十四史的史家那樣仍舊站在中原王朝正統史觀的立場來觀察所謂「四裔」，進行粗綫條的描述，而是以西方考古學、人類學、社會學等全新的研究方法和理論對研究對象從歷史語言、地理環境、社會組織結構、人群遷移流動、對外文化交流等不同的層面和角度加以剖析，從而展示出前所未有的學術新格局。在這批著作中，還有一部分屬於作者實地考察的行記，如鳥居龍藏所著東北亞洲搜訪記等，無論其學術水平如何參差不齊，但都體現出西方學術界重視田野工作、擴大和豐富新材料的研究取嚮，也和當時西方學者大規模進入我國邊疆地區開展所謂「考察」、「探險」活動的歷史背景相互呼應，由此對中國學人所産生的激烈震蕩和隨之而來「敦煌學」、「西夏學」、「蒙古學」、「藏學」等新的研究領域的形成，應當説都與之不無關係。

我們不能不注意到，在這批海外漢學名著中，日本學者的著述頗豐，這個特點也反映出近現代學術史上「東洋」與「西洋」之關係。自明治維新以來，日本以「脱亞入歐」爲國家目標，不僅在政治、經濟和軍事上努力以西方爲效仿和追趕對象，在文化上也與傳統的「以中國文化爲師」的模式拉開距離，出現了學術文化上的明顯轉型。在嚮西方學術學習借鑒方面，日本的確走在了中國的前頭，甚至承擔了嚮中國「轉手」輸入西方文化的「中間人」的角色。在中國的邊疆、民族、中西交通史等方面，日本學術界和西方學術界聯繫緊密，將其對中國傳統史籍的精深理解和西方研究範式的具體實踐有效加以結合，產生出一批重量級的學術成果，這也是清末民初投射在中國學術史背景上的一個濃重剪影。

當然也無須諱言，由於時代的局限，這套叢書所能够借以參考、使用的實物史料隨着地上地下考古文物的不斷發現，已經顯得落後。自二十世紀五十年代以來，中國學者在邊疆考古領域取得了重要的成績，尤其是在新疆、西藏、内蒙古、東北各地的田野工作爲匈奴、鮮卑、粟特、吐蕃、突厥等若干古代民族問題的研究都提供了大量新材料，提出了不少新問題。但是我們不能苛求前人，放在當時的歷史背景之下來看，叢書作者所顯現的問題意識、史料運用和研究方法，至今也仍然是具有借鑒作用的。

最後我們還應注意到，這批海外漢學著作的譯者有些是國人知曉的史學名家，如向達先生、趙敏求先生、方壯猷先生等，他們均具有深厚的傳統國學根底，也具有寬廣的國際視野，其中如向達先生曾遊學歐洲多國，在敦煌學、中西文化交流史研究等方面建樹卓越。但是，也還有更多的編譯者今天已經不再爲人知曉，這反而證明了一個事實：在清末民初這個中國近現代學術史轉型時期，西方學術所帶來的衝擊和影響，不僅僅波及少數學術精英，而且也深刻地震蕩着社會各個階層，中國人嚮西方學習從而變革求新、救亡圖存的强烈願望，可以説是這些譯著當年問世時最爲直接的「催生劑」。今天，在中華民族爲實現偉大的民族復興和「中國夢」的美好願景而努力奮鬥的新時代，重讀這套叢書，「温故而知新」，可以説是意味深長。

四川大學教授、博士生道師、教育部長江學者特聘教授

霍　巍

作者簡介

著者

巴克爾（E.H.Parker中文名莊延齡，一八四九年—一九二六年），英國漢學家。莊延齡是近代來華的一名外交官兼漢學家，曾利用其長期在中國生活的便利條件對其時的漢語方言進行了客觀的記録和研究。他的工作不僅具有極其鮮明的特色，還影響到了包括高本漢在内的一些著名漢學家，在西方漢學界的漢語史研究中佔有重要的學術地位。

譯者

向達（一九〇〇年—一九六六年），湖南溆浦人，字覺明，筆名方回、佛陀耶舍，土家族。中國著名歷史學家、敦煌學家、中外交通史專家。曾任上海商務印書館編譯所編輯、北平圖書館編纂委員會委員，在浙江大學史地系任教，也曾任昆明西南聯大歷史系教授兼北京大學文科研究所導師。著有唐代長安與西域文明及史料目録學引論、倫敦所藏敦煌卷子經眼目録、漢唐間西域及南海諸國古地理書叙録、關於三寶太監下西洋的幾種資料等。

黄静淵（一八九八年—一九九三年），四川漢源人。北京師範大學畢業，曾任商務印書館編輯，滎經縣長，西康省政府顧問，西康省參議員，成都大學、華西大學、四川大學教師等。

再版序

本書以一八九三年與一八九四年間草於瓊州，即華南之海南島也。瓊州府尹曾貸余以中文歷史要籍多種。一八九四年余去華，是時詹姆生先生(Mr. George Jamieson)適代理上海按察司（Acting-Chief Judge at Shanghai），承其校閱排樣，主理出版事。此時俄人在庫倫附近發見一刻有三種文字石碑，卒因其所刻中國文與敍利亞文之對照文字，遂發現第三種文字為突厥文。此舉以哥本哈琴大學湯麥生教授(Prof V. Thomsen of Copenhagen)稱首功（令人迴憶學者誦讀埃及洛塞達石碑 Rosetta Stone 方法）；繼之者為聖彼得堡拉德洛夫博士(Dr. W. Radloff of St. Petersburg)，彼實從事探求，致此千二百年前之突厥文全部，仍為今人所能了解。余於中國評論（China Review）第二十卷中，嘗言匈奴，塞種，匈人，突厥為同一部落之異名。自是而後，沙畹夏德諸學者繼續努力，更有深切之研究云。

巴克爾識於利物浦岡比爾里十四號（14 Gambier Terrace, Liverpool）

目錄

再版序

卷一 匈奴

第一章 匈奴之古史……一
第二章 冒頓之御宇……七
第三章 與中國爭霸時期……一六
第四章 衰敗時期……二七
第五章 屬國時期……三七
第六章 匈奴之內屬分裂與衰亡……五七
第七章 匈奴人之稱帝於中國北部……七一

卷二　鮮卑

第一章　烏桓與鮮卑等東胡民族……七七
第二章　鮮卑名王檀石槐帝國……八三
第三章　入主中國北部之鮮卑族人……九一
第四章　吐谷渾……九九

卷三　蠕蠕

第一章　興衰略述……一〇三
第二章　與康加里族之爭……一一一

卷四　突厥

第一章　突厥古史……一一五
第二章　與中國之爭及頡利帝國時代……一二七
第三章　默啜帝國……一三七

第四章　突厥之中興與滅亡……一四七

卷五　西突厥

第一章　阿史那族之盛衰……一五三
第二章　碎葉之突厥施可汗……一六五
第三章　突厥種人之入主中國北部……一六九
第四章　黠戛斯……一七三
第五章　突厥臣屬各部落……一七九

卷六　回紇

第一章　初期回紇在北部之興衰……一八一
第二章　流落時期之回鶻……二〇一
第三章　在西方之後期回紇……二〇五

卷七　契丹

第一章　阿保機之建國……二一五
第二章　契丹兼併鄰部時期……二三一
第三章　契丹與宋和好時期……二四一
第四章　契丹概況及其在十一世紀之情狀……二五三
第五章　女眞之興起及契丹之敗亡……二六三

韃靼千年史

卷一 匈奴

第一章 匈奴之古史

東亞游牧民族之眞正歷史，其時期情勢，俱與歐洲北族約略相似。中國自發見此輩而後，繼以戰伐；於是交往日繁而種族間相刃相盪之勢遂起，馴至邊患不絕，中國國勢因而凌夷，政治中心亦爲之播遷不常；與羅馬帝國正復相似。希臘波斯之所遇者較夙於中國羅馬，然希羅多德(Herodotus)書中所紀塞種(Scythians)之生活習慣，栩栩若繪，而中國羅馬史籍所述則率爲政治史，此其異也。然而希羅多德書中所紀，與中國史中之匈奴，羅馬史中之匈人，絲毫無殊。是故中國史中之匈奴與希臘之匈納(Oὔγγοι, or Hunnen)西方之匈人在字根上是否同源，只一語而決耳。本書僅就中國史籍所紀，整齊排比，以任學人自爲推尋，非確然有據，不漫爲揚榷也。

匈奴史蹟初見載籍之時，中國唯略知高麗、東北諸族、安南、大江以南諸土著，以及西藏游牧民族之梗概，日本緬甸暹羅印度中亞土耳其斯坦與夫南洋羣島一帶，猶茫然不識。中國斯時對外關係唯局於北方騎馬寇掠之輩而已。匈奴一辭，屢見後來正史，唯在古初，不曰匈奴而爲其他音近之字；歐西學者以爲匈奴一辭始於西元前第二世紀，其說甚謬。宋馬端臨文獻通考，力闢其非，舉二例以證匈奴一辭，在西元前第二世紀前，即用爲國名，且已聲威烜赫成爲大國。中國史家論述邊徼諸國，政治起源，輒喜歸諸中國流徙亡命之徒，以爲此輩善於適應當地風尚，重以知書識字，故易居高位，掌大權，而團結各民族以成一國云云。後世如高麗閩廣滇甘臺灣，誠如斯說；而西藏蒙古滿洲諸游牧民族中大致亦不殊也。中史謂匈奴之先出於夏后氏之苗裔曰淳維，以失行遁入北荒，建國稱王。自是以迄西元前二世紀，中國北方諸邦，屢遭此輩游牧民族侵寇之害；然其世代年系絕少紀述，今日鉤稽古籍，於此輩往蹟略窺一二；顧其蒙昧之狀，比之希羅多德之紀塞種，無以異也。斯時東胡民族尚未爲中國所知，兩者接觸，猶在數百年後。唯匈奴以泱泱大國，故知之甚悉。後來屢用突厥人或突厥塞種(Turko-Scythian)之名以稱匈奴帝國中各同種部落；然在西元後第五世紀以前，猶無突厥之名，漫以此稱往昔匈奴，將不免通人之譏矣。韃靼一辭或稱塔塔，或稱韃子，中史用此，殊爲含混，而其見於史籍，亦在西元後第二世紀，其始此辭僅指一小部落而言，與突厥同。是故匈奴與匈（Hun）是否一辭，今姑不論，要之中國人對於北亞騎馬食肉飲酪之游牧民族，除匈奴一辭外，並無他名以稱之，此與匈奴勢力失墮，爲中國所驅，西行而入於北歐以後，北歐除匈以後之無他名以稱此輩騎馬食肉飲酪之游牧民族，則可決也。復次，希羅多德所述與希臘波斯接觸之塞種，與中國之匈奴歐洲之匈人正同，則屏去其他紛異之證，而謂此三者在種族上彼此息息相關，固至爲合理之結論也。

匈奴以馬背爲家，隨畜牧而轉移。其畜之所多則馬牛羊，其奇畜則橐駞、驢、驘、駃騠、騊駼、驒騱；亞述（Assyria）中亞之野驢，當亦有之。逐水草遷徙，無城郭常處耕田之業；然亦各有分地。無文書，以言語爲約束。兒能騎羊，引弓射鳥獸；少長則射狐兔，用爲食。士力能彎弓，盡爲甲騎。自君王以下，咸食畜肉，衣其皮革，被旃裘；壯者食肥美，老者食其餘；貴壯健，賤老弱。父死，妻其後母，兄弟死，皆取其妻妻之；韃靼此俗，歷千數年而不衰。至於子與兄弟，孰得先取，尚未之知；大約無子則歸兄弟，無兄弟則歸子耳。其俗無事則隨畜因射獵禽獸爲生業；有急則人習戰攻以侵伐，利則進，不利則退，不羞遁走；蓋其戰略，不外突擊詐敗與夫埋伏而已。中史稱其苟利所在，不知禮義；短刀相接，則有劍及匕首以爲利器。古史或稱其冬則穴居，此或特指東胡而言也。

韃靼民族中亦復戰伐不絕，唯古紀蒙昧，難得其概。要之自西元前一千四百年至西元前二百年之間，中國與此輩游牧民族戰爭之事，時見古籍，時期亦可見梗概，雖所述簡略，固可視爲信史；至於年代不定，不足爲病，中國史籍亦自西元前八二八年（周共和十四年）以後，年歲始有可徵也。今日中國如陝西山西河北諸省之北部，在當時俱爲此輩游牧民族牧馬之區；終戰國之世（西元前七〇〇——二〇〇年），中國與此輩常保其平等之勢。周室自天子以至諸侯，先後數與此輩游牧民族藉和親以保其安謐，而趙武靈王且胡服騎射，以效之也。現今又有一字源問題，卽所謂東胡（此辭大率用以稱契丹滿洲以及高麗之先世而言，與以匈奴指突厥回鶻黠戛斯之先世而言正同）一辭是否與歐洲之通古斯（Tungusic or Tunguz）一辭是否同源是也。在此不欲爲詳細之討論，今只略述其概。案俄文此字與中文意義正同，故二字語根若非同出一源，則當屬非常巧遇之事。此外尙有一點，亦可見中國邊陲諸邦漸染韃靼思想之深也。趙襄子曾漆智伯之頭以爲飲器，此事深悖孔子禮教之觀念，而與匈奴塞種之習則甚近也。西元前第三世紀，嬴秦統一以前，趙國奄有今日山西河北兩省之地，名將李牧戍邊，以誘敵之策，大破匈奴，殺十餘萬騎。秦滅六國而後，蒙恬將十萬之衆北擊胡，今河套一帶號稱鄂爾多斯旗之地，當時所謂河南地者，本已淪於異域，至是俱爲所復。胡人遁走漠北。蒙恬因河爲塞，築四十四縣城臨河，徙適戍以充之，而通直道，自九原至雲陽，因邊山險塹谿谷可繕者治之。起臨洮（今甘肅蘭州府地至遼東萬餘里築長城以防胡。長城至今大致完好，現代中國地圖率可見此。自長城築後，沿邊奇異之地名，常因代而不同。然在又一方面讀史者應知此長城者，實一大血線也，埋骨其間，無代或絕，千餘年來，魂遶邊塞者奚止百萬。然而長城之築，固不自蒙恬始；趙武靈王築長城，自代竝陰山下，至高闕爲塞；秦亦築長城以拒胡。東則燕（今北京平原一帶）亦築長城，自造陽至襄平；其後蒙恬以三十萬衆戍邊塞，築長城，要不過增修前人之舊，而聯之爲一而已耳。後來諸朝代有繕修，向東擴展；今日離北京三十哩所見之長城，大都爲後來所修；二千年前之古長城，唯見於西北邊陲一帶，然已廢圮無餘矣。

第二章　冒頓之御宇

秦始皇即位，以長馭遠駕之才，爲攘夷安邊之略，於是匈奴遠遁漠北，不復爲邊患者久之。始皇焚書抗儒，爲後世詬病，然其影響所及，不盡爲無益也。焚書而後，古籍淪亡，制度失墜，欲使政事不至停滯，意旨可以傳達，則不得不另謀創造一種簡易之書體輕便之文具，以代昔日之竹簡漆書鳥文古篆。於是蒙恬乃改良往昔之竹筆而另製毛筆。而匈奴斯時又別逢一勁敵，曰月氏(Yüeh-Chih or Ephthalites)者，其聲勢之盛蓋不亞於中國也。月氏人始居於今甘肅之西陲，秦統一後始見知於中國。當秦始皇時，匈奴之頭曼單于(Jenuye Deuman) 在位，匈奴史事之眞實可考，蓋亦始於頭曼之時也。西元前二一〇年，秦始皇崩。先是始皇祖昭襄王在位五十六年，秦之強盛，始基於此，迄始皇立，席先世之餘蔭，遂告統一之大業。既崩，秦帝國漸成瓦解之勢，國內大亂，擾攘四年。將帥互相殺伐，以覬覦帝位；諸秦所徙適邊者皆復去。於是頭曼單于遂乘勢崛起，努力恢復往日之盛，漸逾大漠南侵，今甘肅東部鄂爾多斯旗一帶，復爲所有，而與中國界於故塞。單于有太子名曰冒頓（Baghdur）。富於才。後有愛閼氏，生少子，單于寵愛閼氏，因許立其子。乃使冒頓爲質於月氏。冒頓既質，頭曼急擊月氏；月氏欲殺冒頓。冒頓悉其謀，盜月氏善馬，騎已歸。頭曼以爲壯，令將萬騎。冒頓心怨其父之置彼於絕地也，謀所以報復之方，迺作鳴鏑，習勒其騎射。令曰，「鳴鏑所射而不悉射者斬。」行獵獸有不射鳴鏑所射，輒斬之。已而冒頓以鳴鏑自射善馬，或莫敢射，冒頓立斬之。居頃之，復以鳴鏑自善其愛妻，左右或頗恐，不敢射，復斬之。冒頓出獵，以鳴鏑射單于善馬，左右皆射之；於是冒頓知其左右可用，從其父頭曼獵，以鳴鏑射頭曼，其左右皆隨鳴鏑而射殺頭曼。盡誅其後母與弟及大臣不聽從者，於是自立爲單于。

是時東胡強，稍亞於匈奴，大漠千里，亘於其中，以爲天塹。既聞冒頓殺父自立，乃使使告冒頓，欲得頭曼時號千里馬，所以爲不討其殺父之罪之酬也。冒頓問羣臣，羣臣皆曰，「此匈奴寶馬也，勿予。」冒頓曰，「奈何與人鄰國愛一馬乎！」遂予之。頃之，東胡以爲冒頓畏之，使使謂冒頓曰，「欲得單于一閼氏。」冒頓復問左右，左右皆怒曰，「東胡無道，乃求閼氏，請擊之。」冒頓曰，「奈何與人鄰國，愛一女子乎！」遂取所愛閼氏予東胡。東胡王愈驕西侵。與匈奴中間有棄地莫居千餘里，各居其邊爲甌脫。東胡使使謂冒頓曰「匈奴所與我界甌脫外棄地，匈奴不能至也吾欲有之。」冒頓問羣臣。或曰，「此棄地，予之。」於是冒頓大怒曰「地者，國之本也奈何予人！」諸言予者皆斬之。冒頓上馬，令國中有後者斬；遂東襲擊東胡。東胡初輕冒頓，不爲備。及冒頓以兵至，大破滅東胡王，虜其民衆畜產。東胡餘衆乃退保於今北京附近之蒙古東北高原中，休養生息，後來遂寖成爲大國本書後將述及，茲不贅也。而匈奴、東胡、突厥、回鶻、契丹、蒙古、滿洲諸族之疆域種性，皆時有更易，要難確指。一次大戰而後，敗亡者則婦女夷爲妻孥；少壯則更爲戰士，雖仍統以本族，然已臣於勝者；老弱之徒則淪爲奴役，牧飼牲畜；牲畜之屬則歸於新主。若干年後，新主衰滅，則形勢復易；此爲研究游牧民族歷史者所不可不知者也。此輩游牧民族主奴生活，大致不殊，唯奴者役於人，而主則自樂，是爲異耳。婦女易夫，習爲故常，不必自願也。是故匈奴東胡雖自有其大別，然語言既已混合，種族亦已交雜，習俗亦潛移默化，同化於無形矣。至今東胡一族，已完全消滅。而在當時則中國除匈奴而外，於東胡之風俗習慣初不之知，其後數百年，兩者尙無若何關係也。

，冒頓者，誠一四征不庭之雄主，稱之爲韃靼族之漢尼拔（Hannibal）亦可無愧者也。歐西有識之士輒云「世界雄主，」「奄有萬國，」實則其所云之世界天下，不過地中海之一隅，或偶一及於非洲波斯以及高盧（Gaul）而已。居魯士（Cyrus）之與亞歷山大（Alexander），大留士（Darius）之與薛西斯（Xerxes），凱撒（Cæsar）之與龐培（Pompey），俱曾四征不庭，事業烜赫，震驚一世；然以之與東亞所演者相較，其動人心目，曾未能有以過之也。西洋文明在美術科學兩方面之進步，固非中國所能望其項背，然而中國文史之學，卓絕一世，而尚禮貌，重衣飾，長於治國之術，此亦非歐洲所能企及者也。要之遠東之歷史，其重要較之泰西，並不多讓，唯在善讀者耳。韃靼之於中國，關係絕爲繁重，吾輩苟能屏除成見，而認識韃靼史事之重要者，則於中國之忽視歐洲人所視爲天下之地中海裏海一帶史事，當亦爲之釋然也。

冒頓既破滅東胡，歸而西擊走月氏，月氏遂遠遁西南。悉復收秦所奪匈奴故地，與漢故河南塞，至朝那膚施，遂侵燕代。是時冒頓所轄控弦之士號三十萬，廬帳人民之數，可想見矣。丁零堅昆（今貝加爾湖及黑龍江一帶）俱爲所有；唯中史於此輩殊域民族都未之及，今日推尋，大概點戛斯高車（後稱回鶻，）鄂倫春（魚皮韃靼）諸族，悉臣服於冒頓；而黠戛斯之臣屬，尤爲無疑也。

匈奴世姓官號：稱其王曰撐犂孤塗單于(Tengri Kudu Jenuye)；意謂天單于也。匈奴謂天爲撐犂，子爲孤塗；今突厥文及蒙古文猶以 tengri（撐犂後來譯騰格里）指天而言；至於Kudu(孤塗)一辭，則今突厥學人猶不得其解云。單于自鎮中權，而以二屠耆（Dugi）分鎮東西。匈奴謂賢曰屠耆，東西屠耆，謂左右賢王也。常以太子爲左屠耆，位最崇。賢王以下，有左右谷蠡王(Left and Riqgt Rukle)，左右大將，左右大都尉，左右大當戶，左右骨都侯（Left and Right Ruttu Marquisses）。自左右賢王以下至當戶，大者萬餘騎，小者數千，凡二十四長，立號曰萬騎。左右賢王及左右谷蠡王是曰四角（Four horns），外有六角。是皆爲單于之戚族，與成吉斯汗及大莫臥兒帝國時之白角（Whiti horn）同其致也。谷蠡之義未詳，骨都亦作骨都盧(Kutuluk)，其後更千餘年，音猶不殊；即今日突厥文中之 Kutluk，其意爲福，或云吉祥。匈奴以左右賢王左右谷蠡王爲最大國；左右骨都侯輔政；諸二十四長亦各自置千長百長什長裨小王相都尉當戶且渠之屬。單于之后稱曰閼氏（Inchi），大率取自呼衍氏蘭氏及須卜氏；此三姓其貴種也。匈奴小官名稱浩繁，今不詳述。且渠（Tsugu）一辭爲匈奴與後來突厥人之連續，說亦見後。俗至五月，大會龍城；此與馬哥孛羅時蒙古之庫里爾泰大會正同。旣曾於龍城，祭其先天地鬼神。以此與單于之天子封號比觀之，則古初匈奴與中國人之宗教觀念，亦可得其大凡矣。入秋，馬肥，又大會於蹛林，課校人畜計。其法拔刃尺者死，坐盜者沒入其家；有罪小者軋，大者死，獄久者不過十日。一國之囚，不過數人；皆決於龍城蹛林二大會。會時行馳馬競駝之戲。單于朝出營，拜日之始生，夕拜月。其坐貴左，如中國或又謂匈奴俗尚右，而單于坐而北鄉，中國帝皇則南面而坐，此甚可疑。要之二賢王中以左賢王爲最尊，則可決也。日之位置，常爲吉凶所關，曆日中數數記中。舉大事則候星月，月盛壯則攻戰，月虧則退兵。其攻戰，斬首虜賜一巵酒；而所得鹵獲，因以予之；得人以爲奴婢。又謂戰而扶輿死者，則盡得死者家財。其送死，有棺椁金銀衣裳，而無封樹喪服，近幸臣妾從死者多至數十百人（此當係送喪而非殉葬，吉明（Gibbon）曾述及栗特（Sogdiana）嚈噠人殉葬之俗，秦偏處西陲，吸受夷風，亦有殉葬之俗也）。名家曰豆落（dörok）云。

冒頓既東敗東胡，西走月氏，北服渾庾屈射丁零鬲昆薪犂諸國，於是匈奴貴人大臣皆服，以爲賢。是時漢初定，中國徙韓王信於代都馬邑，匈奴大攻圍馬邑，韓王信降匈奴。匈奴得信，聲勢愈張，因引兵南踰勾注，攻太原至晉陽下。漢高祖劉邦既削平羣雄，躋登大位，因自將兵往禦之。會冬大寒，雨雪，士卒之墮指者十二三。冒頓知可乘，遂佯敗走，誘漢兵。漢兵逐擊冒頓；冒頓匿其精兵，見其羸弱，於是漢悉兵，多步兵，三十二萬，北逐之。高祖先至平城（今山西大同），步兵未盡到；冒頓縱精兵四十萬騎圍高帝於白登七日，漢兵中外不得相救。據謂冒頓以白青烏騂四色騎圍白登西東北南四方云。冒頓之圍白登也，亦如六百年後匈奴阿提拉（Attila）之於沙龍（Châlons）一戰然，足智而多疑，以爲漢將以計誘之；高祖窺其隱，乃使使間厚遺閼氏。閼氏因勸冒頓，解圍之一角；於是高祖令士皆持滿傅矢外向，從解角直出，竟與大軍合。冒頓知漢帝不可得，引兵而去，漢亦引兵而罷。其後漢乃遣劉敬使匈奴，與結和親之約，奉宗室女公主爲單于閼氏，歲奉以絮繒酒米食物各有數。按和親之議，創於劉敬，意以中國公主爲匈奴閼氏，後將大利於漢；其實不然，和親之策反愈足以疎兩者之誼，驗之五百年後，劉淵石勒之流，俱以匈奴入據中夏，其效蓋可見矣。

高祖時，以用和親之策，匈奴寇邊，稍減於前。高祖既老，亦如匈奴頭曼單于然，寵戚夫人，欲立其子；高祖崩，高后呂氏乃殺戚夫人及其子趙王，孝惠死，遂自秉國政者歷十年。中國降人因教冒頓爲書，使使遺高后，辭頗褻嫚。呂后大怒，召丞相及樊噲季布等，議斬其使者，發兵而擊之。樊噲請得十萬衆，以橫行匈奴中。季布力阻，以爲高祖以三十餘萬衆，尙有平城之敗，天下畢歌以諷，今里巷歌唫之聲未絕，傷痍者甫起，烏能無匈奴抗。呂后善其言，用婉書報冒頓，以年老氣衰髮齒墮落行步失度爲辭，別以御車二乘馬二駟奉冒頓。冒頓奉書，頗慚其無禮，因作書自謝，並獻馬，遂和親。至孝文帝以高祖中子卽大位（西元前一八〇年），冒頓以爲可欺，文帝三年夏，匈奴右賢王遂入居河南地爲寇。南越王趙佗其時奄有今西粵安南地，亦因呂后崩，以兵威邊。文帝遣使以書諭匈奴及南越，彬彬有禮，而意旨嚴切，匈奴南越皆爲之翕服。匈奴復漢書有云「罰右賢王，使至西方求月氏擊之，以天之福，吏卒良馬力強，以夷滅月氏，盡斬殺降下定之。樓蘭烏孫呼揭（卽今羅布泊塔爾巴哈臺及賽蘭海一帶地）及其旁二十六國，皆已爲匈奴，諸引弓之民，並爲一家」云云。蓋淸代長城以外之地，除西藏外，皆歸其版圖矣。復書又曰，「皇帝卽不欲匈奴近塞，則且詔吏民遠舍;使者至卽遣之」云云。冒頓書既至,漢議擊與和親孰便。公卿皆以單于新破月氏,乘勝不可擊,因於文帝前六年(西元前一七三年)復書問「匈奴大單于無恙」,幷餽以繡袷綺衣長襦錦袍比疏黃金飾具帶黃金犀毗繡錦赤綈綠繒之屬。頃之冒頓薨,在位凡三十六年,子稽粥(Kayuk)立。

第三章　與中國爭霸時期

稽粥，號曰老上單于。老上稽粥單于初立，文帝復遣宗人女翁主爲單于閼氏，使宦者燕人中行說傅翁主。說不欲行，漢強使之。說曰，「必我行也，爲漢患者!」中行說既至匈奴，因降單于，單于愛幸之。初單于好漢繒絮食物，中行說因說之曰，「匈奴人衆，不能當漢之一郡；然所以彊者，以衣食異，無仰於漢也。今單于變俗好漢物，漢物不過十二，則匈奴盡歸於漢矣。」其得漢繒絮，以馳草棘中，衣袴皆裂敝，所以示其不如旃裘之完善也。得漢食物皆去之，以示不如湩酪之便美也。於是說教單于左右疏記，以計課其人衆畜物。漢遺單于書，牘以尺一寸，中行說令單于遺漢書以尺二寸牘，及印封皆令廣大長，倨傲其辭曰，「天地所生日月所置匈奴大單于」云云。漢使或詆匈奴俗，賤老。中行說窮漢使曰，「而漢俗屯戍從軍，當發者，其老親豈有不自脫温厚肥美，以齎送飲食行戍乎?」漢使曰，「然。」中行說曰，「匈奴明以戰攻爲事。其老弱不能鬬，故以其肥美飲食壯健者，蓋以自爲守衞，如此父子各得久相保。何以言匈奴輕老也！」漢使復曰，「匈奴父子乃同穹廬而臥；父死妻其後母，兄弟死，盡取其妻妻之；無冠帶之飾，闕庭之禮！」中行說曰，「匈奴之俗人食畜肉，飲其汁，衣其皮。畜食草飲水，隨時轉移。故其急人習騎射，寬則人樂無事。其約束輕易行也；一國之政猶一身也，父子兄弟死，取其妻妻之，惡種姓之失也。故匈奴雖亂必立宗種。今中國雖詳，不取其父兄之妻，親屬益疏則相殺，至乃易姓，皆從此類。且禮義之敝，上下交怨望，而室屋之極，生力必屈。夫力耕桑以求衣食，築城郭以自備；故其民急則不習戰功，緩則罷於作業。嗟土室之人！顧無多辭令喋喋而佔佔，冠固何當？」中行說之言，蓋與阿提拉所寵倖之羅馬流人溫湼吉西烏斯(One-Gesius)之解放人所言者正同，蓋亦舉羅馬帝國之失德而諷副使普立斯克斯(Priscus)者也。自是之後，漢使欲辯論者，中行說輒曰，「漢使無多言！顧漢所輸匈奴繒絮米糵，令其量中必善美而已矣！何以爲言乎？且所給備善則已；不備苦惡，則候秋孰，以騎騎蹂而稼穡耳。」於是說日夜教單于候利害處。

稽粥單于卽位之七年，是爲孝文帝十四年，乃將十四萬騎入朝那蕭關（今陝西南部涇河流域），殺北地都尉印，虜人民畜產甚多，遂至彭陽，使騎兵入燒回中宮，候騎至雍甘泉。漢因大發車騎往擊胡，單于留塞內月餘，漢逐出塞即還，不能有所殺。匈奴日以驕，歲入邊，殺略人民甚衆，漢不得已，復言和親事，重申「長城以北，引弓之國，受令單于，長城以南，冠帶之室，朕亦制之」之約。

大月氏本居敦煌祁連間（今羅布泊及青海間），至冒頓單于攻破月氏，而老上單于殺月氏。大月氏因從今日火州（Kuldja）附近越天山，過大宛（即烏孫一帶，今科布多及伊犂一帶，與大月氏同族，亦自甘肅移來者），經熱海（Issekul）石國（Taskhend）及犂軒海（Sea of Arol），然後東南擊大夏（Bactria今Tocharoi）而臣之，都嬀水（Oxus）北為王庭。

希臘人自亞歷山大（Alexander the Great）東征以後，建國大夏，最後一主曰赫里歐克理斯（Heliocles），其逝世當亦在斯時也。自赫里歐克理斯逝後，安息（Parthians）月氏遂分據大夏。月氏據大夏，分其國為休密、雙靡、貴霜、肹頓、都密五部翖侯。其後貴霜翖侯丘就卻滅其餘四部，侵安息，取高附地，又滅濮達（Pamir）罽賓（Kashmir）。丘就卻死，子閻膏珍立，復滅天竺（Punjaub）。自此以後，月氏最稱強盛，蔚為大國，西洋史家稱之曰 Haithals, Viddhals, Abdals 或

Ephthalites or Hephthalites帝國，中史則稱之爲嚈噠。要之歐洲波斯中國之史家其所述於此大都無異辭。清代史家考證以爲今日之阿富汗卽第五世紀之嚈噠，而嚈噠卽爲古時之月氏云。至於科布多一帶之烏孫，則不易證也。歐洲學者亦有從對音方面疑其爲 Eusenü或Edones者。最近中國學者以爲卽俄羅斯，此說甚謬，謂今俄屬之 Ferghana 爲古烏孫之一部則可耳。余意以爲二千年前中國史家所云之烏孫卽 Awsen或 Orson 之譯音；後來烏孫一辭，亦不復見於中籍，在中國史上亦不復發生何等影響。關於烏孫在研究葱嶺以西諸國與中國之關係時，可再爲討論，今茲所述僅屬於中部東部及天山以西韃靼之史蹟，故不煩多贅。要之匈奴老上稽粥單于在位時，月氏爲所破滅，以月氏王頭爲飲器，月氏餘族用遠遁而西云。

漢文帝後元二年（西元前一六二年），老上單于死，其明年子軍臣（Kyundjin）單于立；中行說復事之。漢復與匈奴和親。軍臣單于立歲餘，匈奴復絕和親，大入上郡雲中，各三萬騎，所殺略甚衆。其後歲餘，文帝崩，景帝立。是時趙王陰使於匈奴；吳楚反，欲與合謀入邊。漢圍破趙，匈奴亦止。自是景帝復與匈奴和親，通關市，給遺單于，遣翁主，如故約；終景帝世，時時小入盜邊，無大寇。武帝卽位（西元前一四〇年），明和親約束，厚遇關市，饒給之。匈奴自單于以下皆親漢，往來長城下。漢使馬邑人聶翁壹（馬邑距六十餘年前高祖被圍之彭城不遠），間闌出物與匈奴交易，陽爲賣馬邑城，以誘單于。單于信之而貪馬邑財物，迺以十萬騎入武州塞。漢伏兵三十餘萬馬邑旁，以伏單于。單于旣入漢塞，未至馬邑百餘里，見畜布野而無人牧者，怪之，乃攻亭。時雁門尉史行徼，見寇，保此亭。單于得，欲刺之，尉史知漢謀，乃下，具告單于。單于大驚，曰「吾固疑之！」乃引兵還出，曰「吾得尉史，天也！」以尉史爲天王。漢兵約單于入馬邑而縱兵，單于不至，故無所得。將軍王恢部出代，擊胡輜重，聞單于還，兵多，不敢出。漢以恢本建造兵謀而不進，誅恢。自是後，匈奴絕和親，攻當路塞，往往入盜於邊，不可勝數。元朔二年（西元前一二七年）冬，軍臣單于死，其弟左谷蠡王伊稺斜（Ichizia）自立爲單于，攻敗軍臣單于太子於單。於單亡降漢，漢封於單爲陟安侯，數月死。

伊稺斜單于以得漢降人助，數寇盜邊，侵擾朔方。漢亦屢遣大軍深入胡地，得首虜牛羊無數。今日甘肅省之大部分，卽多於斯時入漢版圖者也。而元狩二年（西元前一二一年）票騎將軍霍去病將萬騎出隴西，過焉耆山千餘里，得胡首虜八千餘級，且獲休屠王祭天金人。

中國學者之論休屠王祭天金人也，有謂卽佛像者；有謂二百年後漢明帝夢感金人，於是佛教因而傳入中國，蓋以此爲其徵兆也。要之中國之知有今日阿富汗印度以及佛教，實以此諸役爲之先導。而佛教東來，其取涂乃自今日之旁遮普（天竺）帕彌爾（葱嶺以西諸國）而經喀什噶爾準喀爾（Kushgaria-Sungaria）大道，以入中國，至於緬甸（驃國）、雲南（滇）當時尚未甚知，而西藏（西羌）在政治上尚未成國也。今於西域諸國之形勢，略述梗概如次。

自月氏爲匈奴所逐而西，塞北諸族統於匈奴，遂與收羊之羌種相接以侵寇漢邊。於是漢家亭障，遠及西陲，以圖斷匈奴右臂，而阻兩族聯合之勢。建元五年（西元前一三六年）張騫建聯月氏以攻匈奴之策，始使西域，中途爲匈奴所俘，爲囚十年。其後烏孫強大，不服屬匈奴；騫因從烏孫走大宛（今浩罕 Kokand 地），大宛有城郭，居民非復逐水草而居也。騫既至大宛，說其王送之至大月氏；大宛爲護譯道抵康居(Samarcand)，康居傳致大月氏。大月氏與安息(Arsac or Parthia)鄰。時大月氏王已爲胡所殺，立其夫人爲王。大夏(Bactria or Tocharoi) 已臣屬大月氏。大月氏以地肥饒，少寇，志安樂，又自以遠，遠漢，殊無報胡之心。騫從月氏至大夏，竟不能得月氏要領。留歲餘還，並南山，欲從羌中歸（取今和闐羅布泊道歸國）復爲匈奴所得。留歲餘，單于死，國內亂，騫因亡歸漢。以其所歷諸國及所知天竺安息事告帝。據中史所紀，騫並不知佛教，唯在大夏時，見卭竹杖蜀布，係大夏賈人市之於身毒國者。騫意以爲大夏去漢萬二千里，居西南，今身毒又居大夏東南數千里，有蜀物，其去蜀當不遠。漢使至大夏，從羌中險，羌人惡之，少北則爲匈奴所得；從蜀宜徑，又無寇。自蜀通印度，今日旅行家不乏爲之者，騫之言蓋非虛也。武帝既聞大宛及大夏安息之屬，皆大國，多奇物，土著頗與中國同俗，而兵弱，貴漢財物；其北則大月氏康居之屬，兵彊，可以利誘之入朝。乃以騫言爲然，今自蜀之犍爲發閒使，四道並出。出駹，出莋，出徙卭，出僰；皆各行一二千里。其北阻於氐莋，南方則閉於嶲昆明。然卒通滇越。其後漢擊匈奴，騫以校尉從軍，知水草處，軍得以不乏。又爲使使烏孫，說其王以東居敦煌祁連間故地，與漢合兵攻匈奴，以斷匈奴之右臂。元狩二年（西元前一二一年）李廣擊匈奴之役，騫亦與俱。迄使烏孫，分遣副使使大宛康居月氏大夏諸國；其後一二歲，騫卒。騫卒後，漢益發使抵安息奄蔡犛靬條支身毒諸國；安息身毒以外諸國，或以爲屬於外媯水流域一帶（Transoxianian System），尙未能定，要之今日之啓利亞（Keria）當時漢家使節必曾一至其地也。太初間，漢命貳師將軍李廣利將大兵攻大宛，求天馬，復與匈奴戰，以爭今哈剌沙爾（Harrashar）地。以上所述皆所以明佛教之傳入中國，乃以韃靼民族爲其中介也。其他有關於土耳其斯坦一帶之古史，別有文見亞洲季刊（Asiatic Quarterly Review），今不贅。元狩二年（西元前一二一年）春，匈奴入犯右北平定襄。三年春，匈奴單于聽翕侯（Jabgu）信之計，移居漠北（大約在盧朐河附近），以爲漢兵不能至。單于聞漢兵謀絕漠擊匈奴，乃遠其輜重，以精兵待於漠北；此與希臘希羅多德所紀塞種之以精騎迎波斯軍於距多腦河（the Danube）三日程處，其爲策正同。單于與漢兵戰一日，度戰不如漢兵，遂獨與壯騎數百，潰漢圍西北遁走。漢兵夜追之，不得，行捕斬首虜凡萬九千級；北至寘顏山趙信城而還。單于之走，久不與其大衆相得，右谷蠡王以爲單于死，乃自立爲單于；眞單于復得其衆，右谷蠡乃去號。當時漢兵所至之寘顏山趙信城，當卽今日之庫倫地方。漢將封碑於狼居胥山，山在今鄂爾多斯旗北，所謂喀喇那林（Kara Narin）者是也。（十九世紀時俄人曾在鄂爾渾河（Orkhon

River）附近發見三體文石碑一，所紀爲唐代突厥事，後將述沒，茲不贅。」自是役以後，匈奴遠遁，而漢南無王庭；漢度河自朔方以西至令居（今河套以西阿拉善旗一帶），往往通渠置田官，吏卒五六萬人，蠶食邊地，漸接匈奴以北。然漢自兩將大出圍單于，所殺虜匈奴雖八九萬，而漢士物故者亦萬數，漢馬死者十餘萬匹；匈奴雖病遠去，漢馬亦少，無以復往矣。後單于用翕侯趙信計，遣使好辭請和親。武帝下其議，或言和親，或言遂臣之。丞相長史任敞曰，「匈奴新困，宜使爲外臣，朝請於邊。」漢使敞使於匈奴，單于聞敞計，大怒，當之不遣。先是漢亦有所降匈奴使者，單于亦輒留漢使相當。漢方復收士馬，會票騎將軍霍去病死，於元狩六年（西元前一一七年），於是漢久不北擊胡。元鼎三年（西元前一一四年），伊穉斜單于立十三年死，子烏維（Achvi）立爲單于。

是時漢武帝始出巡狩郡縣，以方南誅兩越，無暇顧北邊，不擊匈奴。元封元年，武帝巡邊，親至朔方，勒兵十八萬騎，以見武節。而使郭吉風告單于；與羅馬之遣使阿提拉，羅柏魯（Rubruqirs）之使和林（Caracorum）約同。吉既至匈奴，匈奴主客問所使。郭吉卑體好言曰，「吾見單于而口言。」單于見吉，吉曰，「南越王頭，已懸於漢北闕下。今單于卽能前與漢戰，天子自將兵待邊；卽不能，亟南面而臣於漢。」單于大怒，立斬主客見者，而留郭吉不歸，遷辱之北海（Lake Baikal）上。而單于終不肯爲寇於漢邊，休養士馬，習射獵，數使使甘言求和親。漢使王烏等窺匈奴。匈奴法漢使不去節，不以墨黥其面，不得入穹廬。（按查士丁第二（Justin II）使齊馬卡斯（Zimarchus）使突厥酋長底查布爾（Dizabul），先潔以火，然後入幕，似亦此意也。）王烏北地人習胡俗，去其節，黥面入廬，方見單于云。是時漢東拔濊貉朝鮮以爲郡，而西至酒泉郡，以隔絕胡與羌通之路。又西通月氏大夏；以翁主妻烏孫王，以分匈奴西方之援國。又北益廣田至眩雷爲塞（幾至今塔爾巴哈臺，此時猶爲匈奴一屬國也），沿今達疏勒莎車之南北兩道間，比比皆是。漢又使使人楊信至匈奴。單于欲召入，信剛直屈強，不肯去節，乃坐穹廬外見之，信說單于以和親，欲單于以太子爲質於漢。單于以爲故約漢常遣翁主，給繒絮食物有品，以和親；匈奴用不擾邊；今乃欲反古，以太子爲質，安得冀其和好。而單于又詒漢以甘言，欲得漢貴人使，方與誠語；實則取報復之策，漢於匈奴使有不善，匈奴必報之相當。同時給漢使以欲入漢，見漢帝面相結爲兄弟。然而漢使至匈奴，單于疑其與己不利者輒留之，且數俟隙，以奇兵侵犯漢邊也。

第四章　衰敗時期

元封六年（西元前一〇五年），烏維單于立十歲死，子詹師廬（Chimsiru）立；年少，好殺伐，號為兒單于。匈奴是時，似不復能羈縻東胡，於是單于益西北左方兵直雲中（今山西大同屬），右方兵直酒泉敦煌。於是匈奴據有今和林，烏里雅蘇臺，科布多一帶地，而哈喇沙爾和闐以至疏勒之道，則為漢有。武帝之伐大宛，卽在兒單于時；而匈奴以是年冬大雨雪，畜多飢寒死，國力大損，不復能大寇邊。而邊塞戰事，仍未能止；漢兵輒至今土拉河（Tula R.）鄂爾渾河一帶，而匈奴則未能南窺今日河套及鄂爾多斯旗之地也。詹師廬立三歲而死，子少，匈奴乃立其季父烏維單于弟右賢王句黎湖（Kuligu）為單于；時為漢太初三年（西元前一〇二年）。句黎湖單于既立，漢兵復出五原塞數百里，遠者千里，築城障列亭至盧朐河（今克魯倫河River Kirulon）；其後沿塞屢有戰爭，然於匈奴初無損也。時漢兵破大宛，斬其王還，句黎湖單于欲遮之，不敢。太初四年冬，句黎湖單于病；立才一歲也。句黎湖單于既死，其弟左大都尉且鞮侯（Züteguu）立爲單于。漢既誅大宛，威震外國。武帝欲遂困胡，以復高祖平城之辱。且鞮侯單于以初立，恐漢襲之，盡歸漢使之不降者，且自卑稱謂我兒子，安敢望漢天子，漢天子我丈人行云云。漢遣中郎將蘇武厚幣賂遺單于，單于益驕，禮甚倨，非漢所望。而蘇武以不肯屈節，牧羊北海邊；十餘歲，娶胡妻，生子，卒遁歸。至今言使節者，莫不稱武之堅貞焉。

「著者按二千年後，中國一使者持節緬甸，爲所囚，於阿瓦大寺中，卒不娶夷女，清帝褒之，以爲其節概在蘇武上。而四十五年前崇厚使俄，喪地辱國，張之洞痛詈之，以爲與蘇武迥不相猶云。此二者，或亦足以爲讀者了解蘇武之一助也。」

且鞮侯單于時，漢與匈奴數爲激戰，交兵於漠口，當黃河河套少北，馬哥孛羅(Marco Polo)所紀天德（Tenduc）之西，今庫庫和屯（Kukuhoton）地也。匈奴則悉遠其累重於余吾水（今土拉河鄂爾渾河一帶）北，而單于以十萬待水南，與漢兵接戰。太初元年（西元前九六年），且鞮侯單于立五年而死，長子左賢王立爲狐鹿姑（Hulughu）單于。初且鞮侯兩子，長爲左賢王，次爲左大將；病且死，言立左賢王。左賢王未至，貴人以爲有病，更立左大將爲單于。左賢王聞之，不敢進。左大將使人召左賢王而讓位焉。左賢王辭以病，左大將不聽，謂曰，「卽不幸死，傳之於我。」左賢王許之，遂立爲狐鹿姑單于。狐鹿姑單于立，以左大將爲左賢王。數年狐鹿姑病死，其子先賢撣（Senghendjen）不得立，更以爲日逐王；日逐王者，賤於左賢王。單于自以其子爲左賢王。卒之內訌繼起，皆原於此云。狐鹿姑單于既立之六年（漢武帝征和二年西元前九一年），復入侵漢之上谷五原。於是漢遣貳師將軍李廣利等將大軍出塞，兵至今和林一帶。單于聞漢兵大出，悉遣其輜重徙趙信城，北抵郅居水。左賢王驅其人民度余吾水六七百里，居兜銜山。單于自將精兵。接戰，匈奴不盡利，漢兵至蒲奴水。凡此諸地，今雖不能確指所在，然而千餘年後，突厥回紇大都曾據其地，尙約略可知。而游牧民族所居，亦以有水草地爲多。今日通西域諸道，爲當時所不知者有二：一爲自今庫倫和林經烏里雅蘇臺以至火州之極北一道，一則爲自山西西北越大漠以達烏里雅蘇臺一道。十三世紀時，蒙古軍西征，以及使節之自中國以達波斯成吉斯汗行在，或由歐洲至和林謁大行，皆取此二道；籀繹他國史籍，尙可見此二千年來中國所未曾知之二千年前古道焉。自額青納(Etzina)以達和林之道，今已廢棄，然當時漢兵當曾取道於此。征和三年(西元前九〇年)匈奴入侵漢邊，漢禦之車師(Karahodjo)闢展(Pidjan)俱爲漢有。是時自焉耆至疏勒，自疏勒至于闐一帶，往往有城郭居民，居民曰纏頭(Sart)，高鼻深目，屬古波斯種，與今纏回頗相近也。此役漢軍乘勝追北至范夫人城。匈奴奔走，莫敢距敵。然漢於大將使者之戰敗無成者，輒有殺戮之禍；此輩窮無所歸，乃降敵國，以偷餘生。如李陵衛律李廣利輩，卽其著者；後來突厥黠戛斯諸族且自附爲李陵之後。而大史家司馬遷以爲降將李陵衛律置辯，竟於天漢三年(西元前九八年)慘遭腐刑之禍。貳師將軍李廣利攻大宛之後，其妻子坐巫蠱收，聞之憂懼，其掾胡亞夫亦避罪從軍，說貳師降。貳師由是狐疑，欲深入要功。部屬以貳師懷異心，欲危衆求功，恐必敗，謀共執貳師，貳師卒因此致敗，降匈奴。單于知貳師爲漢大將貴臣，以女妻之，尊寵在衛律上。天漢四年(西元前九七年)單于遺使遺漢書云「南有大漢，北有強胡。胡者天之驕子也，不爲小禮以自煩。今欲與漢闓大關，取漢女爲妻，歲給遺我糵酒萬石，稷米五千斛，雜繒萬匹，它如故約：則邊不相盜矣。」漢遣使者報送其使，單于使左右難漢使者曰「漢禮義國也，貳師道前太子發兵反，何也？」

使者曰，「然，乃丞相私與太子爭鬬，太子發兵欲誅丞相，丞相誣之，故誅丞相。此子弄父兵，罪當笞，小過耳。孰與冒頓單于身殺其父代立？常妻後母，禽獸行也！」單于留使者，三歲乃得還。貳師在匈奴歲餘，衞律害其寵。會單于母閼氏病，律飭胡巫言先單于怒曰，「胡故時祠兵，常言得貳師以社。今何故不用？」於是收貳師。貳師怒曰，「我死，必滅匈奴。」遂屠貳師以祠。會連雨雪數月，畜產死，人民疫病，穀稼不熟。單于恐，爲貳師立祠堂。自貳師沒後，漢新失大將軍，士卒數萬人，不復出兵。後元二年（西元前八七年），武帝崩，始元二年（西元前八五年），匈奴狐鹿姑單于亦病死。初單于有異母弟爲左大都尉，賢，國人鄉之；母閼氏恐單于不立子而立大都尉也，乃私使殺之。又單于病且死，謂諸貴人，「我子少，不能治國，立弟右谷蠡王。」及單于死，衞律等與顓渠（Chwangü）閼氏謀，匿單于死，詐撟單于令，與貴人飲盟，更立子左谷蠡王爲壺衍鞮單于（Khuyenti Jen-uye）；是歲漢始元二年（西元前八五年）也。左賢王右谷蠡王以不得立，怨望，去居其所，未嘗肯會龍城。壺衍鞮單于爲狐鹿姑之子，抑屬兄弟，顓渠閼氏至狐鹿姑之死，更歷幾夫，今俱不之知；要之新單于年少初立，母閼氏不正，國內乖離，常恐漢兵襲之。於是衞律爲單于謀，穿井築城，治樓以藏穀，與漢人守之。或曰，「胡人不能守城，是遺漢糧也。」衞律於是止。乃更謀歸漢，使不降者蘇武馬宏等歸，欲以通善意。然元鳳元年西元前八〇年）以後，單于時時寇邊，雖不能勝漢，顧不止也。是時衞律已死。衞律在時，常言與漢和親之利，匈奴不信。及死後，兵數困，國益貧，單于弟左谷蠡王思衞律言，欲和親；然未幾亦死。其後，單于數窺漢邊；是時漢邊郡燧火候望精明，匈奴爲邊寇者少利，希復犯塞。漢復得匈奴降者言東胡族中之烏桓嘗發先單于冢，匈奴怨之，方發二萬騎擊烏桓。漢大將軍霍光欲發兵要擊之，以問護軍都尉趙充國。充國以爲烏桓間數犯塞，今匈奴擊之，於漢便。又匈奴希寇盜，北邊幸無事，蠻夷自相攻擊，而發兵要之，招寇生事，非計也。而中郎將范明友以爲可擊。於是拜明友爲度遼將軍，將二萬騎出遼東。匈奴聞漢兵至，引去。漢兵即後匈奴，遂擊烏桓，斬首六千餘級，獲三王首，還。匈奴由是恐，不能出兵。即使使之烏孫，求欲得漢公主；擊烏孫，取車延（Kuldja）惡師（Ush）地。烏師公主上書，漢下公卿議救，未決。昭帝崩，宣帝即位。烏孫昆彌復上書言連爲匈奴所侵削。昆彌願發國半精兵人馬五萬四，盡力擊匈奴，唯漢亦出兵，以哀救公主。宣帝本始二年（西元前七二年），漢大發關東輕銳士選郡國吏二百石抗健習騎射者皆從軍。凡將軍兵十餘萬騎，出塞各二千餘里；及校尉常惠使護烏孫兵發西域，昆彌自將五萬餘騎，從西方入，與五將軍兵凡二十餘萬衆。是時漢兵進至蒲離候水（Hamil）及蒲類澤（Barkul），然匈奴聞漢兵士出，老弱犇走，敺畜產遠遁逃，與後來馬哥孛羅所述且末（Charchan）之策正同。匈奴用堅壁清野之法，是以五將少所得，無功多下吏死；唯常惠與烏孫兵至右谷蠡庭，獲單于父行，及嫂居次名王犂汗都尉千長騎將以下三萬九千餘級，虜馬牛羊驢驘橐駝七十餘萬。然匈奴民衆死傷而去者，及畜產遠移，死亡不可勝數。於是匈奴遂衰耗，怨烏孫。本始三年（西元前七三年）冬，單于自將數萬騎擊烏孫，頗得老弱，欲還。會天大雨雪，一日深丈餘，人民畜產凍死，還者十能什一。於是丁令（史家以爲即後來之黠戞斯及回紇）乘弱攻其北，烏桓入其東，烏孫擊其西。凡三國所殺數萬級，馬數萬匹，牛羊甚衆，又重以餓死，人民死者什三，畜產什五；諸國羈屬者皆瓦解；匈奴遂大衰弱。其後漢出三千餘騎，爲三道並入匈奴，捕虜得數千人還；匈奴終不敢當。壺衍鞮單于立十七年死，弟左賢王立，爲虛閭權渠單于（Hülügwengü Jenuye），時漢地節二年（西元前六八年也）。是時車師（Karahudjo）一帶，似猶屬匈奴。新單于既立，以右大將女爲大閼氏，而黜前單于所幸顓渠閼氏，顓渠閼氏父左大且渠怨望。而漢以是時匈奴不能爲邊寇，於是罷外城，以休百姓。單于聞之喜，召貴人謀，欲與漢和親；而左大且渠心害其事，沮其議，發兵寇漢。然以漢戒備嚴，不敢入，卽引去。地節三年，西域城郭共擊匈奴，取車師，得其王及人衆而去。單于復以車師王昆弟兜莫爲車師王，收其餘民東徙，不敢居故地。而漢益遣屯士分田車師地以實之。地節四年，匈奴怨諸國共擊車師，遣左右大將各將萬餘騎，屯田右地，欲以侵迫烏孫西域。元康四年（西元前六二年）匈奴遣左右奥鞬(Urgendj) 各六千騎，與左大將再擊漢之田車師城者，不能下。漢神爵二年（西元前六〇年），漢以重兵屯緣邊九郡。單于病歐血，因不敢入，還去，卽罷兵。乃使使入漢，求和親，未報而死。虛閭權渠單于立九年死。自始立而黜顓渠閼氏，顓渠閼氏，卽與右賢王私通。右賢王會龍城而去，顓渠閼氏語以單于病甚，且勿遠。後數日，單于死，郝宿王刑未央使人召諸王，未至。顓渠閼氏與其弟左大且渠都隆奇謀，立右賢王屠耆堂爲握衍朐提單于（Okyenküte Jenuye）握衍朐提單于者，代父爲右賢王，烏維單于耳孫也。握衍朐提單于立，復修和親，遣弟伊酋若王勝之入漢獻見。單于初立，凶惡，盡殺虛閭權渠時用事貴人刑未央等，而任用顓渠閼氏弟都隆奇，又盡免虛閭權渠子弟近親而自以其子弟代之。虛閭權渠單于子稽侯狦(Kegeushar)既不得立，亡歸妻父烏禪幕。烏禪幕者本烏孫康居間小國，數見侵暴，率其衆數千人降匈奴。狐鹿姑單于以弟子日逐王姊妻之，使長其衆，居右地。日逐曰先賢禪(Senghendjen)其父左賢王當爲單于，讓狐鹿姑單于。狐鹿姑單于許立之。國人以故頗言日逐王當爲單于。日逐王素與握衍朐提單于有隙，卽率其衆數萬騎歸漢。神爵三年(西元前五九年)單于遂殺先賢禪兩弟；於是匈奴內亂，國人憎惡單于，亦與日俱增。神爵四年烏桓擊匈奴東邊姑夕王，頗得人民。握衍朐提單于以衆叛親離，攻之者紛起，大恚，亦於是年自殺。而稽侯狦以姑夕王烏禪幕及在地貴人之擁戴，立爲呼韓邪(Khughanja)單于。自是單于遂成世襲，而呼韓邪乃爲南匈奴之一支云。是時先賢禪及其他心懷不滿之貴人羣起謀亂，匈奴境內遂五單于爭立；而以單于長兄左賢王郅支(Chirche)爲最強。呼韓邪既立，欲收拾殘局，頗非易事也。左伊秩訾王爲呼韓邪單于計，勸令稱臣入朝事漢，從漢求助，如此匈奴乃定；迄呼韓邪於今和林附近爲郅支所敗，益以左伊秩訾王之言爲然。呼韓邪單于議問諸大臣，皆曰不可，「匈奴之俗本上氣力而下服役，以馬上戰鬪爲國，故有威名於百蠻。戰死，壯士所有也今兄弟爭國，不在兄，則在弟，雖死，猶有威名，子孫常長諸國。漢雖彊，猶不能兼幷匈奴，奈何亂先古之制，臣事於漢，卑辱先單于，爲諸國所笑！雖如是而安，何以復長百蠻？」左伊秩訾曰，「不然！彊弱有時。今漢方盛，烏孫城郭諸國，皆爲臣妾。自且鞮侯單于以來，匈奴日削，不能取復，雖屈彊於此，未嘗一日安也。今事漢則安存，不事則危亡；計何以過此。」諸大人相難久之，呼韓邪從其計。引衆南近塞，遣子右賢王銖婁渠堂入侍。郅支單于亦遣子右大將駒於利受入侍。是歲漢甘露元年（西元前五三年）也。明年呼韓邪單于款五原塞，願朝。三年正月，漢遣車騎都尉韓昌迎，發所過七郡，郡二千騎，爲陳道上。單于正月朝漢帝於甘泉宮。漢寵以殊禮，位在諸侯王上，贊謁稱臣而不名。賜以冠帶衣裳，黃金璽盭綬，玉具劍，佩刀，弓一張，矢四發，棨戟十，安車一乘，鞌勒一具，馬十五匹，黃金二十斤，錢二十萬，衣被七十七襲，錦繡綺穀雜帛八千匹，絮六千斤。禮畢，使使者道單于先行，宿長平。上自甘泉宿他陽宮。上登長平，詔單于毋謁，其左右當戶之羣臣皆得列觀。單于就邸，留月餘，遣歸國。匈奴之獨立，亦隨之以俱逝云。

第五章　屬國時期

呼韓邪單于自請願留居光祿塞下（今鄂爾多斯旗一帶），有急，保漢受降城（受降城之名，至後來突厥勃興，自今山西歸化城即馬哥孛羅所云之 Tendue 以迄於白龍堆極西北隅，沿邊塞到處有之，所以防高車之度河而東也）。漢遣長樂衛尉高昌侯董忠車騎都尉韓昌將騎萬六千，又發邊郡士馬以千數，送單于出朔方雞鹿塞。詔忠等留衛單于，助誅不服。又轉邊穀米糒前後三萬四千斛，給贍其食。

是歲郅支單于亦遣使奉獻，漢遇之甚厚。明年兩單于俱遣使朝獻，漢待呼韓邪使有加。明年（黃龍元年西元前四九年），呼韓邪單于復入朝，漢禮賜如初，加衣百一十襲，錦帛九千匹，絮八千斤；以有屯兵，故不復發騎爲送。始郅支單于以爲呼韓邪降漢，兵弱不能復自還，即引其衆西，欲攻定右地。又屠耆單于小弟本侍呼韓邪，亦已之右地，收兩兄餘兵，得數千人，自立爲伊利目單于。

道逢郅支，合戰；郅支殺之，幷其兵五萬餘人。聞漢出兵穀助呼韓邪，卽遂留居右地。自度力不能定匈奴，乃益西近烏孫，欲與幷力，遣使見小昆彌烏就屠。烏就屠見呼韓邪爲漢所擁，郅支亡虜，欲攻之以稱漢。乃殺郅支使，持頭送都護在所，發八千騎迎郅支。郅支見烏孫兵多，其使又不反，勒兵逢擊烏孫，破之。因北擊烏揭（今塔爾巴哈臺地方），烏揭降。發其兵西破堅昆（今黠戛斯地方），北降丁令（丁令有東西兩支，故頗難決其爲今何地，以無適當之名辭，故稱之爲康卡利 Kanka-li，義爲車也），（譯者按周壽昌以爲堅昆今塔爾巴哈臺之西丁令卽丁零今科布多之北）幷三國。數遣兵擊烏孫，常勝之。堅昆東去單于庭（大約在今庫倫或和林）七千里，南去車師（今土魯番及闢展地）五千里，其疆域與今大致不遠也。元帝初卽位（西元前四八年），呼韓邪單于復上書，言民衆困乏；漢詔雲中五原郡轉穀二千斛以給焉。郅支單于自以道遠，又恐漢擁護呼韓邪，遣使上書求侍子。漢遣谷吉送之，郅支殺吉。漢不知吉音問，而匈奴降者言，聞甌脫皆殺之。呼韓邪單于使來，漢輒簿責之甚急。明年，漢遣車騎都尉韓昌光祿大夫張猛，送呼韓邪單于侍子，求問吉等，因赦其罪，勿令自疑。昌猛見單于民衆益盛，塞下禽獸盡，單于足以自衛，不畏郅支。聞其大臣多勸單于北歸者，恐北去後難約束，昌猛卽與爲盟約曰『自今以來，漢與匈奴，合爲一家，世世毋得相詐相攻。有竊盜者相報；行其誅，償其物。有寇發兵相助。漢與匈奴敢先背約者，受天不祥。令其世世子孫盡如盟。』昌猛與單于及大臣，俱登匈奴諾水東山，刑白馬，單于以徑路刀金留犂撓酒，以老上單于所破月氏王頭爲飲器者，共飲血盟。

希臘史家希羅多德所述塞種風俗，與匈奴蒙古一線相承，了無異致。希氏曾述此輩以嵌皮鑲銀之頭爲飲器。誓時以血和酒攪以匕首，飲以爲信。又謂裏海濱之馬薩該達（Massagetae）族（此係塞種一族，或爲卽五百年後嬀水傍之月氏者誤也），刑馬以祭日。中史屢及西元後五世紀左右北魏托跋氏諸主刑白馬爲祭之事；而吉朋（Gibbon）紀成吉斯汗以怯烈汗（Khan of Keraits）首嵌之以銀，第一次軍事結盟，并刑馬爲誓。布加利亞人（Bulgarians）亦將羅馬皇帝奈塞福拉斯（Nicephorus）首鑲金以用。哲比德之恭甯茫（Cunimund）亦然。

昌猛還奏事。公卿議者以爲單于保塞爲藩，雖欲北去，猶不能爲危害。昌猛擅以漢國世世子孫與夷狄詛盟，令單于得以惡言上告于天，羞國家，傷威重，不可得行。宜遣使往告祠天，與解盟；昌猛奉使無狀；罪至不道上薄其過。有詔，昌猛以贖論，勿解盟。其後呼韓邪竟北歸庭，人衆稍稍歸之，國中遂定。

是時郅支既殺使者，自知負漢，又聞呼韓邪益強，恐見襲擊，欲遠去。會康居王數爲烏孫所困。與諸翕侯計，以爲匈奴大國，烏孫素服屬之。今郅支單于困阨在外，可迎置東邊，使合兵取烏孫以立之，長無匈奴憂矣。卽使使至堅昆，通語郅支。郅支素恐，又怨烏孫，聞康居計大說，遂與相結，引兵而西。康居亦遣貴人橐駝驢馬數千匹迎郅支。郅支人衆中寒道死，餘財三千人到康居。漢元帝建昭三年（西元前三六年），西域都護甘延壽與副陳湯發兵卽康居誅斬郅支。郅支既誅，呼韓邪單于且喜且懼，上書言曰，『常願謁見天子。誠以郅支在西方，怨其與烏孫俱來擊臣，以故未得至漢。今郅支已伏誅，願入朝見。』竟寧元年（西元前三三年）單于復入朝，禮賜如初。單于自言願壻漢氏以自親。元帝以後宮良家子王嬙字昭君賜單于。單于驩喜，上書願保塞，上谷以西至敦煌，傳之無窮；請罷邊備塞吏卒，以休天子人民。天子令下有司議，議者皆以爲便。郎中侯應習邊事，以爲不可許。上問狀，應曰，『周秦以來，匈奴暴桀，寇侵邊境；漢興尤被其害。臣聞北邊塞至遼東，外有陰山，東西千餘里，草木茂盛，多禽獸。本冒頓單于依阻其中，治作弓矢，來出爲寇，是其苑囿也。至孝武世出師征伐，斥奪此地，攘之於幕北。建塞徼，起亭隧，築外城，設屯戍以守之，然後邊境得用少安。幕北地平，少草木，多大沙：匈奴來寇，少所蔽隱。從塞以南，徑深山谷，從來差難。邊長老言匈奴失陰山之後，過之未嘗不哭也。如罷備塞戍卒示夷狄之大利，不可一也。今聖德廣被，天覆匈奴，匈奴得蒙全活之恩，稽首來臣。夫夷狄之情，困則卑順，強則驕逆，天性然也。前以罷外城，省亭隧，今裁足候望通燧火而已。古者安不忘危，不可復罷，二也。中國有禮義之教，刑罰之誅，愚民猶尙犯禁，又況單于能必其衆不犯約哉？三也。自中國尙建關梁以制諸侯，所以絕臣下之覬欲也。設塞徼，置屯戍，非獨爲匈奴而已，亦爲諸屬國降民，本故匈奴之人，恐其思舊逃亡，四也。近西羌保塞，與漢人交通，吏民貪利，侵盜其畜產妻子，以此怨恨，起而背畔，世世不絕。今罷乘塞，則生嫚易分爭之漸，五也。往者從軍多沒不還者，子孫貧困，一旦亡出，從其親戚，六也。又邊人奴婢，愁苦欲亡者多，曰「聞匈奴中樂，無奈候望急何。」然時有亡出塞者，七也。盜賊桀黠，羣輩犯法，如其窘急，亡走北出，則不可制，八也。起塞以來，百有餘年，非皆以土垣也。或因山巖石木柴僵落，谿谷水門，稍稍平之。卒徒築治，功費久遠，不可勝計。臣恐議者不深慮其終始，欲以壹切省繇戍。十年之外，百歲之內，卒有它變障塞破壞，亭隧滅絕當更發屯繕治累世之功不可卒復，九也。如罷戍卒省候望。單于自以保塞守御，必深德漢，請求無以少失其意，則不可測。開夷狄之隙，虧中國之故十也。非所以永持至安威制百蠻之長策也。』對奏詔勿議罷邊塞事。使車騎將軍口諭單于。曰『單于上書，願罷北邊吏士屯戍，子孫世世保塞。單于鄉慕禮義，所以爲民計者甚厚；此長久之計也，朕甚嘉之。中國四方，皆有關梁障塞；非獨以備塞外也，亦以防中國姦邪放縱，出爲寇害，故明法度以專衆心也。敬諭單于之意，朕無疑焉。爲單于怪其不能，故使大司馬車騎將軍嘉曉單于。』單于謝曰，『愚不知大計；天子幸使大臣告語甚厚。』云云。綜觀往復之言，辭令之妙，希臘羅馬初未能專美於前，而埃及巴比倫視之，還有遜色焉。

其後或譏伊秩訾自伐其功，常鞅鞅，呼韓邪疑之。左伊秩訾懼誅，將其衆千餘人降漢；漢封以關內侯，食邑三百戶，令佩其王印綬。及竟甯中，呼韓邪來朝，與伊秩訾相見，謝曰，『王爲我計甚厚，令匈奴至今安甯，王之力也。德豈可忌？我失王意，使王去，不復顧留，皆我過也。今欲白天子，請王歸庭。』伊秩訾曰，『單于賴天命，自歸於漢，得以安甯；單于神靈，天子之祐也，我安得力！旣已降漢，又復歸匈奴，是兩心也。願爲單于侍史於漢，不敢聽命。』單于固請，不能得而歸。

王昭君旣適單于，號甯胡閼氏，生一男伊屠智牙師，爲右日逐王。呼韓邪立二十八年，建始二年死（西元前五九年——三一年）。始呼韓邪嬖左伊秩訾兄呼衍王女二人。長女顓渠閼氏，生二子，長曰且莫車，次曰囊知牙斯。少女爲大閼氏，生四子，長曰雕陶莫皋，次曰且麋胥，皆長於且莫車；少子咸樂，二人皆小於囊知牙斯。又他閼氏子十餘人。顓渠閼氏貴，且莫車愛，呼韓邪病且死，欲立且莫車。其母顓渠閼氏曰，『匈奴亂十餘年，不絕如髮，賴蒙漢力，故得復安。今平定未久，人民創艾戰鬬。且莫車年少，百姓未附，恐復危國。我與大閼氏一家共子，不如立雕陶莫皋。』大閼氏曰，『且莫車雖少，大臣共持國事。今舍貴立賤，後世必亂！』單于卒從顓渠閼氏計，立雕陶莫皋，約令傳國與弟。呼韓邪死，雕陶莫皋立，爲復株絫若鞮單于（Vughturoi-yokte Jenuye）。（匈奴謂孝爲若鞮。斯時漢室諸帝俱冠以孝字，如孝文帝孝景帝孝武帝是也。單于初不知孝之爲物，是否單于生時卽加此號，今不可知；要之此後凡單于俱號以若鞮二字，高麗日本安南緬甸亦復如斯。當俱受自中國也。）復株棨若鞮單于立，遣子右致盧兒王醯諧屠奴侯入侍，以且麋胥為左賢王，且莫車為右谷蠡王，囊知牙斯為右賢王。復株棨單于復妻王昭君，生二女。王昭君當時當曾不願，上書言狀；而漢天子報曰，『從其國俗』云。譯音按漢書烏孫傳昆莫年老欲使其孫岑陬尚公主公主不聽上書言狀天子報曰從其國俗云云王昭君是否亦曾上書言狀史無明文

河平元年（西元前二八年），單于遣右皋林王伊邪莫演等奉獻朝正月。既罷遣使者送至蒲阪，伊邪莫演言欲降，『卽不受我，我自殺；終不敢還歸。』使者以聞，下公卿議。議者或言宜如故事受其降。光祿大夫谷永議郎杜欽以為，『漢興，匈奴數為邊害，故設金爵之賞，以待降者。今單于詘體稱臣，列為北藩，遣使朝賀，無有二心。漢家接之，宜異於往時。今既享單于聘貢之質，而更受其逋逃之臣。是貪一夫之得，而失一國之心，擁有罪之臣，而絕慕義之君也。假令單于初立，欲委身中國，未知利害，私使伊邪莫演詐降，以卜吉凶；受之虧德沮善。令單于自疏，不親邊吏，或者設為反間，欲因而生隙。受之適合其策，使得歸曲而直責。此誠邊境安危之原，師旅動靜之首，不可不詳也。不如勿受，以昭日月之信，抑詐諼之謀，懷附親之心便。』對奏，天子從之。遣中郎將王舜，往問降狀。伊

邪莫演曰，『我病狂妄言耳！』遣去歸到官位如故，不肯令見漢使。明年單于上書，願朝。河平四年正月，遂入朝；禮之如竟甯時。復株累單于立十歲，鴻嘉元年（西元前二〇年）死。弟且麋胥立爲搜諧若鞮單于（Seughie-yokte Jenuye）。以且莫車爲左單于。搜諧單于立八歲，元延元年（西元前一二年），爲朝二年發行未入塞，病死。弟且莫車立，爲車牙若鞮單于（Chega-yokte Jenuye）。車牙單于立四歲，綏和元年（西元前八年）死。弟囊知牙斯立，爲烏珠留若鞮單于（Otyuru or Atiuru-yokte Jenuye）。烏珠留單于立，以前閼氏爲第二閼氏，立其子樂爲左賢王；以第五閼氏子輿爲右賢王；遣子右股奴王烏鞮牙斯入侍。漢遣中郎將夏侯藩，副校尉韓容使匈奴。時漢室就衰，外族當權，帝舅大司馬票騎將軍王根領尚書事。或說根曰，『匈奴有斗入漢地，直張掖郡（甘肅甘州即馬哥孛羅遊記中之Campichu），生奇材木箭竿就羽。如得之，於邊甚饒，國家有廣地之實，將軍顯功垂於無窮。』根爲帝言其利，帝直欲從單于求之，爲有不得，傷命損威。根卽但以上指曉藩，令從藩所說而求之。藩至匈奴，以語次說單于曰，『竊見匈奴斗入漢地，直張掖郡。漢三都尉至塞上，士卒數百人寒苦，候望久勞。單于宜上書獻此地，直斷割之，以省兩都尉士卒數百人，以復天子厚恩，其報必大。」單于曰，『此天子詔語邪？將從使者所求也！』藩曰，「詔指也。然藩亦爲單于畫善計耳！」單于曰，「孝宣孝元皇帝，哀憐父呼韓邪單于，從長城以北，匈奴有之。」此温偶駼王所居地也。未曉其形狀所生，請遣使問之。」藩容歸漢，後復使匈奴，至則求地。單于曰，「父兄傳五世，漢不求此地。至知，獨求何也？已問温偶駼王，匈奴西邊諸侯，作穹廬及車，皆仰此山材木；且先父地，不敢失也。」藩還，遷爲太原太守。單于遣使上書，以藩求地狀聞。漢因從藩爲濟南太守，不令當匈奴。明年侍子死，歸葬，復遣子左於駼仇撣王稽留昆入侍。至哀帝建平二年，烏孫庶子卑援疐翕侯人衆入匈奴西界，寇盜牛畜，頗殺其民。單于聞之，遣左大當戶烏夷冷將五千騎擊烏孫，殺數百人，略千餘人，敺牛畜去。卑援疐恐，遣子趨逯爲質匈奴。單于受，以狀聞。漢遣中郎將丁野林副校尉公乘音使匈奴，責讓單于，告令還歸卑援疐質子。單于受詔遣歸。建平四年（西元前三年）單于上書，願朝。五年，時哀帝被疾。或言匈奴從上游來，厭人，自黃龍竟甯時，單于朝，中國輒有大故。帝由是難之，以問公卿，亦以爲虛費府帑，可且勿許。單于使辭去，未發。黃門郎揚雄上書諫曰，『臣聞天經之治，貴於未亂，兵家之勝，貴於未戰。一者皆微，然而大事之本，不可不察也。今單于上書求朝，國家不許而辭之，臣愚以爲漢與匈奴，從此隙矣。夫北地之狄，五帝所不能臣，三王所不能制，其不可使隙甚明。臣不敢遠稱，請引秦以來明之。以秦始皇之強，蒙恬之威，帶甲四十餘萬，然不敢窺西河，乃築長城以界之。會漢初興，以高祖之威靈，三十萬衆困於平城，士卒七日不食。時奇譎之士太畫之臣甚衆，卒其所以脫者，世莫得而言也。又高皇后嘗忿匈奴，羣臣庭議，樊噲請以十萬衆橫行匈奴中，季布曰「噲可斬也。妄阿順旨！」於是大臣權書遺之，然後匈奴之結解，中國之憂平。及孝文時，匈奴侵暴北邊，候騎至雍甘泉，京師大駭，發三將軍屯細柳、棘門、霸上以備之，數月乃罷。孝武卽位，設馬邑之權，欲誘匈奴，使韓安國將三十萬衆，徼於便地，匈奴覺之而去。徒費財勞師，一虜不可得見，況單于之面乎！其後深惟社稷之計，規恢萬載之策，乃大興師數十萬，使衛青、霍去病操兵，前後十餘年。於是浮西河，絕大漠，破窴顏，襲王庭，窮極其地，追奔逐北。封狼居胥山，禪於姑衍，以臨翰海。虜名王貴人以百數。自是之後，匈奴震怖，益求和親；然而未肯稱臣也。且夫前世豈樂傾無量之費，役無罪之人，快心於狼望之北哉！以爲不一勞者不久佚，不暫費者不永甯。是以忍百萬之師以摧餓虎之喙，運府庫之財塡盧山之壑，而不悔也。至本始之初，匈奴有桀心，欲掠烏孫，侵公主。乃發五將之師十五萬騎獵其南，而長羅侯以烏孫五萬騎震其西，皆至質而還，時鮮有所獲。徒奮武揚威，明漢兵若雷風耳。雖空行空反，尙誅兩將軍。故北狄不服，中國未得高枕安寢也。逮至元康神爵之間，大化神明，鴻恩溥洽，而匈奴內亂，五單于爭立。日逐呼韓邪攜國歸死，然尙羈縻之，計不顓制。自此之後，欲朝者不距，不欲者不彊。何者？外國天性忿鷙；形容魁健；負力怙氣；難化以善，易肄以惡；其彊難詘，其和難得。故未服之時，勞師遠攻，傾國殫貨，伏尸流血，破堅拔敵，如彼之難也。既服之後，慰薦撫循，交接賂遺，威儀俯仰，如此之備也。往時嘗屠大宛之城：蹈烏桓之壘；探姑繒之壁；籍蕩姐之場；艾朝鮮之旃；拔兩越之旗。近不過旬日之役，遠不離二時之勞。因已犁其庭，掃其閭，郡縣而置之：雲徹席卷，後無餘災。唯北狄爲不然，眞中國之堅敵也。三垂比之懸矣，前世重之茲甚；未易可輕也。今單于歸義，懷款誠之心，欲離其庭，陳見於前。此乃上世之遺策，神靈之所想望，國家雖費，不得已者也。奈何距以來厭之辭，疏以無日之期，消往昔之恩，開將來之隙。夫款而隙之，使有恨心，負前言，緣往辭。歸怨於漢，因以自絕，終無北面之心。威之不可，諭之不能，焉得不爲大憂乎！夫明者視於無形，聽者聽於無聲。誠先於未然；卽蒙恬樊噲不復施，棘門細柳不復備；馬邑之策安所設；衞霍之功何得用，五將之威安所震。不然，一有隙之後，雖智者勞心於內，辯者轂擊於外，猶不若未然之時也。且往者圖西域，制車師，置城郭，都護三十六國，費歲以大萬計者，豈爲康居烏孫能踰白龍堆而寇西邊哉！乃以制匈奴也。夫百年勞之，一日失之，費十而愛一，臣竊爲國不安也。唯陛下少留意於未亂未戰，以遏邊萌之禍。」

書奏，天子寤焉，召還匈奴使者，更報單于書而許之。單于未發，會病，復遣使願朝明年。故事，單于朝，從名王以下及從者二百餘人。單于又上書言，蒙天子神靈，人民盛壯，願從五百人入朝，以明天子盛德。漢皆許之。元壽二年（西元前一年），單于來朝，上以太歲厭勝所在，舍之上林苑蒲陶宮，告之以加敬於單于，單于知之。加賜衣三百七十襲，錦繡繒帛三萬匹，絮三萬斤，他如河平時。自是單于來朝，賞賜輒有加於前，皆取之於民，頗爲閭里所苦云。單于歸時，漢遣稽留昆隨去。到國，復遣稽留昆同母兄右大且方與婦入侍。還歸，復遣且方同母兄左日逐王都與婦入侍。是時漢平帝幼，太皇太后稱制，外家新都侯王莽秉政，欲說太后以威德至盛異於前，乃風單于，令遣王昭君女須卜居次云入侍；太后所以賞賜之甚厚。

會西域車師後王句姑去胡來王唐兜，皆怨恨都護校尉，將妻子人民已降匈奴。單于受置左谷蠡地，遣使上書言狀，曰『臣謹已受。』詔遣中郎將韓隆，王昌副校尉甄阜，侍中謁者帛敞，長水校尉王歙使匈奴，告單于曰，『西域內屬，不當得受，今遣之。』單于曰，『孝宣孝元皇帝哀憐爲作約束：自長城以南天子有之，長城以北單于有之。有犯塞輒以狀聞，有降者不得受。臣知父呼韓邪單于蒙無量之恩，死遺言曰，「有從中國來降者勿受，輒送至塞，以報天子厚恩。」此外國也，得受之。』使者曰『匈奴骨肉相攻，國幾絕，蒙中國大恩，危亡復續，妻子完安，累世相繼，宜有以報厚恩。』單于叩頭謝罪，執二虜還付使者。詔使中郎將王萌，待西域惡都奴界上逆受。單于遣使送到國，因請其罪。使者以聞，有詔不聽？會西域諸國王，斬以示之。乃造設四條；中國人亡入匈奴者，烏孫亡降匈奴者，西域諸國佩中國印綬降匈奴者，烏桓降匈奴者；皆不得受。遣中郎將王駿，王昌副校尉甄阜，王尋使匈奴，班四條與單于；雜函封，付單于令奉行。因收故宣帝所爲約束，封函還。

時莽奏令中國不得有二名，因使使者以風單于，宜上書慕化爲一名，漢必加厚賞。單于從之，更名曰知（當時中國與匈奴命名之制如何，不甚明了，然從後世史書觀之，韃靼人除父與單于而外，於名字初不注重，且不知於名字中寓稱美之意，後世漢人教之，方知此也）。莽大說，白太后遣使者答諭，厚賞賜焉。漢既班四條後，護烏桓使者告烏桓民，毋得復與匈奴皮布稅。匈奴以故事，遣使者責烏桓稅；匈奴人民婦女欲賈販者，皆隨往焉。烏桓距曰，奉天子詔條，不當予匈奴稅。匈奴使怒，收烏桓酋豪，縛到懸之。酋豪昆弟怒，共入匈奴使，及其官屬，收略婦女馬牛。單于聞之，遣使發左賢王兵入烏桓，責殺使者，因攻擊之。烏桓分散，或走上山，或東保塞。匈奴頗殺人民，毆婦女弱小且千人去置左地。告烏桓曰，持馬畜皮布來贖之。烏桓見略者親屬二千餘人，持財畜往贖，匈奴受留不遣。王莽之纂位也，建國元年（西元後九年）遣五威將王駿率甄阜王颯陳饒帛敞丁業六人，多齎金帛，重遺單于，諭曉以受命代漢狀。因易單于故印，故印文曰匈奴單于璽，莽更曰新匈奴單于章。將率既至，授單于印紱，詔令上故印紱。單于再拜受詔。譯前欲解取故印綬，單于舉掖授之，左姑夕侯蘇從旁謂單于曰，未見新印文，宜且勿與。單于止不肯與，請使者坐穹廬。單于欲前爲壽，五威將曰，『故印紱當以時上。』單于曰，諾，復舉掖授譯。蘇復曰，『未見印文，且勿與。』單于曰，『印文何由變更？』遂解故印紱，奉上將率，受著新紱，不解視印，飲食至夜乃罷。右率陳饒謂諸將率曰，『鄉者姑夕侯疑印文幾令單于不與人，如令視印，見其變改，必求故印，此非辭說所能距也。既得而復失之，辱命莫大焉！不如椎破故印，以絕禍根。』將率猶與，莫有應者。饒燕士，果悍，卽引斧椎壞之。明日，單于果遣右骨都侯當白將率曰，『漢賜單于印，言璽不言章，又無漢字；諸王以下，乃有漢言章。今印去璽加新，與臣下無別，願得故印。』將率示以故印，謂曰，『新室順天制作，故印隨將率所自爲破壞。」單于宜承天命，奉新室之制。』當還白，單于知已無可奈何，又多得賂遺，卽遣弟右賢王輿奉馬牛隨將率入謝，因上書求故印。將率還到左犂汗王咸所居地，見烏桓民多，以問咸，咸具言狀，將率曰，『前封四條，不得受烏桓降者，亟還之。』咸曰，『請密與單于相聞，得語歸之。』單于使咸報曰，『當從塞內還之邪？從塞外還之邪？』將率不敢專決，以聞。詔報從塞外還之。單于始用夏侯藩求地，有距漢語，後以求稅烏桓不得，因寇略其人民，釁由是生，重以印文改易，故怨恨。乃遣右大且渠蒲呼盧訾等十餘人，將兵衆萬騎，以護送烏桓爲名，勒兵朔方塞下。明年，西域車師後王須置離謀降匈奴，都護但欽誅斬之。置離兄狐蘭支將人衆二千餘人，歐畜產，舉國亡降匈奴，單于受之。狐蘭支與匈奴共入寇，擊車師，殺後成長，傷都護司馬，復還入匈奴。時戊己校尉史陳良終帶，司馬丞韓玄，右曲侯任商等，見西域頗背叛，聞匈奴欲大侵，恐并死，卽謀劫略吏卒數百人，共殺戊己校尉刀護，遣人與匈奴南犂汗王南將軍相聞。匈奴南將軍二千騎入西域迎良等。良等盡脅略戊己校尉吏士男女二千餘人入匈奴。王莽聞息，於是大分匈奴爲十五單于，遣中郎將藺苞副校尉戴級將兵萬騎，多齎珍寶，至雲中塞下，招誘呼韓邪單于諸子，欲以次拜之。使譯出塞，誘呼右犂汗王咸，咸子登助三人至，則脅拜咸爲孝單于，賜安車鼓車各一，黃金千斤，雜繒千匹，戲戟十。拜助爲順單于，賜黃金五百斤，傳送助登長安。烏珠留單于聞之怒，遣左骨都侯右伊秩訾王呼盧訾及左賢王樂將兵入雲中益壽塞，大殺吏民。是歲建國三年（西元後一一年）也。是後單于歷告左右部都尉諸邊王入塞寇盜，大輩萬餘，中輩數千，少者數百，殺雁門朔方太守尉都，略吏民畜產，不可勝數；緣邊虛耗。莽新卽位，怙府庫之富，欲立威，乃拜十二部將率，發郡國勇士，武庫精兵，各有所屯守，轉委輸於邊。議滿三十萬衆，齎三百日糧，同時十道並出，窮追匈奴，內之於丁令，因分其地，立呼韓邪十五子。莽將嚴尤諫之，歷舉漢與匈奴之關係，當時武人之有鑒於往事，蓋可見也（斯坦因發見之第一世紀軍事文書蓋可以見此也）。尤之言曰，『今天下遭陽九之阨，比年饑餽，西北邊尤甚。發三十萬衆，具三百日糧，東援海代，南取江淮，然後乃備。計其道里，一年尚未集合。兵先至者，聚居暴露，師老械弊，勢不可用，此一難也。邊既空虛，不能奉軍糧，內調郡國，不相及屬，此二難也。計一人三百日食，用糒十八斛，非牛力不能勝，牛又當自齎食，加二十斛，重矣。胡地沙鹵，多乏水草，以往事揆之，軍出未滿百日，牛必物故且盡，餘糧尚多，人不能負，三難也。胡地秋冬甚寒，春夏甚風，多齎鬴鍑薪炭，重不可勝，食糒飲水，以歷四時，師有疾疫之憂，是故前世伐胡，不過百日，非不欲久，勢力不能，四難也。（清代平定回疆，難者亦持此論，然左軍既至，用屯田政策，自行耕種，以免斯困云。）輜重自隨，則輕銳者少，不得疾行，虜徐遁逃，勢不能及；幸而逢虜，又累輜重，如遇險阻，銜尾相隨，虜要庶前後，危殆不測，此五難也。大用民力，功不可必立，臣伏憂之。今既發兵，宜縱先至者，令臣尤等深入霆擊，且以創艾胡虜。』

莽不聽尤言，轉兵穀如故，天下騷動。咸既受莽孝單于之號，馳出塞歸庭，具以見脅狀白單于。單于更以爲於粟置不侯；匈奴賤官也。後助病死，莽以登代助爲順單于。厭難將軍陳欽震狄將軍王巡屯雲中葛邪塞。是時匈奴數爲邊寇，殺將率吏士，略人民，歐畜產去，甚衆。捕得虜生口驗問，皆曰『孝單于咸子角數爲寇。』兩將以聞，四年，莽會諸蠻夷斬咸子登於長安市。初北邊自宣帝以來，數世不見煙火之警，人民熾盛，牛馬布野。及莽撓亂匈奴，與之構難，邊民死亡係獲，又十二郡兵久屯而未出，吏士罷弊。數年之間，北邊虛空，野有暴骨矣。

烏珠留單于立二十一歲，建國五年（西元後一三年）死。匈奴用事大臣右骨都侯須卜當，卽王昭君女伊墨居次云之壻也。云常欲與中國和親，又素與咸厚善，見咸前後爲莽所拜，故遂越輿而立咸爲烏累若鞮單于（Oreiyokte Jenuye）。烏累單于咸立，以弟輿爲左谷蠡王。烏珠留單于子蘇屠胡本爲左賢王，以弟屠耆閼氏子盧渾爲右賢王。烏珠留單于在時，左賢王數死，以爲其號不祥，更易命左賢王曰護于。護于之尊最貴，次當爲單于，故烏珠留單于授其長子以爲護于，欲傳以國。咸怨烏珠留單于貶賤己號，不欲傳國；及立，貶護于爲左屠耆王。云當遂勸咸和親。天鳳元年（西元後一四年），云當遣人之西河虎猛制虜塞下，告塞吏曰『欲見和親侯。』和親侯王歙者，王昭君兄子也。中部尉都以聞。莽遣歙，歙弟騎都尉展德侯颯使匈奴，賀單于初立，賜黃金衣被繒帛，紿言侍子登在，因購求陳良終帶等。單于盡收四人及手殺校尉刀護賊芝音，妻子以下二十七人，皆械檻付使者，遣廚唯姑夕王富等四十人送歙颯。莽作焚如之刑，燒殺陳良等。罷諸將率屯兵，但置游擊都尉。

單于貪莽賂遺，故外不失漢故事，然內利寇掠，又使還，知子登前死，怨恨，寇虜從左地入不絕。使者問單于，輒曰，『烏桓與匈奴無狀黠民共爲寇入塞，譬如中國有盜賊耳。咸初立持國，威信尚淺，盡力禁止，不敢有二心。』天鳳二年五月，莽復遣歙與五威將王咸率伏黯丁業等六人，使送右廚唯姑夕王，因奉歸前所斬侍子登及諸貴人從者喪，皆載以常車。至塞下，單于遣云當子男大且渠屠等至塞迎。咸等至，多遺單于金珍，因諭說改其號，號匈奴曰恭奴，單于曰善于，賜印綬。單于貪漢金幣，故曲聽之，然寇盜如故。咸歙十二月還入塞，莽大喜，賜歙錢二百萬，悉封黯等。

烏絫單于咸立五歲，天鳳五年（西元後一八年）死，弟左賢王輿立，爲呼都而尸道臯若鞮單于（Khutulz-daokao-yokte Jenuye）。呼都而尸單于輿既立，貪利賞賜，遣大且渠奢與云，云女弟當于居次子醯櫝王俱奉獻至長安。莽遣和親侯歙與奢等俱至制虜塞下，與云當會，因以兵迫脅，將至長安。云當小男從塞下得脫歸匈奴。當至長安，莽拜爲須卜單于，欲出大兵以輔立之，兵調度亦不合，而匈奴愈怒，並入北邊，北邊由是壞敗。會當病死，莽以其庶女陸逯任妻後安公奢，所以尊寵之甚厚，終欲爲出兵立之。會漢兵誅莽，云奢亦死。

更始二年（西元後二四年）冬，漢遣中郎將歸德侯颯，大司馬護軍陳遵使匈奴，授單于漢舊制璽綬，王侯以下印綬，因送云當餘親屬貴人從者。單于輿驕謂遵颯曰：『匈奴本與漢爲兄弟；匈奴中亂，孝宣皇帝輔立呼韓邪單于，故稱臣以尊漢。今漢亦大亂，爲王莽所簒，匈奴亦出兵擊莽，空其邊境令天下騷動思漢。莽卒以敗，而漢復興亦我力也，常復尊我！』遵與相掌距，單于終持此言。其明年夏還。會赤眉入長安，更始敗，西漢遂終。

第六章　匈奴之內屬分裂與衰亡

王莽之逝，天下大亂，建武初呼都而尸單于因權立盧芳，使入居五原。光武初，方平諸夏，未遑外事，至六年（西元後三〇年）始命歸德侯劉颯使匈奴，匈奴亦遣使來獻，漢復令中郎將韓統報命，賂遺金幣，以通舊好，而單于驕踞自比冒頓，對使者辭語悖慢，帝待之如初。初使命常通，而匈奴數與盧芳共侵北邊。九年，遣大司馬吳漢等擊之，經歲無功。而匈奴轉盛，鈔暴日增，十三年遂寇河東，州郡不能禁，於是漸徙幽幷邊人於常山關居庸關已東。匈奴左部遂復轉居塞內。匈奴聞漢購求盧芳，貪得財帛，乃遣芳還降，望得其賞。而芳以自歸爲功，不稱匈奴所遣，單于復恥言其計，故賞遂不行，由是大恨，入寇尤深。北邊無復甯歲。

初漢王昭君遠嫁呼韓邪單于，生二子，一曰伊屠知牙師，爲右谷蠡王。呼都而尸單于立，知牙師以次當左賢王，左賢王卽是單于儲副；單于欲傳其子，遂殺知牙師。烏珠留單于子比見，知牙師被誅，出怨言曰『以兄弟言之，右谷蠡王次當立；以子言之，我前單于長子，我當立。』遂內懷猜懼，庭會稀闊。單于疑之，乃遣兩骨都侯監領比所部兵。光武帝建武二十二年（西元後四六年），單于輿死，子左賢王烏達鞮侯立，爲單于；復死，弟左賢王蒲奴立爲單于。比不得立，既懷憤恨，用密遣漢人郭衡奉匈奴地圖，建武二十三年詣西河太守求內附。兩骨都侯頗覺其意，會五月龍祠，因白單于，言薁鞬日逐風采欲爲不善，若不誅，且亂國。時比斬將王在單于帳下，聞之，馳以報比。比懼，遂斂所主南邊八郡衆四五萬人，待兩骨都侯還，欲殺之。骨都侯且到，知其謀，皆輕騎亡去，以告單于。單于遣萬騎擊之，見比衆盛，不敢進而還。

建武二十四年（西元後四八年）春，八部大人共議立比爲呼韓邪單于；以其大父嘗依漢得安，故欲襲其號。於是款五原塞，願永爲藩蔽，扞禦北虜。光武帝用五官中郎將耿國議，乃許之。是歲十二月，比自立爲呼韓邪單于；匈奴之分爲南北單于，自此始也。建武二十五年春，遣弟左賢王莫將兵萬餘人擊北單于弟薁鞬左賢王，生獲之。又破北單于帳下，幷得其衆，合萬餘人，馬七千匹，牛羊萬頭；北單于震怖，卻地千里。初帝造戰車，可駕數牛，作樓櫓，置於塞上，以拒匈奴。時人見者，或相謂曰，『讖言漢九世當卻北狄地千里，豈謂此邪？』及是果拓地焉。北部薁鞬骨都侯與右骨都侯率衆三萬餘人來歸南單于。南單于復遣使詣闕，奉藩稱臣，獻國珍寶，求使者監護，遣侍子修舊約。二十六年遣中郎將段郴副校尉王郁使南單于，立其庭去五原西部塞八十里（約爲今歸化城）。單于乃延迎使者。使者曰，『單于當伏拜受詔。』單于顧望有頃，乃伏稱臣。拜訖，令譯曉使者曰，『單于新立，誠慙於左右，願使者衆中無相屈折也。』骨都侯等見皆泣下。郴等反命，詔乃聽南單于入居雲中。

夏，南單于所獲北虜薁鞬左賢王將其衆及南部五骨都侯合三萬餘人，畔歸，去北庭三百餘里，共立薁鞬左賢王爲單于。月餘日，更相攻擊，五骨都侯皆死，左賢王遂自殺，諸骨都侯子各擁兵自守。秋，南單于遣子入侍，奉奏詣闕。詔賜單于冠帶、衣裳、黃金璽、盭緺綬、安車、羽蓋、華藻、駕駟、寶劍、弓箭、黑節三、駙馬二、黃金、錦繡、繒布萬匹、絮萬斤、樂器、鼓車、棨戟、甲兵、飲食什器。又轉河東米糒二萬五千斛，牛羊三萬六千頭，以贍給之。令中郎將置安集掾史將弛刑五千人，持兵弩，隨單于所處，參辭訟，察動靜。單于歲盡，輒遣奉奏，使送侍子入朝，中郎將從事一人將領詣闕。漢遣謁者送前侍子還單于庭。交會道路。元正朝賀，拜祠陵廟畢，漢乃遣單于使，令謁者將送，賜綵繒千匹，錦四端，金十斤，大官御食醬及龍眼荔枝橙橘（按温州苦橘今猶自南方船運至天津，以轉販蒙古也）。匈奴俗歲有三龍祠，常以正月五日九月戊日祭天神；南單于既內附，兼祠漢帝，因會諸部議國事，走馬及駱駝爲樂。左右賢王左右谷蠡王及六角之制猶昔。異姓名族爲呼衍氏須卜氏丘林氏蘭氏四姓，常與單于婚姻。呼衍氏爲左，蘭氏須卜氏爲右，主斷獄聽訟，當決輕重，口白單于，無文書簿領焉（按匈奴無文書簿領，必有漢人爲之措外交辭令，以備與漢交往也）。冬前畔五骨都侯子復將其衆三千人歸南部，北單于使騎追擊，悉獲其衆。南單于遣兵拒之，逆戰不利。於是復詔單于徙居西河萬稷。因使中郎將段郴及副校尉王郁留西河擁護之（其後劉淵起於離石，號曰漢，蓋自以漢公主之裔，欲直接漢室之統也。離石卽在西河附近）。爲設官府從事掾史令西河長史歲將騎二千弛刑五百人助中郎將衞護單于；冬屯夏罷，自後以爲常。及悉復緣邊八郡。南單于既居西河，亦列置諸部王，助爲扞戍，皆領部衆，爲郡縣偵羅耳目。北單于惶恐，頗還所略漢人，以示善意。鈔兵每到南部下，還過亭侯，輒謝曰『自擊亡虜奧鞬日逐耳；非敢犯漢人也。』二十七年（西元後五二年），北單于遂遣使詣武威求和親。天子召公卿廷議，不決。皇太子言曰：『南單于新附，北虜懼於見伐故傾耳而聽爭欲歸義耳。今未能出兵，而反交通北虜，臣恐南單于將有志北虜降者且不復來矣。』帝然之，告武威太守勿受其使。二十八年，北匈奴復遣使詣闕貢馬及裘，更乞和親，并請音樂；又求率西域諸國胡客與俱獻見。帝下三府議酬答之宜。司徒掾班彪奏曰：『臣聞孝宣皇帝勅邊守尉曰，「匈奴大國多變詐，交接得其情，則卻敵折衝；應對入其數則反爲輕欺。」今北單于見南單于來附，懼謀其國，故數乞和親。又遠驅牛馬，與漢合市，重遣名王，多所貢獻，斯皆外示富強，以相欺誕也。臣見其獻益重，知其國益虛；歸親愈數，爲懼愈多。然今既未獲助南，則亦不宜絕北。羈縻之義，禮無不答，謂可頗加賞賜，略與所獻相當，明加曉告以前世呼韓邪郅支行事；報答之辭令必有適，』彪卽以所立稾草并上，曰：『單于不忘漢恩，追念先祖舊約，欲脩和親，以輔身安國，計議甚高，爲單于嘉之。往者匈奴數有乖亂，呼韓邪郅支自相讎隙，並蒙孝宣皇帝垂恩救護，故各遣侍子，稱藩保塞。其後郅支忿戾，自絕皇澤，而呼韓附親，忠孝彌著。及漢滅郅支，遂保國傳嗣，子孫相繼。今南單于攜衆向南，款塞歸命。自以呼韓嫡長，次第當立，而侵奪失職，猜疑相背，數請兵將，歸掃北庭，策謀紛紜，無所不至。惟念斯言，不可獨聽；又以北單于比年貢獻，欲修和親，故拒而未許；將以成單于忠孝之義。漢秉威信，總率萬國，日月所照，皆爲臣妾，殊俗百蠻，義無親疏。服順者褒賞，畔逆者誅罰。善惡之效，呼韓郅支是也。今單于欲脩和親，款誠已達，何嫌而欲率西域諸國俱來獻見？西域國屬匈奴，與屬漢何異？單于數連兵亂，國內虛耗，貢物裁以通禮，何必獻馬裘？今齎雜繒五百匹，弓鞬韇丸一，矢四發，遺遺單于。又賜獻馬左骨都侯右谷蠡王雜繒各四百匹，斬馬劍各一。單于前言先帝時所賜呼韓邪等瑟空侯皆敗，願復裁賜。念單于國尚未安，方厲武節，以戰攻爲務，竽瑟之用不如良弓利劍，故未以齎。朕不愛小物，於單于便宜所欲，遣譯以聞。」帝悉納從之。

光武帝中元元年（西元後五六年），南單于比立至是凡九年，薨。弟右賢王莫立，是爲丘浮尤鞮單于，一年薨。弟汗立，是爲伊伐於慮鞮單于，立二年而薨。單于比之子適立，是爲醢僮尸逐侯鞮單于，立四年而薨。單于莫子蘇立，爲丘除車林鞮單于，數月復薨。單于適之弟長立，是爲胡邪尸逐侯鞮單于，時明帝永平六年（西元後六三年）也。自單于莫以下，國祚奇短，無復可紀。時北匈奴猶盛，數寇邊，朝廷以爲憂。會北單于欲合市，遣使求和親；明帝冀其交通，不復爲寇，乃許之。八年，遣越騎司馬鄭衆北使報命，而南部須卜骨都侯等知漢與北虜交使，懷嫌怨欲畔，密因北使令遣兵迎之。鄭衆出塞，疑有異，伺候，果得須卜使人。乃上言宜更置大將，以防二虜交通。由是始置度遼營，以中郎將吳棠行度遼將軍事；副校尉來苗、左校尉閻章、右校尉張國將黎陽虎牙營士屯五原曼柏。又遣騎都尉秦彭將兵屯美稷。其年秋，北匈奴果遣二千騎候望朔方，作馬革船，欲度迎南部畔者。以漢有備，乃引去。復數寇鈔邊郡，焚燒城邑，殺略甚衆，河西城門晝閉。帝患之，十六年（西元後七三年），乃大發緣邊兵，遣諸將四道出塞，北征匈奴。南單于遣左賢王信隨太僕祭彤及吳棠出朔方高闕，攻皐林溫禺犢王於涿邪山。虜聞漢兵來，悉度漠去。彤、棠坐不至涿邪山免，以騎都尉來苗行度遼將軍事。其年，北匈奴入雲中，遂至漁陽，太守廉范擊卻之。詔遣使者高弘發三郡兵追之，無所得。建初元年（西元後七六年），來苗遷濟陰太守，以征西因將軍耿秉爲度遼將軍。時皐林溫禺犢王復將衆還居涿邪山，南單于聞知，遣輕騎與緣邊郡及烏桓兵出塞擊之，斬首數百級，降者三四千人。其年南部苦蝗，大飢，章帝稟給其貧人三萬餘口。七年，耿秉遷執金吾，以張掖太守鄧鴻行度遼將軍。八年，北匈奴三木樓訾大人稽留斯等率三萬八千人，馬二萬匹，牛羊十餘萬，款五原塞降。元和元年（西元後八四年），武威太守孟雲上言，北單于復願與吏人合市。詔書聽雲遣譯使迎呼慰納之。北單于乃遣大且渠伊莫訾王等驅牛馬萬餘頭來。與漢賈客交易，諸王大人或隨至，所在郡縣爲設官邸賞賜待遇之。南單于聞，乃遣輕騎出上郡，遮略生口，抄掠牛馬，驅還入塞。二年正月，北匈奴大人車利涿兵等亡來入塞，凡七十三年。時北匈奴衰耗，黨衆離畔，南部攻其前，丁零寇其後，鮮卑擊其左，西域侵其右，不復自立，乃遠引而去。〔循塞楞格（Selinga）伊爾齊斯（Irtysh）兩水上游以達伊斯庫爾（Issekul）鹹海，裏海，以與當時據有今俄羅斯地之巴斯吉爾人（Bash-kirs）、阿蘭人（Alans）及其他部落激戰，然後入歐洲。〕吉明（Gibbons）謂阿鐵拉（Etzil or Attila）自誇爲匈奴單于之苗裔云云，此事綦爲重要，使有確證，亦必屬後來之事也。希羅多德書中所云塞種橫行小亞細亞一帶，蓋在北匈奴引去以前數百年；卽令希羅多德所言爲古版之匈奴，而牧羊王(Shepherd Kings)以馬傳入埃及，蓋又在希氏以前若干世紀，此蓋確然無疑者也。

南單于長立二十三年薨。元和二年（西元後八五年），單于汗之子宣立，是爲伊屠於閭鞮單于。其歲單于遣兵千餘人獵至涿邪山，卒與北匈奴溫禺犢王遇，因戰，獲其首級而還。章和元年（西元八七年），鮮卑入左地，擊北匈奴，大破之，斬優留單于，取其皮而還。（其後一百年波斯王沙波(Sapor)取羅馬皇帝發利立安(Valerian)之皮而實之，大約卽從過境之匈奴人學得者，吉明引服四斯卡斯（Vopiscus）之言，以爲奧利連(Aurilian)戰勝，（中國使者助之如此云云，誤也。）北庭大亂，屈蘭儲卑胡都須等五十八部口二十萬勝兵八千人，詣雲中五原朔方北地降。自是北單于之勢，在中國史上遂無足重輕矣。南單于宣立三年薨，單于長之弟屯屠何於章和二年立，是爲休蘭尸逐侯鞮單于。時北匈奴大亂，加以飢蝗，降者前後而至，南單于將幷北庭，上書求漢助。永元元年（西元後八九年），以耿秉爲征西將軍與車騎將軍竇憲率騎八千，與度遼兵及南單于衆三萬騎出朔方，擊北匈奴，大破之，北單于奔走，首虜二十餘萬人。竇憲勒石燕然山而反。（竇憲所勒銘文，今見後漢書憲傳。西元後一八八八年俄人於竇憲勒石處之西發見突厥文碑數事，上附漢文及敍利亞文；其中在鄂魯渾河畔發見之阿拉米亞文突厥文兩體石碑，最爲重要，俄人拉得路夫(Radloff)創通其讀，一八九二年發表於其所著之大地圖叢書中。據此，則竇憲所勒，或亦有發見之望也。）二年春，鄧鴻遷大鴻臚，以定襄太守皇甫稜行度遼將軍，南單于復上求滅北庭。於是遣左谷蠡王師子等將左右部八千騎出雞鹿塞，中郎將耿譚遣從事將護之至涿邪山。乃留輜重，分爲二部，各引輕兵兩道襲之。左部北過西海至河雲北，右部從匈奴河水，西繞天山，南度甘微河。二軍俱會，夜圍北單于。單于大驚，率精兵千餘人合戰，單于被創，墮馬，復上，將輕騎數十遁走，僅而免脫。得其玉璽，獲閼氏及男女五人，斬首八千級，生虜數千口而還。三年，北單于復爲右校尉耿夔所破，逃亡不知所在。其弟右谷蠡王於除鞬自立爲單于，將右温禺鞬王骨都侯已下數千人，止蒲類海遣使款塞。將軍竇憲上書立於除鞬爲北單于，漢從之。四年，遣耿夔卽授璽綬，賜玉劍四具，羽蓋一駟，使中郎將任尚持節衞護，屯伊吾，如南單于故事。方欲輔歸北庭，五年於除鞬自畔還北，帝遣將兵長史王輔以千餘騎與任尚共追誘將還斬之，破滅其衆。

南單于屯屠立六年薨。永元五年（西元後九三年），單于宣弟安國立。安國初爲左賢王，而無稱譽。左谷蠡王師子素勇黠多知，前單于宣及屯屠皆受其氣決，故數遣將兵出塞，掩擊北庭，還受賞賜，天子亦加殊異，是以國中盡敬師子，而不附安國。由是疾師子，欲殺之。其諸新奴降胡初在塞外，數爲師子所驅掠，皆多怨之。安國因是委計降者，與同謀議。安國既立爲單于，師子以次轉爲左賢王，覺單于與新降者有謀，乃別居五原界。單于每龍會議事，師子輒稱病不往，皇甫稜知之，亦擁護不遣。單于懷憤益甚。六年春，皇甫稜免，以執金吾朱徽行度遼將軍。時單于與中郎將杜崇不相平，乃上書告崇。崇諷西河太守令斷單于章，無由自聞。而崇因與朱徽上言，南單于安國疎遠故胡，親近新降，欲殺左賢王師子，及左臺且渠劉利等；又右部降者謀共迫脅安國起兵背畔，請西河上郡安定爲之儆備。於是徽崇等發兵攻之；安國爲其舅骨都侯喜爲等所格殺，距其立爲時一年。安國既死，單于適之子師子立，是爲亭獨尸逐侯鞮單于，時永元六年（西元後九四年）也（南單于名中多冠以尸逐侯鞮(Sedjr geute)或於盧鞮（Urute）；其義當與若鞮無異，唯別益以區別之辭耳。）降胡五六百人夜襲師子，安集掾王恬將衛護士與戰破之。於是新降胡遂相驚動，十五部二十餘萬人皆反畔，脅立前單于屯屠何子薁鞬日逐王逢侯爲單于，遂殺略吏人，燔燒郵亭廬帳，將軍重向朔方，欲度漠北。漢與烏桓鮮卑合，追擊敗之，斬獲甚多。永元十年（西元後九八年），南單于師子立四年，至是薨，單于長之子檀立，是爲萬氏尸逐鞮單于。而北單于逢侯部衆飢窮，又爲鮮卑所擊，無所歸，竄逃去塞者絡繹不絕。自是北單于屢遣使詣漢貢獻，願和親，漢以其舊禮不備，未之許，而厚加賞賜，不答其使。至元初五年（西元後一一七年）北單于逢侯以爲鮮卑所破，部衆分散，用將百餘騎亡還詣朔方塞降，徙於潁川郡。南單于萬氏尸逐鞮單于檀立二十七年，在位時以比歲遣兵擊逢侯，多所虜獲。因聽漢人韓琮言，起兵反畔；未幾而平。而鮮卑寇邊，紛擾久之。延光三年（西元後一二四年）單于檀薨，弟拔立，是爲烏稽侯尸逐鞮單于。單于拔立四年薨，弟休利立，是爲去特若尸逐就單于。休利單于立十三年，以不能制下寇漢，爲漢所責，因與弟左賢王皆自殺。自此以後南匈奴單于繼立靡常，邊疆侵寇，順逆不定。至熹平六年（西元後一七七年）南單于屠特若尸逐就單于某與漢中郎將臧旻出雁門擊鮮卑檀石槐（Dardjegwe），大敗而還。是歲單于薨，子呼徵立，以與中郎將張脩不相能，爲脩所擅斬，更立右賢王羌渠（Kiangü）。羌渠立十年，子右賢王於扶羅（Uvura）立，是爲持至尸逐侯單于，時中平五年（西元後一八八年）也。時中國漢末天下大亂，南匈奴亦擾攘不甯。於扶羅寇漢不利，歸國，國人不受，南庭遂虛其位，以老王行國事。單于於扶羅立七年死，弟呼廚泉（Khudjuzen）於興平二年（西元後一九五年）立爲單于，以建安二十一年（西元後二一六年）來朝，曹操因留於鄴。自是匈奴一蹶不復振，而中國亦天下三分，唯魏與匈奴微有往還云。

第七章　匈奴人之稱帝於中國北部

匈奴至漢末，單于譜系失紀，然大率當爲冒頓之裔。雖內亂不絕，單于世系，終不出於王族。故自冒頓以降至握衍朐提，懿世相承，大都前單于之子姪兄弟。如呼韓邪之爲虛閭權渠之子；而呼韓邪六子又以次遞立。南匈奴醯落尸逐鞮單于比爲呼韓邪單于孫，復立爲呼韓邪單于，自屬正統，單于比薨，兩弟先後立，繼之者爲比與兩弟之六子。其後復繼以五孫，至特若尸逐就單于休利之薨，爲永和元年（西元後一四一年）自呼韓邪以降，蓋已三世矣。羌渠先世不之知，唯繼其後之於扶羅呼廚泉二單于俱爲其子，則自永和六年單于休利之薨以至光和二年（西元後一七九年）單于羌渠之立，其間諸單于當亦秉承前軌，罔所更易也。北單于則紀載闕失，今無可徵。

漢末三國鼎立，唯曹魏與匈奴隣接。時匈奴故地自雲中五原以東抵遼水，皆爲鮮卑庭。建安中魏武帝始分南單于餘衆爲五部落，以於扶羅子豹爲左部帥。初漢高祖以宗女爲公主，以妻冒頓，約爲兄弟，故其子孫遂冒姓劉氏；起於何時，今未之知，南單于比附中國以後，後繼諸單于俱有單名，或始於是時也。於扶羅子漢名劉豹，爲左部帥，其餘部帥，皆以劉氏爲之。劉氏雖分居五部，然皆家居晉陽汾澗之濱。豹妻呼延氏，生子劉淵，字元海，幼好學，師事上黨崔游，習毛詩、京氏易、馬氏尚書，尤好春秋左氏傳、孫吳兵法，略皆誦之，史、漢、諸子無不綜覽；並學武事，妙絕於衆。咸熙中爲侍子，在洛陽。會豹死，以元海代爲左部帥。晉既併魏蜀吳三國，而元海亦以忠義見信，楊駿輔政，以元海爲建威將軍五部大都督，封漢光鄉侯。

晉惠帝失馭，寇盜蜂起。元海從祖故北部都尉左賢王劉宣等以爲自漢亡以來，魏晉代興，單于雖有虛號，無復尺土之業，自諸王侯，降同編戶，今司馬氏骨肉相殘，四海鼎沸，興邦復業，此其時矣。因謀推元海爲大單于。後成都王穎拜元海爲北單于，參丞相軍事，元海至左國城，劉宣等上大單于之號，二旬之間，衆已五萬，都于離石。惠帝永興元年（西元後三〇四年），淵乃爲壇於南郊，僭卽漢王位，立漢高祖以下三祖五宗神主而祭之。進攻中原，國都自離石遷黎亭，徙晉陽，都蒲子。永嘉二年（西元後三〇八年）卽皇帝位，遷都平陽，其志固在洛陽也。永嘉四年，淵薨。子劉聰弑兄代立，連陷洛陽長安，晉懷愍二帝俱爲所殺，改國號曰趙，聰在位九年，卒爲劉曜所代，元帝太興二年（西元後三一九年），石勒復自稱趙王，代曜而起。勒字世龍，初名匐，其先羌渠之冑，旣代曜而立，國號後趙，據有中國北部者凡三十年。而匈奴人之據有中國北部，至是近六十年，以之與歐洲諸王朝相較，爲時固甚促也，然中國人設穽自陷，以前思以和親之策玩北族於股掌之上，卒致異族入主中國。唯大江以南，漢族新闢諸邦，除第五世紀西蜀成氏曾一度臣屬托跋氏外，初未嘗一屈，至十三世紀，忽必烈崛起北邊，始平定華夏，統一中國云。北族奠有河北，漢族諸國則先後定都今日之南京杭州一帶；其時中國政治中心渡江而南，而今日歐洲人所稱之中國官話，當亦於斯時始盛行長江以北也。就三百年前小說中語言觀之，當時北京方言與今日無絲毫之異。法語出自拉丁，而受諾曼人（Normans）與法朗克人（Franks）之影響，近代中國之官話，蓋亦漢語復受韃靼人影響而成者也。唯中國方音雖有殊異，而文字之純淨初不因之而變，古文文體，猶到處一律也。辛亥革命以後，至於最近，白話文體盛行，以前莊嚴之古文，將退而爲學士大夫所專精矣。

石勒繼父周曷朱爲部落小率，所居在武鄉北原山下。太安中（西元後三〇二年至三〇四年）幷州饑亂，與諸小胡亡散，被虜賣與茌平人師懽爲奴，懽奇其狀貌而免之，勒後遂爲羣盜長。卒歸劉淵，淵以爲輔漢將軍時率師寇漢；禦鮮卑又助劉聰寇洛陽；卒弑劉曜，自爲趙王，復即皇帝位。成帝咸和七年（西元後三三二年）勒死，在位凡十五年。子弘立，咸康元年（西元後三三五年）爲勒從子石虎季龍所弑。虎立亦十五年，於晉穆帝永和六年（西元後三五〇年）死。虎死後，諸子爭立；石氏卒盡爲虎養孫閔所滅。

石勒以非常之才，入據中原，史盛稱其爲人。立法度，信佛教。印度高僧佛圖澄（Buddhôchinga）以晉懷帝永嘉四年（西元後三一〇年）適洛陽，頗爲勒所信服，至石虎亦復傾心事澄，有重於勒。勒初即皇帝位，趙國封內凡有三十四郡，戶二十九萬。爲趙天王以後，平秦州羌，國境遠至西北；涼州亦降。是時爲十六國時代，中國北部鮮卑匈奴氐羌以及漢族迭爲盛衰其間。求之西史，唯羅馬帝國末季東西峨特(Goths)汪達爾(Vamdals)諸族紛起以乘帝國之敝，剽掠國都，而立蠻族王朝於西班牙非洲及高盧之事，庶可與此比擬耳。當時羅馬帝國重心往復於東方之君士坦丁堡及西方之羅馬城，與中國北部之徘徊於長安洛陽南部之遷轉於建康杭州者，正無以別。東海西海，不謀而合，此至堪驚異者也。

當時羣雄之中有沮渠蒙遜(Tsugu mêngsun)者，臨松盧水胡人也。其先世爲匈奴左沮渠，遂以官爲氏焉。北涼神璽元年（西元後三九七年），以蒙遜爲張掖太守，張掖卽漢時月氏所居故地也。晉安帝隆安五年（西元後四〇一年），蒙遜自立爲張掖公號北涼；義熙八年（西元後四〇五年），卽河西王位，屢禦鮮卑，卒於元嘉十年。子茂虔立六年，爲拓跋魏所滅。蒙遜事蹟無可稱，唯中國史上匈奴與後來突厥之連屬，實以蒙遜爲其明證云。

劉淵石勒沮渠蒙遜而外，尙有赫連勃勃(Ghoren Borbor)者，爲南單于於扶羅時右賢王去卑(Küpi)之後，劉淵之族也。建安時，去卑曾侍衞漢帝；後單于呼廚泉爲曹操留居於鄴，而去卑被遣歸監其國。勃勃曾祖武，劉聰世以宗室封樓煩公，拜安北將軍，監鮮卑諸軍事。丁零中郎將雄據肆盧川，爲代王猗盧所敗，遂出塞表。祖豹子招集集部落，復爲諸部之雄；石虎遣使就拜平北將軍，左賢王，丁零單于。父衞辰，入居塞內，苻堅以爲西單于，督攝河西諸虜，屯于代來城。及堅國亂，遂有朔方之地，控弦之士三萬八千。後魏師伐之，辰令其子力俟提非戰，爲魏所敗，魏人乘勝濟河，剋代來，執辰殺之。勃勃乃奔叱干部，復由叱干部奔投後秦姚興，拜驍騎將軍，加奉車都尉，常參軍國大議，寵遇踰於勳舊。卒於晉義熙二年（西元後四〇六年）自稱爲天王大單于。自以匈奴夏后氏之苗裔也，國稱大夏。其廢劉姓而姓赫連，當始是時，赫連，韃靼語輝赫與天連之義也。勃勃既立，敗禿髮傉檀。又於朔方水北黑水之南，營起都城（大約在今寧夏附近，寧夏卽馬哥孛羅遊記中之 Egrigaia 也），以統萬爲名。義熙十三年（西元後四一七年）後秦姚泓爲劉裕所滅，裕入據長安，遣使遺勃勃書，請通和好，約爲兄弟。勃勃聞裕留子義眞鎭長安，大喜，因進取長安，卽皇帝位。勃勃在位十三年，以宋元嘉二年（西元後四二五年）死，子昌嗣，尋爲跖跋魏所滅。

第五世紀，北魏據有中國北部，其時有稽胡者，一曰步落稽，蓋晉時匈奴別種，劉淵五部之苗裔也。或云山戎赤狄之後。自離石以西，安定以東，方七八百里，居山谷間，種落繁熾。其俗土著，亦知種田地，少桑蠶，多衣麻布。又與華人錯居，其渠帥頗識文字，其言語類夷狄，因譯乃通。北齊時遂衰。

本書卷一之匈奴史約盡於此，卷二所言爲東胡民族，所謂烏桓鮮卑者是也。

卷二　鮮卑

第一章　烏桓與鮮卑等東胡民族

古時中國人稱匈奴以東之民族爲東胡。胡之一名，廣義言之，蓋包括各種韃靼民族高麗人喀什噶爾人突厥人阿富汗人以及一部分之敍里亞人印度人波斯人亦可用之。但日本西藏印度支那與夫歐洲諸國人則從無予以此名者。狹義言之，則凡黃種及用漢文之諸族而外，通用梵文或敍里亞文者，皆得爲胡。而東胡之名稱，則限於高麗人以及滿洲人種之祖先，亦即吾人所稱之通古斯族及與通古斯族同文者之謂耳。西文中之通古斯一辭，與漢文之東胡在語根上有無關係，尙難斷定，然此二辭之特點，則有頗相吻合處。在突厥文中，通古斯（Tungus）一辭之義爲豕，字源或卽爲漢文中之東胡二字，匈奴文音同而義反。古代通古斯族畜豕而食其肉，匈奴則否，此為通古斯族最著之一點。故匈奴之呼其東鄰為豕族，係由漢文東胡二字諧音而來，猶漢文由匈奴二字之音而生兇惡之廝之義也。自一六四四年以降以至一九一一年，東胡民族統治中國北部蟬聯不絕，而豕族之名更可以加諸漢人，蓋其嗜食豕肉，亦為世所罕覯也。成吉斯汗時，波斯察合臺汗國之稱中國皇帝即為豕帝。女眞族之金朝為清朝之先世，成吉斯汗即取此輩而代之。而以前中國人之豚尾式髮辮，亦至清朝入關而後方始有之，距今纔三百年耳。高麗少年亦結辮髮，婚後始去，在一八八七年余離高麗之後，此風或替矣。由此觀之，謂東胡通古斯族與豕三者實為一物，蓋信而有據。而中國之稱其東鄰曰「東胡，」殆即匈奴所指通古斯之轉音。尤有進者，中國稱西胡以與東胡對舉之辭甚少，用西胡二字指一地方，更為罕見，並足為其明證也。

西元前東胡族之事蹟不甚可知，匈奴冒頓既滅其國，則與匈奴高麗立國，必各歷數百年，若非王國，則必為一共和國或若干共和國也。自其國於漢初為匈奴冒頓所滅，餘類保烏桓山（今東蒙阿魯科爾沁部之地）因以為號焉。其生活頗類於匈奴，俗善騎射，弋獵禽獸為事，隨水草放牧。居無常處，以穹廬為舍，東開向日，（今蒙古人之幕則向東南）「喜獵鳥獸」食肉飲酪，以毛毳爲衣。其性悍驁，怒則殺父兄而終不害其母，以母有族類，父兄無相仇報故也。此俗與匈奴殊，然妻後母報寡嫂，死則歸其故夫。且貴少而賤老，殆與匈奴同。所異者其酋長不以世業相繼，凡有勇健能理決鬭訟者卽推爲大人，（至契丹時，此特點逐漸發達，成爲一種純粹共和國之形態，其統治者有類於今總統以至於副總統。）邑落各有小帥，數百千落自爲一部，大人有所召呼，則刻木爲信；雖無文字而部衆不敢違犯。氏姓無常，以大人健者名字爲姓。（後來如慕容吐谷渾拓跋諸朝，俱以東胡強酋爲姓，卽其例也。）大人以下，各自畜牧營產，不相徭役。其嫁娶則先略女通情，或半歲百日，然後「遣媒妁」送牛馬羊畜，以爲聘幣。壻隨妻還家，「卽於妻家舉賀。」妻家無尊卑，旦旦拜之，而不拜其父母。爲妻家僕役一二年間，妻家乃厚遺送女，居處財物，一皆爲辦。「仍由其妻掌之。」計謀從用婦人，唯戰鬭之事乃自決之。父子男女相對踞蹲，以髡頭爲輕便；婦人至嫁時，乃養髮分爲髻，著句決，飾以金碧，猶中國有簂步搖。『見鳥獸孕乳以別四季。』其土地宜穄及東牆，東牆似蓬草，實如穄子，至十月而熟。能作白酒，而不知作麴，麴米常仰中國。男子能作弓矢鞍勒；鍛金鐵爲兵器。有病以艾灸或燒石自熨，燒地臥上；或隨痛病處以刀決脈出血，及祝天地山川之神；

無鍼藥。俗貴兵死。有哭泣之哀。至葬則歌舞相送。肥養一犬，以綵繩纓牽，并取死者所乘馬衣物，皆燒而送之。言以屬累犬，使護死者神靈歸赤山；赤山在遼東西北數千里，如中國人死者魂神歸岱山也。（如循尋常路至赤山爲一千哩，則位於巴林盟（Barin）或科爾沁（Korchin）之地。）至葬日，夜聚親舊圓坐，牽犬馬歷位，或歌哭者，擲肉與之，使二人口誦呪文，使死者魂神徑至，歷險阻，勿令橫鬼遮護，達其赤山，然後殺犬馬、衣物燒之，敬鬼神，祠天地日月星辰山川，及先大人有健名者；祠用牛羊，畢皆燒之。飲食必先祭。若相賊殺者，合部落自相報，不止詣大人告之，聽出牛馬羊以贖死命乃止。其自殺父兄則無罪。若亡畔爲大人所捕者，邑落不得受之，皆徙逐於雍狂之地，沙漠之中；其土多蝮蛇，在丁令西南，烏孫東北焉。』

烏桓自爲冒頓所破，衆遂孤弱；常臣伏匈奴，歲輸牛馬羊皮，過時不具，輒沒其妻子。及漢武帝遣驃騎將軍霍去病擊破匈奴左地，因徙烏桓於上谷漁陽右北平遼東五郡塞外，爲漢偵察匈奴動靜。其大人歲一朝見。於是始置護烏桓校尉，秩二千石，擁節監領之，使不得與匈奴交通。昭帝時（西元前八六年至七三年）烏桓漸強，乃發匈奴單于冢墓，以報冒頓之怨。匈奴大怒，乃東擊破烏桓。大將軍霍光聞之，因遣度遼將軍范明友將三萬騎出遼東，邀匈奴，而虜已引去。明友乘烏桓新敗，遂進擊之，斬首六千餘級，獲其三王首而還。由是烏桓復寇幽州，明友輒破之。宣帝時乃稍保塞降附。西元前烏桓之形勢，吾輩所知止此。

及王莽簒位，欲擊匈奴，興十二部軍，使東域將嚴尤領烏桓丁令兵屯代郡，皆質其妻子於郡縣。烏桓不便水土，懼久屯不休，數求謁去。莽不肯遣，遂自亡畔還爲抄盜，而諸郡盡殺其質，由是結怨於莽。匈奴因誘其豪帥以爲吏，餘者皆羈縻屬之。光武初（西元後二五年，）烏桓與匈奴連兵爲寇，代郡以東，尤被其害。居止近塞，朝發穹廬，暮至城郭，五郡民庶，家受其辜，至於郡縣損壞，百姓流亡。其在上谷塞外白山者最爲強富。建武二十一年（西元後四十五年）伏波將軍馬援出塞擊烏桓失利。二十二年匈奴國亂，烏桓承弱擊破之，匈奴轉北徙數千里，漠南地空。帝乃以幣帛賂烏桓。二十五年遼西烏桓大人郝旦等九百二十二人率衆而化，詣闕朝貢。烏桓或願留宿衛，於是封其渠帥爲侯王君長者八十一人，皆居塞內，布於緣邊諸郡，令招來種人，給其衣食；遂爲漢偵候，助擊匈奴鮮卑。以班彪之言，因復置校尉於上谷寧城，開營府並領鮮卑賞賜質子，歲時互市焉。及明章和三世，皆保塞無事。與匈奴亦和戰無常。然族無偉人，勢未加盛，比之鮮卑，不逮遠甚。

第二章　鮮卑名王檀石槐帝國

鮮卑者亦東胡之支，自爲冒頓所敗，別依鮮卑山，故因號焉。國境東北接烏桓，約在今遼河西岸及西喇木倫河南有水草處。其言語習俗與烏桓同。唯婚姻先髡頭，以季春大會，作樂水上，飲讌畢，然後配合。至仲秋又集會，皆乘騎繞小樹或薪束三匝，即於行過時，計諸騎之値。又禽獸異於中國者野馬原羊角端牛，以角爲弓，俗謂之角端弓者。又有貂豽鼲子皮毛柔蝡，故天下以爲名裘。鮮卑未常通中國。光武初匈奴強盛，率鮮卑與烏桓寇抄北邊，殺掠吏人，無有寧歲。建武二十一年（西元後四五年，）鮮卑與匈奴入遼東，太守祭肜擊破之，斬獲殆盡。由是震怖。及南單于附漢，北虜益孤弱。二十五年，鮮卑始通譯使。其後都護偏何等詣祭肜求自效功，因令擊北匈奴，左伊育訾部斬首二千餘級。其後偏何連歲出兵擊北虜，還輒持首級詣遼東受賞賜。（是時日本始爲中國所知，而鮮卑與日本又有經濟上之關係；日本貢使至中國，必與此齟齬也。其時日本及高麗諸國酋長，俱詣祭肜效敬。日本人率自謂國史悠遠，立國遠在西元以前，實則其時不過爲半開化之部落，各有一小酋而已耳。高麗情勢與日本略同，而其與日本爲先進則頗顯著，當時高麗南端之有少數日本人留居在日人固自詡爲早期征服土人之證，實則有史以前，此少數日人蓋已爲滿洲南部之高麗人所驅逐未盡者矣。十一世紀之女眞以及清朝之先祖文明俱甚低微。定居於高麗北部鮮卑之東黑龍江南及海西一帶。汚穢不潔，喜畜豕，穴居而生食。以劫掠狩獵爲生，每乘舟略高麗海船。高麗日本滿洲之歷史非本書範圍，用略述其概於此，後不贅也。）

永元中大將軍竇憲遣右校尉耿夔擊破匈奴，北單于逃走，鮮卑因此轉徙據其地，匈奴餘種留者尚有十餘萬落，皆自號鮮卑，鮮卑由此漸盛。按匈奴與東胡民族，就語言之結構觀之，古時必爲一系，至漢永元時，二族之風俗習慣，其差別較之鮮卑與挹婁更爲微末，此就挹婁語言與鮮卑後裔索倫族人以及清室諸帝之比較而可知也。

自匈奴南單于微弱，北單于遠遁，鮮卑日強，爲中國邊塞害。然以中國之操縱，鮮卑與匈奴烏桓更相攻擊。而部落大人之相競，邊疆之侵寇，以及殺伐降畔滅亡賄賂構和遞演不已，至檀石槐

(Dordyegwe)出而稍定。檀石槐者其父投鹿侯初從匈奴軍三年，其妻在家生子。投鹿侯歸，怪欲殺之。妻言嘗晝行聞雷震，仰天視而雹入其口，因吞之，遂孕身，十月而產此子，必有奇異，且宜長視。投鹿侯不聽，遂棄之。妻私語家，令收養焉。名檀石槐。年十四五，勇健有智略。異部大人抄取其外家牛羊，檀石槐單騎追擊之，所向無前，悉還得所亡者，由是部落畏服。乃施法禁，平曲直，無敢犯者。遂推以爲大人。檀石槐乃立庭於彈汗山歠仇水上，去高柳北三百餘里，兵馬甚盛，東西部大人皆歸焉。因南抄緣邊，北拒丁零，東卻夫餘，西擊烏孫，盡據匈奴故地，東西萬四千餘里，網羅山川水澤鹽池。吉朋(Gibbons)書第二十六章謂爲鮮卑所敗後，匈人（吉朋所云之匈人卽指匈奴而言）始建國粟特，以與異族互通婚媾，因稱爲白匈奴(Eutholites or Nephthaliles, N. E. white Huns)以哥爾哥（Gorgo 又名爲花剌子模 Cariezme）爲都城。吉朋所云大都得諸法國耶穌會教士舉哈爾得(Du Halde)諸人之說，後來不知此事之顚末者，亦如是而傳述之。本書卷一嘗謂大月氏因迦膩色迦及其嗣王之力，佛教因由之傳入中國，大月氏者卽檀石槐未生前三百年爲匈奴所驅以西徙者也。據吉朋云，西元後三三〇年歐洲第昂尼修(Dionysius of churax)

始言及匈奴之名；鮮卑帝國至西元後二百年始興，匈奴之名至西元後二百年方滅，則謂西元後二百年左右爲中國所逐之匈奴，卽西元後三百年出現於歐洲之匈人，實至爲近理，匈人縱橫歐洲約一百年，始復奮戰回亞洲，後來西突厥部落中卽頗多此輩也。清時曾有準噶爾一族曰土爾扈特者，自塔爾巴哈臺遠徙窩瓦河流域，中國人初不之知；乾隆二十年（一七五五年）滅準部，於是土爾扈特族始又祕密返滿洲舊地，乾隆三十六年，安然奠居於裕勒都斯河畔，至今不改。此又爲一段史實，今不能盡述。

永壽二年（西一五六）秋，檀石槐寇雲中，延熹元年（西一五八，）鮮卑寇漢北邊。冬使匈奴中郎將張奐率南單于出塞擊之。自是寇遼東屬國，及緣邊九郡不絕。漢患之，遂遣使持印綬封檀石槐爲王，欲與和親。檀石槐不肯受，而寇抄滋甚。乃自分其地爲三部；從右北平東至遼東，接夫餘濊貊二十餘邑爲東部，從右北平以西上谷十餘邑爲中部；從上谷以西至敦煌烏孫二十餘邑爲西部；各置大人主領之，皆屬檀石槐。中部大人有名慕容者，爲慕容燕之先祖。西部大人有子名沙摩汗，爲拓跋氏之先，始以汗名其王。後來突厥酋長稱爲可汗（Khakham），而其始要當起於東胡。沙摩汗或爲一名，可汗之稱，是否卽起於是，尚不可知也。

檀石槐勢日盛，屢抄掠緣邊，一年至二十餘發。熹平六年（西一七七），因拜田晏爲破鮮卑中郎將，出雲中，北地太守夏育出高柳，匈奴中郎將臧旻率南單于出鴈門，各將萬騎，三道出塞二千餘里。檀石槐命三部大人各率衆逆戰，育等大敗，喪其節傳輜重，各將數千騎奔還，死者十七八。自是鮮卑種衆日多，田畜射獵，不足給食。檀石槐乃自徇行，見烏集秦水，廣從數百里，水停不流，其中有魚，不能得之。聞倭善網捕，於是東擊倭人國，得千餘家，徙置秦水上，令捕魚以助糧食。倭卽後世之日本倭有侏儒之義，或云倭者汚也。檀石槐徙其衆千餘家於秦水上，秦水當在今東蒙境內，然則徙置其地之倭種最遲在范曄時當猶未絕。而蔡邕之議鮮卑，謂其才力勁健，意智益生云云，東胡民族與突厥人之大別，卽在於斯，此驗之淸初四帝而可知也。卽就戰事而言，東胡民族，械精馬速，亦爲匈奴所不及云。

檀石槐年四十五死，子和連（Ghoren）代立。和連才力不及父，而貪淫斷法不平，衆叛者半。至靈帝末，和連數寇抄北地，爲北地庶人善弩射者所殺。和連旣死，其子騫曼與和連兄子魁頭爭國，衆遂離散。魁頭死，子步度根(Buduken)代立。步度根既立，衆稍衰弱，中兄扶羅韓(Vuloghan)亦別擁衆數萬爲大人。鮮卑自檀石槐死後，諸大人遂世相襲。後代郡烏丸能臣氐等叛，求屬扶羅韓，扶羅韓將萬餘騎迎之，到桑乾，氐等議以爲扶羅韓部威禁寬緩，恐不見濟，更遣人呼軻比能(Kopinêng)。軻比能以勇健斷法平端，不貪財物，因受衆推爲大人。部落近塞。自袁紹據河北，中國人多亡叛歸之，教作兵器鎧楯，頗學文字。故其勒御部衆，擬則中國，出入弋獵，建立旌旄，以鼓節爲進退。其後比能衆遂彊盛，控弦十餘萬騎，每抄略得財物，均平分付，一決目前，終無所私，故得衆死力，餘部大人皆敬憚之。然猶未能及檀石槐也。比能復與東部鮮卑大人其弟素利及弟厥機子沙木汗等更相攻擊。魏青龍三年，幽州刺史王雄遣勇士刺殺比能。其時又有大人號蹋頓者常自比冒頓，而爲曹操所敗。蹋頓當卽後世韃靼之先祖，爲蒙古族之中心。十二世紀時馬哥孛羅所述歸化城附近有白達達兒，所謂白鮮卑人亦在於斯。中國北部稱蒙古及滿洲俱爲達子，卽韃靼之簡稱，明史之稱蒙古卽爲韃靼也。

東胡族雖遠勝於匈奴，然在政治方面，則無匈奴之光輝燦爛，唯檀石槐曾一度倔起，稍有建樹，是其例外而已。其民治精神與一貫及帝國之大勢亦不相和合，以外界之變動與外族血統風俗之羼入，始起一變化，與日耳曼撒克遜兩民族之往事亦同。突厥族雖亦曾入主中原，然今已失墮，到處遭人賤視，其在政治上初無所貢獻也。拓拔氏之北魏則不然，其所創制，頗足傳後。契丹女眞亦知所以自處，而滿洲一朝在中國史上不能不稱爲特出之時。東胡民族之毅力於茲可見矣。

第三章 入主中國北部之鮮卑族人

西元後第二世紀時，鮮卑人已盡有匈奴故地；今楚庫河土拉河克魯倫河鄂魯渾河諸流域及杭愛山一帶，胥有此輩足跡。自是韃靼民族日益發達，而雅利安族亦倔起於大夏及帕米爾高原一帶。據云在昔鮮卑有如弗斯出連叱盧三部自漠北南出大陰山，途得一小兒，時有乞伏（Kivugh）部有父老無子者請養爲子，衆咸許之。字曰紇干紇干者華言依倚也。年十歲，驍勇善騎射，四部伏其雄武，推爲統主，號之曰乞伏可汗託鐸（Kivugh Khakhan tokdogh）；託鐸言非神非人之稱也。泰始初（西二六五）遷於夏，今甘肅涇州其後兼併諸郡，部落漸盛，至十萬餘落。會石勒滅劉曜，至乞伏司繁因降於苻堅，堅以爲南單于。司繁卒，子國仁代立。苻堅南伐，大敗於壽春，國仁討服其叔步頹於隴右，以晉孝武太元十年（西三八五）自稱大都督大將軍大單于。義熙三年，國仁弟乾歸遂自稱秦王，是爲西秦；凡四世四十六年而亡。高僧法顯以弘治二年歲在己亥（三九九至四〇〇）發跡長安至天竺尋求戒律，於弗樓沙國（今 Perhawur）得睹迦膩色迦王(Kanishka) 遺蹟，並聞月氏軼事。顯始發長安至乾歸國坐夏。坐訖前行，至耨檀國。禿髮與拓跋同音，是南涼禿髮氏與北魏拓跋氏固同出於鮮卑一族也。禿髮氏至泰始中（二七〇）樹機能立，盡有涼州之地。隆安元年（三九七）禿髮烏孤立，其勢始強。烏孤自稱大都督大將軍大單于西平王。至耨檀時，爲沮渠蒙遜所伐，兵敗奔乞伏熾磐。乞伏氏後亦爲赫連氏所滅。赫連(Kheren, or Ghoren Borbor)之言天也。禿髮者，鮮卑語被也。禿髮氏之先壽闐在孕，母因寢而產於被中，因以爲氏。實則當爲一酋長之名耳。

又東是爲鮮卑別部宇文氏（Yumen），於晉元帝建武時（三一七）居遼東塞外，建都於今遼陽附近。西元後六世紀左右入主中國北部，自言其先匈奴南單于之遠屬，七百年後，宇文氏一支有曰奚（Ghei）者，與契丹合建大帝國，雖與契丹近似，然語言則大異也。史稱其世爲東部大人，其語與鮮卑頗異，人皆翦髮，而留其頂上以爲首飾，長過數寸，則截短之。（此與日韓合併以前之高麗人裝飾相似。）婦女被長襦及足，而無裳焉。傳位至宇文莫廆，部衆強盛，自稱單于塞外，遂謀攻慕容廆，爲所敗；子遜昵延以後，迭攻慕容氏，俱不勝，東晉成帝建元二年（三四四）宇文氏逸豆歸爲慕容晃所敗，殺其驍將涉亦干。逸豆歸遠遁漠北，遂奔高麗；晃徙其部衆五千餘落於昌黎，自是散滅。其後宇文氏勢不復振，間有一二俊彥，自置高官而已。隋伐高麗，以宇文述爲將，率兵三十萬，遠征海東，而宇文化及竟弒煬帝。

鮮卑族又有段氏（Twan）者，出於遼西，其先日陸眷爲漁陽烏丸子大庫辱官家奴。諸大人集會幽州，皆持唾壺，唯庫辱官獨無，乃唾日陸眷口中。日陸眷因咽之，西向拜天曰，願使主君之智慧祿相盡移入我腹中。其後漁陽大饑，庫辱官以日陸眷爲健，使將人詣遼西逐食，招誘亡叛，遂至彊盛。至其子務目塵，據遼西之地而臣於晉，其所統三萬餘家，控弦上馬四五萬騎。穆帝時，幽州刺史王浚以段氏數爲己用，深德之，乃表封務目塵爲遼西公，假大單于印綬。其子段匹磾（Twan. Pirte）曾與石勒戰，不勝，當時段氏有地至今北平附近。自是段氏稱徒河段氏，以與慕容氏數相爭，其徒三千餘人俱爲慕容儁所坑。當斯時天下大亂，有略陽氏人呂光者，建國涼州（馬哥孛羅稱此爲 Eriguiul）稱三河王，歷祚十三載。光曾奉苻堅命伐龜茲，（今庫車地）龜茲有佛塔廟千所，象教之盛，甲於一時，而鳩摩羅什(Kumâradîva)尤為大師。光既克龜茲，以駞二萬餘頭致外國珍寶及奇伎異戲殊禽怪獸千有餘品駿馬萬餘匹而還。羅什亦與俱歸東土。

鮮卑族中之最著者是為慕容氏(Mujung)，其先蓋出於檀石槐之中部大人慕容氏也。莫護跋隨魏祖率諸部落入居遼西，以從司馬宣王討公孫氏，拜率義王，始建王府於棘城之北。（今蒙古大默特部地）孫涉歸，以勳拜鮮卑單于，遷邑遼東，於是漸慕華夏之風。涉歸死，子廆代領部落，兄吐谷渾(Tukuhun, or Tuyühun)與廆以細故不協，於是擁馬西行，乃西附陰山，建吐谷渾國。（今青海境）廆有命世才，既代其父，以遼東僻遠，遷於徒河之青山。廆以大棘城即帝顓頊之墟，元康四年，乃移居之，教以農桑，法制同於中國。永嘉初（三〇七）廆自稱鮮卑大單于，因晉亂，招撫華夷，刑政修明，流亡歸之甚衆，乃立郡統之。並徵辟儒生，以為參佐，而奉晉室朝貢臣禮不闕。晉元帝建武元年，晉遷都建康，是為東晉。廆子皝嗣，雄毅多權略，日以強盛，遂自稱燕王，遣使於東晉，請受朝命，許之。永和三年（三四五）遂棄晉朔不用。永和四年，皝死，子儁嗣。時前趙石氏為石勒義子石季龍所滅，改國號為魏，石季龍死，趙魏大亂，為儁所幷。永和八年（三五〇），儁即皇帝位。是時東晉偏安江左，前秦據有西部，而燕則領中國北部。東晉哀帝之興寧三年（三六五）陷洛陽。其後慕容氏一族，迭有更易，卒爲劉宋所滅。庫莫奚與契丹與慕容氏同屬鮮卑種，並爲鮮容氏所破，俱竄於松漠之間；其後竟建強國。（晉書載記 北史 文獻通考）

拓跋氏亦鮮卑之後，其國後分爲三部：一居上谷北濡源西，東接宇文部，祿官統之。一居代郡之參合陂北，兄子猗㐌統之。一居定襄之盛樂故城，使猗㐌弟猗盧（Ilu）統之，後晉封爲代王，置官屬。姪孫什翼健（Zibigen）始建年號，分置百官。至其孫涉珪（Shifkwi），卽北魏道武皇帝也。北魏共十五君，一百四十九年而亡。始定都於五原朔方，卒遷洛陽。其時東有慕容燕，西有秦與後秦，而赫連氏則據有今鄂爾多斯旗一帶，終魏太祖世祖之世，與共有中國北部。宋文帝元嘉五年（四二八）赫連氏爲吐谷渾所滅。拓跋氏俗，子爲嗣子者輒殺其母，是蓋鮮卑母系之遺風也。母旣死，鑄金爲像，祀之以卜休咎。世祖黃鬚，足證其雜有高句麗血統。或以爲今蒙古人屬鮮卑之苗裔，觀此可知其非也。

魏太祖泰常八年（四二三），柔然（Jenjen 魏改爲蠕蠕）與高車（Kankali）爭戰，復犯魏塞。魏因築長城於長川之南，起自赤城，西至五原，延袤二千餘里，備置守衛。魏世祖繼位，滅北涼，北燕，屢南下伐宋。魏既滅沮渠氏，取涼州地。涼州是時文物甚盛，與西域交往頻繁，魏既得涼州，因遣使使石國（Taswkend），孝文帝時，以佛寺流爲淫佚之場，穢聲四播，乃崇儒學，黜沙門。其時帝遷都洛陽，魏之聲威，達於江淮，南及瓜州。和平元年（四六〇，）行新曆。太和七年（四八三，）禁同姓爲婚；從華化也。承明十九年（四九五，）禁不得以北俗之語言於朝廷，改長尺大㪷，依周禮制度，二十年（四九六，）魏改姓元氏；以漢語制詔敕，下詔求遺書。分族人爲六姓；此猶可見其模仿匈奴單于及四大姓之遺意也。魏室諸帝信奉不一，北魏神龜元年（五一八，）求佛書於天竺犍陀羅（Gān dhara, or Candabar）。至是殺母立子之風漸澌，高歡（Ghologhun）繼拓跋氏爲帝。歡爲鮮卑族，生於中國，既立，是爲神武帝，於梁太淸元年（五四七）薨。梁太寶元年高洋立，是爲北齊。其以神武謚歡，疑得自日本；鮮卑先世檀石槐曾漁於烏侯秦水上，擊倭國得千餘家；傳說之來，當自此也。梁武帝大同九年（五四三，）亦築長城，（在今山西境）以防夷狄。時魏分爲東西，西魏宇文氏據有北平一帶，而豫州則爲東魏高氏所有。大同十一年，西魏遣使使突厥，突厥據有涼州地，至是始漸盛。其後宇文氏建國號曰周，是爲北周；高氏建國號曰齊，是爲北齊。後俱爲隋所滅。鮮卑族據有中國北部，儼然正統，至隋興起，蓋三百年，與匈奴羌族共有北部者又一百年。陳敬帝太平元年（五五六）齊大築長城，服役者至百八十萬人，今北京至大同一帶之長城，皆此時所築，後於蒙恬所築，蓋已八百年於兹矣。魏之末世亦嘗渡長江而南，梁元帝承聖三年（五五四），梁且爲西魏所滅，遂遷都江陵。一九一三年，中國天主教士 Mathias Tchang 著梁碑考（Tombaux des Liang），梁代遺蹟可見一二也。自是北周北齊分有中國北部，南朝遣使通好，有若屬國。元魏遺族七百二十一人，全爲北齊高洋所弑，得逃者一人而已。後來滅國絕嗣之例，卽作俑於是。陳宣帝太建九年（五七七）周軍滅齊，誅遺族，北齊傳六主二十八年，至是竟亡。其後宇文氏復爲隋所滅，遺族亦誅戮殆盡，東胡族入主中國之局，遂漸歸沉歇。鮮卑之居於北方者羈屬突厥，至十世紀時，始又倔起，是爲契丹，清代諸帝以爲索倫族卽契丹之餘裔。居於伊犂之霍爾果斯河畔者凡四族，而呼倫貝爾之五旗，亦此族之遺也。鮮卑南支則零星分立，隱於大漠，卒爲回紇所有，始終未建大國稱皇帝云。

第四章　吐谷渾

吐谷渾亦爲鮮卑別種，徒河涉歸之子，以與幼弟若落廆（Yoglogwe）因馬鬬，有隙，渾謂廆曰，「馬是畜生，食草飲水，春氣發動，所以致鬬。鬬在於馬，而怒於人邪！乖別甚易，今當去汝於萬里之外矣。」於是擁馬西行，乃西附陰山。（今山西北部）屬永嘉之亂，始度隴西，止於枹罕，而後子孫據有甘松之南，洮水之西，南極於白蘭，在益州西北。（今青海柴達木盆地及四川北部）「其地四時常有冰雪，惟六七月雨雹甚盛。若晴則風飄沙礫。有麥無穀。其青海周迴千餘里，海中有小山，每冬冰合後，以良牝馬置此山，至來冬收之，馬有孕；所生得駒，號曰龍種。吐谷渾嘗得波斯草馬，放入海，因生驄駒，能行千里，故時稱青海驄焉。至其孫葉延，以禮之公孫之子得以王父字爲氏，其祖始自昌黎，先宅於此。今以吐谷渾爲氏，尊祖之義也。自吐谷渾至葉延曾孫視羆皆有才略。知古今，司馬博士，皆用儒生。至其子阿豺，兼并氐羌地方數千里，號強國。阿豺升西強山觀墊江源，問於羣寮曰，此水流更有何名？由何郡國？入何水也？其長史曾和曰，此水經仇池，過晉壽，出宕渠，始號墊江，至巴郡入江，度廣陵，會於海。阿豺聞之，因遣使南通宋。其弟慕璝立，以赫連定為元魏所攻敗，擁秦雍戶口十餘萬西次罕幵，慕璝拒擊大破之，生擒定送於魏。後弟慕延立，魏太武帝遣軍擊延，大破之。慕延率部落西奔白蘭，攻破于闐國，南依罽賓。慕延之入西域，自今視之，可謂奇絕。然在歷史上亦自有偶；十二世紀時鮮卑別支黑契丹人遠徙至於今不哈剌（Bokhara）附近之啓爾曼（Kermané）地方，最近賽克斯（Sykes）及英國其他專家竟於波斯發見此輩居室及其他遺物。柏朗嘉賓（Carpini）於一二四五年亦曾見此輩也。吐谷渾西徙七年，仍還舊土。吐谷渾之得波斯草馬，當在居西之時。吐谷渾風俗，「其主椎髻，以皁為帽。其妻衣織成裙，披錦袍，辮髮於後，首戴金花。丈夫衣服略同於華夏，多以冪羅為冠，亦以繒為帽。婦人皆貫珠束髮，以多為貴。兵器有弓刀甲矟。國無常賦，須則稅富室商人以助用焉。父兄亡，妻後母及嫂等，與北狄俗同。死者亦皆埋殯，其服制葬訖則除之。性貪婪，勇於殺害。」文獻通考

齊永元二年（五〇〇）夸呂（Kwaru）立，自號為可汗。夸呂在位且百年，數侵邊，為後周及

隋所破。夸呂死後，還以慕容爲姓。其子伏允立。隋煬帝初，伏允遣子順來朝，帝命鐵勒（Kankali Turks）襲擊夸呂子伏允，大敗之；伏允東走保西平。煬帝復令觀王雄以掩之，大破其衆。伏允南遁於山谷間，其故地皆空。自西平臨羌城以西，且末以東，祈連以南，雪山以北，東西四千里，南北二千里，皆爲隋有；置郡縣鎮戍，發天下輕罪徙居之。於是留順不之遣。伏允無以自資，率其騎數千客於党項。隋末天下大亂，伏允及順復其故地。

唐武德初，順以兵助擊李軌，自號爲大寧王。太宗時屢犯邊塞。貞觀九年（六三五）太宗命李靖侯君集等擊之，大敗其衆；其國自是衰弱，而吐蕃強盛，與相攻，卒有其地。咸亨元年（六七〇），因命薛仁貴等討吐蕃，唐師四敗於大非川，舉吐谷渾地皆陷。唐因遣其族人於甘肅瓜沙諸州。吐蕃復迫之，殘部因徙朔方河東，語謬爲退渾。史或稱之爲渾云。吐谷渾一變而爲退渾k g兩聲俱無，突厥蒙古語如是也。貞元十四年（七九八）以朔方節度副使左金吾衛大將軍慕容復爲長樂都督，青海國王，襲可汗號，復死停襲。吐谷渾自晉永嘉時有國，至龍朔三年，吐蕃取其地，凡三百五十年，及此封嗣絕矣。自是中國史籍上無復有吐谷渾之名，惟有所謂渾者爲回紇（Juigours）

之一部。由此可見突厥盛時，此族尚克維其獨立，後乃夷爲回紇屬國，徙於漠北云。

卷三 蠕蠕

第一章 興衰略述

蠕蠕(Jwen-jwen)姓郁久閭拓跋(Ukuru Toba)。始稱柔然；吉朋(Gibbons)據法國人所作言中國書，書作(Geaugen)以爲卽歐洲之阿華爾人(Awars)，其說非是，然吉朋初不負其責也。史稱蠕蠕在北荒部落，主力微末，除義爲首禿之木骨閭姓而外，在種姓上初與東胡無關，而其竟取東胡字爲姓者，則以當時匈奴衰微，東胡強盛，因襲其姓耳。蠕蠕一族史事至爲模糊，今可考知者，此輩爲匈奴之別支，其分野與高車同，約居於今漠北貝加爾湖一帶，元魏以後，其史事始漸可知。傳謂「騎有得一奴，髮始齊眉，忘其本名，主字之曰木骨閭(Mukkuru 吉朋書中之Moko)者，首禿也。」木骨閭當爲一柔然語。木骨閭旣壯，免奴爲騎卒，代王猗盧時，坐後期當斬。亡匿廣漠谿谷之間，收合逋逃，得百餘人。至其子車鹿會(Cherugwei)雄健，始有部衆，自號柔然。東晉太元十九年（三九四）方知柔然之名，距其先世最少當亦四世，故柔然之興，當在西元後三百年左右，其時匈奴崩隕，檀石槐帝國已衰，苻秦鮮卑俱呈瓦解之勢，而柔然乃起於其間矣。木骨閭六代孫社崙(Shelun or Zarun 吉朋誤據法譯作 Toulun)凶狡，甚有權略，度漠北，侵高車，深入其地，遂并諸部，凶勢以振。北徙弱落水，始立軍法，千人爲一軍，軍置將一人，百人爲幢，幢置帥一人。其西北有匈奴餘種，國尤富強，盡爲社崙所并，號爲強盛。其西則焉耆(Harashar)之北，東則朝鮮故地，西北則渡沙漠，窮瀚海，南則窮大磧。其常所會庭則燉煌張掖之北，通西方之道，俱在其掌握之中。於是自號邱豆伐可汗(Kudovar Khakhan)，中史以爲可汗之名始此，蓋不然也。邱豆伐猶言駕馭開張也，可汗猶言皇帝也。木骨閭後易爲郁久閭(Ukwm)，以爲族姓；郁久閭蓋魏太后之姓也。柔然至後魏太武時，以其無知，狀類如蟲，故改其號曰蠕蠕云。蠕蠕木骨閭於晉愍帝時，既脫離拓跋氏而自立，至社崙國境大拓，聲勢甚盛，木骨閭之易爲郁久閭，當卽後魏太武帝深覺柔然之勢，改之爲蠕蠕之時也。中史率以柔然屬鮮卑種，此當爲其姓末之拓跋二字所誤，此與匈奴劉淵，姓仿中國，遂以爲屬於東胡耳。是時柔然疆域，其西則焉耆之北，西北匈奴餘種亦爲所滅。吉朋遂以爲裏海北方之匈奴餘族爲社崙所滅云云，是不確也。中史又云「蠕蠕之俗，君及大臣因其行能卽爲稱號，若中國之謚；既死之後，不復追稱」。從此可見蠕蠕與突厥匈奴之關係。卽如西突厥之初，貴賤官號凡有十等，或以形體，或以老少，或以顏色鬢髮，或以酒肉，或以獸名。其肥麁者謂三大羅。三大羅便酒器也，似角而麁短，體貌似之，故以爲號。此官特貴。據學勒（Schugler）所云（不無可疑之處）茹斯丁第二（Justin II）遣使者齊馬卡斯（Zimarchus）至 Dobian 汗（一作 Dizabul）之廷，所謂 Dolobian 汗，卽大羅便也。塞凡提司（Curvantes）著魔俠傳（Don Quixote），亦曾述及突厥人之此種風俗云。

社崙既盛，頻擾後魏北邊。社崙死，從弟大檀（Dadar）嗣位。後魏神麚二年（四二九）夏四月，魏太祖率兵十餘萬襲之。大檀震怖，將其族黨，焚燒廬舍，絕迹西走；於是國落四散，竄伏山谷，畜產野布，無人收視。太武帝緣栗水西行，過漢將竇憲故壘，六月次於菟園水，去平城三千七百餘里。分軍搜討，東至瀚海，西接張掖水，北渡燕然山，東西五千餘里，南北三千里。高車都部又殺大檀種類，前後歸降三十餘萬，俘獲首虜及戎馬百餘萬。至孫吐賀眞(Tughocbir)，太武又征破之，盡收其戸畜產百餘萬；自是邊疆息警矣。宋昇平中，遣王洪軌使焉。引之共謀魏。齊建元三年，洪軌始至通使，求幷力攻魏，梁天監普通大同間，三遣使求貢獻。文帝皇興中，吐賀眞之子，其主予成犯塞。魏用採刁雍議，以戍兵修築長城，東西千里。後帝又北討，大敗之，斬首五萬級，降者萬餘，戎馬器械不可稱計。追奔逐北，旬有九日。然蠕蠕初未滅也。孝明帝熙平初（五一六），吐賀眞之孫醜奴(Chunu)善用兵，西征高車，大破之，神龜元年，遣奚六跋沙門慧琳（S'ramana，）等齎珠像入貢於魏。醜奴死，弟阿那瓌(Anakwe) 立，爲族兄俟侯立所伐，遂輕騎南走，歸後魏，封朔方郡公，蠕蠕王。初阿那瓌來奔之後，從父兄婆羅門率衆討力發破之，衆推婆羅門爲主。會婆羅門爲高車所逐，率部落詣涼州降。於是蠕蠕數萬，相率迎阿那瓌。李崇主聽阿那瓌婆羅門總率部落，收離聚散，而涼州刺史袁翻以爲夷不亂華，前鑒不遠，覆車在於劉石，毀轍固不可尋云云，可見此輩原爲匈奴，而非鮮卑也。袁翻以爲蠕蠕尚存，則高車猶有內顧之憂，又謂「河西捍禦強敵（指高車，）唯涼州燉煌而已。蠕蠕無復樹立，今高車獨擅北陲，則西顧之憂，匪伊朝夕。愚謂蠕蠕二主宜並存之，居阿那瓌於東偏，處婆羅門於西裔。其婆羅門請修西海故城以安處，西海故郡舊屬涼州，今在酒泉直北，張掖西北千二百里，高車所住金山千餘里，正是北虜往來之要衝，漢家行軍之舊道。宜遣一良將監護婆羅門，雖外為署蠕蠕之聲，內實防高車之策。一二年後乃漸令北徙，轉渡流沙，即是我之外藩云云。」朝議是之。婆羅門尋與部衆謀叛，投嚈噠。嚈噠當即阿乏爾人。伊犂王曾遣使謁大檀，而匈奴諸王亦有遠走康國者，則婆羅門遠投嚈噠之說，似有可信也。嚈噠三妻皆婆羅門姊妹也。仍為州軍討擒之。五年婆羅門死於洛南之館。

阿那瓌居於東偏，部落既和，士馬稍盛，乃號敕連頭兵伐可汗，華言把攬也。魏封之為朔方公，蠕蠕王，其居地當在今鄂爾多斯旗境內。其家族並與魏齊通婚。始中原喪亂，阿那瓌統率北方頗為強盛，不復稱臣。並留中國使人淳于覃及侍中黃門郎為之掌其文墨，覃教阿那瓌，轉自驕大，每與魏書隣敵抗禮。後其所屬突厥部落求婚阿那瓌，不許，為突厥所破，自殺。太子菴羅辰(Amrodjin)奔齊，文宣帝乃北討突厥而立菴羅辰為主，置之馬邑川。後背叛，文宣帝親征，皆大破之。國人立阿那瓌叔父鄧叔子為主。是時又累為突厥所破。以西魏恭帝二年(五四六)率部落千餘家奔關中。突厥既恃兵強，又藉西魏和好，忌其連類依憑大國，使驛相係，請盡殺以甘心。周文帝遂收縛蠕蠕主以下三千餘人付突厥使於青門外斬之，中男以下免死，配王公家爲奴隸。（夏德以爲五七六年愷撒(Tiberius Casar)遣發楞泰因使於突厥王 Anagai 之廷，以爲 Anagai 卽阿那瓌。）沙畹亦主是說，然時代相去過遠，疑不可信也。

自是以至於突厥回紇時代，不復聞蠕蠕之名，蓋不待周文帝之殺戮，而種落已日就淩夷矣。故欲如沙畹所云，謂蠕蠕卽爲代匈牙利之匈族而起之阿五爾人，不可得也。匈族王阿提拉(Attila)大敗於沙龍(Châlon)之役（四五三年）遂卒。吉朋所謂阿提拉滅其勁敵蠕蠕(Gengen)汗，與中國皇帝締盟，胥屬無根之談。社崙不維足蹟未至裏海之濱，卽新疆熱海 (Issekell) 亦未之至，而大檀爲後魏所摧滅，乃在阿提拉及其從弟不勒達(Bleda) 在歐洲繼匈族王位之前四年。蠕蠕與西方之交通，除嚈噠而外，與其他各族自亦有些微之痕蹟可尋，如史載悅般單于王嘗將數千人入蠕蠕國，欲與大檀相見，入其界百餘里，見其部人不浣衣不絆髮不洗手，婦人口舐器物。王謂其從臣曰，「汝曹誑我，將我入此狗國中！」乃馳還云云，是其證也。吉朋云「阿提拉者孟德俎克（Munszuk）之子，常自以爲乃古匈人之苗裔，其先人曾與中國分庭抗禮者也。」此說若確，則余等前此所辯，皆渙然冰釋矣。中國史上匈奴一族突然不知所往，而匈族則又突然出現於歐洲，由各方面觀之，可見兩者卽爲一族，初無衝突之點；然此說如無積極可恃之證據，其確實與否，終難決定。夏德以爲阿提拉之子 Hernak ，一作 Ernas ，其名嘗見於中籍，卽北史高車傳之已尼陂已之一字，因其傳寫之稍異可有 i, ki, ssu 三音，然此俱無R或S音。故夏德乃誤譯已字，實則此字有過去之義，乃屬於下句者也。

南朝宋齊謂蠕蠕爲芮芮。余意此族爲匈奴餘種，證據雖少，然就各方面觀之，俱有匈奴族之徵象，唯政治觀念略取則鮮卑。雷穆塞(Rémusat)以爲係屬鮮卑，未見其然。唯雷君又謂近代之蒙古人疑卽出自蠕蠕，其說頗有考慮之價值，在事實上亦屬可能；然無何種直接之證據以爲其說張目也。其後此族竟爲突厥所滅。

第二章　與康加里族之爭

康加里(Kankalis)一辭，在匈奴時代是爲丁零，在後魏時稱爲高車，突厥時稱爲回紇，入元又稱爲康里(Kenkly)。康里爲突厥語，亦有車義也。而丁零又有兩種，一居今貝加爾附近，一居巴爾克什左右，吉里吉思地方幾俱爲所有，遠在第一種之西。丁零事蹟不甚顯，唯知其曾爲匈奴帝國之一部分，在韃靼與中國諸朝中叛服無常而已。高車之傳聞雖亦黯昧，然相傳出於匈奴，第五世紀時始有高車之名。歐洲文字中之 Kutsche, Coche, 及 Coach 諸字，俱原於漢文之高車，不過車字譯音，正應作 Rü 或 Chü，不作 Chê 也。高車屢與蠕蠕相攻，魏道武帝伐蠕蠕，高車雜種三十餘部亦爲所破，虜男女五萬餘口，馬牛羊百餘萬，高車二十餘萬乘而還。其後太武帝征蠕蠕，還至漠南，聞高車東部在已尼陂，相去千餘里，遣騎襲破之，降數十萬，皆徙置漠南千里之地；後又相率北叛。拓跋一朝驅逐北方遊牧民族，其成績較漢族諸朝爲優；然拓跋氏自採用中國之風俗習慣而後日趨衰弱，此則始料所不及也。拓跋氏一朝政策，卽在防止蠕蠕𠯿噠與吐谷渾交通，其所謂𠯿噠非帕米爾之種落，乃所謂小月氏者是也。月氏初本居敦煌祈連間，復遷徙西去，一部保南山，是卽小月氏。蠕蠕所與交通之𠯿噠，卽小月氏，則所謂西去云云，當不逾熱海一地也。鮮卑入據中國，高車與蠕蠕爭輒敗，是以高車初未自成一帝國，卒唯奠居於今烏魯木齊地，稱北庭，臣服於中國云。

中史述高車之俗云「本無都統大帥督護，種各有君長。性麤猛，黨類同心，至於寇難，翕然相依。鬭無行陣，頭別衝突，乍出乍入，不能堅戰。其俗蹲踞褻黷，無所忌避。婚姻用牛馬納聘，以多爲榮。俗無穀，不作酒。迎娶之日，男女相將，持馬酪熟肉，卽主人延賓，亦無行位，穹廬前叢坐，飲宴人終日，復留其宿。明日將婦歸。既而將夫黨還入其家馬羣，捸取良馬。俗不潔淨。喜致震霆，每震則叫呼射天而棄之。移去，至於來歲馬肥，復相率集於震所；埋羖羊；然火拔刃，女巫祝說，似如中國祓除，而羣隊馳馬旋百帀乃止。持一束柳枝，回曲豎之，以乳酪灌焉。婦人以皮裹羊骸戴之首上，縈屈髮鬌而綴之，有似軒冕。其死亡葬送，掘地作坎，坐屍於中，張臂引弓，佩刀挾矟，無異於生。而露坎不掩，走馬遶旋，多者數百帀。男女無小大，皆集會之。其遷徙隨水草，衣皮食肉，牛羊畜產盡與蠕蠕同，唯車輪高大，輻數至多云云。」高車以後入於突厥及回紇，其事將述之於後，今不能贅也。

悅般國其先匈奴北單于之部落也，爲漢車騎將軍竇憲所逐，北單于度金微山，西走康居。其羸弱不能去者，住龜茲北，地方數千里，衆可二十餘萬，卽今庫車北裕勒都斯河（Yulduz River）地方也。余以爲悅般卽歐洲史上之阿華爾人，其證有：（一）中文「悅」字之音常若E字，如嚈噠之於Ephthalite卽其例也。（二）唐高宗顯慶三年（六五八）大破突厥，立西域十六都護府，移安西都護府於龜茲，以節制西域。十六都護府之一卽爲悅般都護府，位於今阿母河上游。而阿乏爾人（Avars or Evars）位於突厥與嚈噠之間，是在歷史上實有可尋也。阿乏爾人之入歐洲，乃君士坦丁堡之仇讎阿蘭人（Alans or Ares）助之使然。阿蘭人之兩名皆見於中史，指住在裏海濱之部族而言。伊利可汗士門（Tumen）之時，突厥勢盛，悅般爲所迫，遂遠遁，過裏海濱諸部族，以西去。（柏朗嘉賓 Plann d carpini 書中有 Alam Sive Aas，俱指阿蘭而言也。）

悅般東鄰蠕蠕，與突厥初不通往來。逮蠕蠕爲突厥所滅，突厥木杆（Mukan）可汗之叔乙息記可汗（Khan Istävin）（在西史作 Dizabul）復破嚈噠。麥喃得（Menandor）書謂五六二年突厥可汗 Silzibul 宣稱一俟平定嚈噠，即轉其鋒以攻阿乏爾人云云。故所謂悅般，或作阿華爾者，在木杆可汗死（五七二）前，必已西徙，所遺惟羸弱者住龜茲北地方，猶保有舊名而已。此輩後爲突厥所逐，徙至今阿母河地，唐之勢力既達阿母河，建都護府其地，悅般之名始復顯。(三)據魏書悅般傳，涼州人猶謂此輩悅般爲單于王，其地並有悅般城。一九〇三年科狄（M. Henri Cordier）指出西元後一千年之古茲族突厥人（Ghuz Turks），猶稱其酋長爲單于，因此余於此版將 Zenghi 一概改爲單于。裏海之西，達吉斯坦（Daghertan）俄屬地方，阿華爾人及勒斯輿人（Lesghians），俱爲熱烈之回教徒，猶在其地留居云。

卷四　突厥

第一章　突厥古史

突厥之先，平涼雜胡也，蓋匈奴之別種，姓阿史那氏（Assena）。後魏太武帝滅且渠氏；阿史那以五百家奔蠕蠕。代居金山。蠕蠕之社崙大檀亦曾建王庭於其附近也。先是且渠爲涼州一部落，後降於後魏，餘種投阿史那部，俱他徙至近蠕蠕處，卽所謂金山者是也。城狀如兜鍪，俗呼兜鍪爲突厥（Türk, or Turks），因以爲號。至今土耳其方言中，突厥一辭，猶有兜鍪之義也。

案額濟那旗有小山，亦名金山，與阿爾泰之名金山者同，於是法國學者及一部分中國學者俱以爲突厥起於漠北，於一派荒謬之傳說，頗爲重視。卽如一說謂突厥之先爲狼種，而突厥其他各種落亦有此種神話，並於特別事件上用狼頭纛與此蛛絲馬迹，頗有可尋。然本書職志在掃除一切傳說神話，一以中史所紀明白可據之事實爲本若此類者寧摒而不錄也。

阿史那既奔蠕蠕，居金山之陽，爲蠕蠕鐵工。至第五世紀，部落稍盛，始至塞上市繒絮，願通中國。由此可見突厥種落，必與中國邊塞相近，謂爲蠕蠕許其越國數千里以通中國，絕無是理也。古代匈奴人以馬易繒絮之事，又見於此。（柏立 Bury 於一九一二年版之吉朋書，亦承認關於突厥及嚈噠之各種意見；柏氏並告余以論及奧理略戰勝 (Aurelian triumph) 時服匹斯卡斯 (Vopiscus) 之原文，吉朋書中所引非其本來也。土門求婚於阿那瓌，阿那瓌大怒使人罵辱之曰，爾是我鍛奴，何敢發是言也。土門發兵大破蠕蠕）遂自號伊利可汗(Ili Khakhan 應作 Ilkan，然此當卽突厥碑文中之不民可汗 Bumin Kagan 也。）伊利可汗在位僅一年（伊利 ili 一辭屢見不一見，不知在突厥文中此字究爲何義。此字雖與新疆之伊犂音義相同，唯與伊利可汗之伊利當無關係也。托瑪生 (Thomsen) 與拉都洛夫 (Radloff) 之作，不可不詳細研閱也。）突厥可汗號其妻爲可賀敦 (Khatun or Khaghatun)，亦猶古之閼氏也。蓋匈奴既衰，鮮卑族人遂假竊其單于之名，後始易以新稱，改號可汗。蠕蠕突厥既勝東胡而勢盛，則爭用此號，亦勢所必至者耳。

突厥子弟謂之特勤(teghin)；帕雷狄阿斯(Palladuis)以爲卽蒙古文dere也。別部領兵者謂之設(Shad)。特勤之勤字，中文有作勤者，亦有作勒者，正應作特勤，方得突厥文之眞也。其大官屈律啜(Külüchür)，次阿波(apo)，次頡利發(gherefa)，次吐屯(tudun)，次俟斤(djigin)。其初國貴賤官號凡有十等，或以形體，或以老少，或以顏色鬚髮，或以酒肉，或以獸名。其勇健者謂之始波羅(Sheporo)，亦呼爲莫賀都(bagatur)，突厥史及回紇史中此字用之甚夥。其肥麁者謂三大羅(sandolo)，大羅便(dalobien)酒器也，似角而麁短，體貌似之，故以爲號。〔按學勒(Schuyler)謂齊馬卡斯(Zimarchus)，曾謁大羅便汗(Dalobien Khan)，或云狄査布爾(Dizabul)云云，觀此頗堪玩味也〕。此官特貴，唯其子弟爲之，蓋與匈奴之左右屠耆左右谷蠡同也。又謂老爲哥利(Koli or kari)，故有哥利達官(Kari tarkhan)，達官蓋有使者之義。謂馬爲賀蘭(ghoran)，故賀蘭蘇尼(Ghoransuni)闕蘇尼(Köl-suni)掌兵之官也。謂黑色者爲珂羅便(Karapien)，故有珂羅啜(Kara-chur)，官甚高，耆年者爲之。(大羅便及珂羅便二字語尾俱爲便，此必爲黏著語，系突厥語之語辭也。）謂髮爲索葛(Soko)，故有索葛吐屯(Soko-tudun)，此如州郡官也。謂酒爲匐你熱汗(Peni-jekhan)，熱汗掌監察非違，釐整班次。謂肉爲安禪(andjan)，故有安禪具泥(andjan-kumi)，掌家事如國官也。有時置附隣可汗(linkh-akhan)，隣狼名也。取有貪殺爲稱。亦有可汗位在葉護(jalgu)下者，葉護意云皇族也。或有居家大姓，相呼爲遺可汗(ikhakhan)者，突厥呼屋爲遺，言屋可汗也。以上所述，突厥人之思想若何，頗難得其線索。顧從托瑪生拉都洛夫所發見之古突厥文，益以古物與言語學家之助力，其間亦不無一二可以鉤稽證合也。

土門死，子科羅(Kara)立，科羅且死，立其弟俟斤(Djigin)，是爲木杆可汗(Mukan Khakhan)，俟斤一名燕尹(Yenin)，大邏便之父也。（木杆爲突厥碑文中室點密可汗(Istani Kagan)之姪，土門則其長兄也。中史作石點密，一作伊室點密，或即希臘人所云之斯登必斯(Stembis)，齊馬卡斯之弟查布爾(Dizabul)，以及米南多之西爾齊布爾(Silzibul)也。學勒所舉之大邏便，大約從法國書中得來，查斯丁遣齊瑪卡斯至突厥汗第查布拉斯(Dizabalus)

廷，在歐洲及波斯俱無人以爲此卽中史上之大邏便者；古翻譯者謂大邏便爲木杆(Muyui)之子，中文杆字與杆字甚爲相似，或因而致誤。至於大邏便西徙之故，將於後文討論之，今不贅。）木杆可汗狀貌奇異，面廣尺餘，其色甚赤，眼若琉璃，性剛暴而多智。（峩特人 Goth 佐南得斯 Jornandes 述阿提拉之形貌，謂阿提拉之頭甚大，眼深小而帶棕色，塌鼻稀髮，身短而闊，蓋與木杵相似。）西破蠕蠕嚈噠，東走契丹，北並契骨，威服塞外諸國。其地東自遼海以西，西至西海，（當爲巴爾克什湖或熱海也。）萬餘里；南自沙漠，北至北海，（當爲貝加爾湖，）五六千里，皆屬焉。按歷朝中史屢及突厥及契丹諸族中之韃靼人，謂其馴鹿，乘橇，馭狗車，服魚皮云云，然此族人口甚少，至今猶然，聲勢亦至爲微末，故此後除於必要之時期外不再及此。中國人當深入西伯利亞與否，或眞知北海之觀念與否，中史無徵，要之北流之河流當曾見之，否則亦當得諸耳聞也。

中史紀突厥族未分裂以前之言曰，其俗如古之匈奴，其異者其主初立，近侍重臣者舁之以氈，隨日轉九迴，每一迴，臣下皆拜訖。（成吉斯汗卽大汗位時亦如此。）乃扶令乘馬，以帛絞其頸，使纔不至絕，然後釋而急問之曰：你能作幾年可汗？其主既神情瞀亂，不能詳定多少；臣下隨其所言以驗修短之數。兵器有角弓鳴鏑，甲矟刀劍。其佩飾則兼有伏突（Vugh-dugh）旗纛之上施金狼頭；侍衛之士謂之附離（Vuri），夏言亦狼也。蓋本狼生，志不忘舊。（此可見其所指為赫連氏而非元魏。然後魏太武帝名佛狸 Vuri，而中國至今狐狸之音猶與此同。第九世紀之西夏，迄一二二七年成吉斯汗滅前始絕云）其徵發兵馬及科稅雜畜，輒刻木為數，並一金鏃箭蠟封印之，以為信契。（德魯茲人（Druids）以闊頭箭或闊 A 箭為信，卽後來中國之令箭也。）候月將滿，輒為寇鈔。（匈奴人以月大行寇鈔。）其刑法反叛殺人者皆死。淫者割勢而腰斬之。鬭傷人目者償之以女，無女則輸婦。損折肢體者輸馬，盜者則償贓十倍。有死者停屍於帳，子孫及諸親屬男女各殺羊馬，陳於帳前，以刀剺面且哭（阿提拉之死卽如此，）血淚俱流，如此者七度乃止。春夏死者候草木落，冬死者候華葉榮茂，然後坎而瘞之。於墓所立石建標，其石多少依平生所殺人數。是日男女咸盛服飾，會於葬所。（高昌俗同。）男有悅愛於女者，歸卽遣人聘問，父母多不違也。雖遷徙無常，而各有地分，如匈奴然。可汗處於都斤山（Tukin Hills）（約在漠北，）每歲率諸貴人祭其先窟。又以五月中旬集他人拜祭天神。又都斤西五百里有高山迥出，上無草樹，謂為敎登疑梨

(putengiri) 夏言地神也。其書字類湖而不知年歷，唯以草青爲記（一八九四年余初譯此文後，托瑪生教授及拉都洛夫博士函余，謂彼等發見一突厥文古碑，於是突厥古文，今日可以復覩云。）男子好樗蒲，女踏鞠，飲馬酪，取醉歌呼，相對敬鬼神。

中史述及韃靼族文字，以此爲始。然唐太宗貞觀四年（六三〇），玄奘赴五天竺，經西突厥地，過屈支(Kuche)，謂其文字取則印度，粗有改變云云，屈支即龜玆，二十年後之安西都護府即在此地也。隋書曾謂後漢曾在西域得胡書云云。余意以爲波斯人當廢棄舊楔形文字與採用新阿拉伯文之間，其所通用者猶爲希臘文也。中國人稱 Sanskrit 文及 Pali 文爲梵書，梵者梵天 (Brahm)，即婆羅門 (Brahman) 也。唐時中國與土蕃（即西藏人）立唐蕃會盟碑，一九〇四年英國之西藏遠征隊至拉薩，尙見此碑巍然無恙。貞觀九年（六三五）景教徒又立大秦景教流行中國碑，上鐫以敍利亞文。（余對於此事，曾在一九〇二年十月號之都柏林評論(Dublin Review)上發表一文，此後作者紛起。）要而言之，中國人對於胡書之知識幾同於無，史籍中之閃爍其辭，即足以見其無知也。

俟斤既盛，使於西魏，請誅蠕蠕主。後周武帝納其女爲后。陳宣帝太建四年至五年（五七二至五七三）左右，他鉢可汗（Tapor）嗣位，以攝圖爲你伏可汗，統其東面；又以其弟但褥可汗子爲步離可汗居西方。控弦數十萬，中國憚之，周齊爭結婚姻，傾府藏事之。乃歲給繒綵十萬段。突厥在西京者待以優禮，衣錦食肉者常以千數。他鉢益驕，曰：「使我在南兩兒孝順，何憂貧也。」

齊有沙門慧琳（Sramana），掠之突厥，因謂他鉢曰，「齊國富強皆爲有佛法」遂說以因緣果報之理。（與後世道家之說成吉斯汗正同。）他鉢聞而信之，建一伽藍，遣使聘齊，求淨名涅槃華嚴等經。他鉢亦躬自齋戒遶塔行道，恨不生內地。（佛教之由高麗入日本亦正在此時。）及齊滅，齊定州刺史范陽王高紹義自馬邑奔之。他鉢立紹義爲齊帝，召集所部，云欲爲之復讐，入寇幽州；周以趙王招女爲千金公主，嫁之，始執送紹義。

他鉢病卒，攝圖（Shipdu）立，爲大可汗，號沙鉢略可汗（Shaporo Khakhan），治都斤山。以他鉢之子菴羅（Amro）降居獨洛水（the Tula R.）稱「第二可汗。」木杆之子太邏便乃謂沙鉢略曰，「我與爾俱可汗子，各承父業。爾今極尊，我獨無位何也？」沙鉢略以爲阿波可汗，還鎮所部。沙鉢略勇而得衆，北狄皆歸附之。周武帝之婚於木杆也，突厥錦衣肉食，在長安者以萬數。隋初並罷遣之，突厥大怒。千金公主聞周滅，故悉衆爲寇，縱兵自木硤石門兩道入武威天水安定金城上郡弘化延安六畜咸盡。隋文帝因下詔數之，以河間王弘高熲虞慶則出塞擊之。沙鉢略敗走。時虜飢甚，不得食，於是粉骨爲糧。又多災，死者極衆。而沙鉢略襲擊阿波，大破之。阿波西奔達頭可汗。(Dardö)達頭者名玷厥，沙鉢略之從父也，即西突厥之步迦可汗(Bukha Khakham)。既而大怒，遣阿波率兵而東，與沙鉢略相攻，於是突厥分爲東西部，迭相侵略。沙鉢略因擊阿波，爲阿拔國(Apar)部落乘虛掠妻子。隋遣軍爲擊阿拔敗之，所獲悉與沙鉢略。沙鉢略大喜，乃立約，以磧爲界。（舉良以爲突厥文碑中之阿拔部落，或即阿乏爾人，然沙畹已駁其說矣。）沙鉢略因上表自稱爲大突厥伊利俱盧設始波羅莫可汗臣攝圖(Shipdu, Nü Sheporo Baga Khakhan of Un Ilikülu horde of the Great Turkey)。此處其自稱爲始波羅，不作沙鉢略。而狄查布爾(Dizabul)一字字末查布爾疑與葉護或沙鉢略有關，五六八年羅馬使人至金山謁可汗，時在周室滅亡及突厥分裂之前十二年也。然欲決此，非於希臘學者之作仔細研讀不可。波斯史及歐洲述此甚明，其言曰，「突厥人漸近新（薩珊王朝）帝國邊徼，乘嚈噠酋長卡多爾夫斯(Katulphus)之叛以兵力據有大嚈噠國境，康國及外嬀水流域一帶爲嚈噠所克諸部落，至是亦相率來歸云。」沙鉢略所上表有云，「竊以天無二日，土無二主，豈敢阻兵偸竊名號，今便歸心有道，永爲藩附」云云。史謂隋長孫晟諭之，攝圖辭屈，乃頓顙跪受璽書，以戴於首，旣而大慚，其臣下因相聚慟哭。後攝圖卒，隋文帝爲之廢朝三日。

時突利可汗(Dul: Khakhan)居北方，遣使求婚。開皇中，帝妻以宗女安義公主；帝欲離間北狄，故特厚禮遣使突厥。突利本居北方，以尙主之故，南徙度斤舊鎭，錫賚優厚。此處之度斤若卽都斤山，其地望當在今山西北部，匈奴南單于呼韓邪卽曾徙居於是也。沙鉢略之子雍虞閭嫉突利見知於隋，大怒，與玷厥舉兵攻突利，盡殺其兄弟子姪。突利夜以五騎與隋使長孫晟歸朝，拜爲「意利珍豆啓民可汗，」華言智意健也。（唐避太宗諱，以啓民爲啓人。）於朔州築大利城以居之。安義公主死，又以宗女義成公主妻之，部落歸之甚衆。雍虞閭又擊之，帝復令入塞，居於河南，在夏勝二州之間，發役掘塹數百里，東西距河，盡爲啓民畜牧之地。隋命楊素史萬歲等擊雍虞閭頻破之，雍虞閭旋爲部下所殺，是歲泥利可汗及葉護俱被鐵勒所敗，幷奚霫五部內徙，啓人遂有其衆。

隋文帝拜突利爲啓民可汗。煬帝大業三年幸榆林，啓民來朝，大悅，詔贊拜不名，位在諸侯王上，厚其部落酋長二千五百人，賜物二十萬段。帝親巡雲中，泝金河而東北幸啓民所居。啓民奉觴上壽，跪伏甚恭。明年朝於東都，禮賜益厚。

大業四年（六〇九）啓民卒，其子咄吉(Tukir)立，是爲始畢可汗(Sibir khakhan)。裴矩以突厥始畢可汗部衆漸盛，獻策分其勢，欲以宗女嫁其弟叱吉設，拜爲「回面可汗」；叱吉不敢受。又詐誘其謀臣使蜀胡悉殺之。始畢怨恨不朝。大業十一年（六一六）煬帝避暑於汾陽宮，八月始畢率其衆落入寇，圍帝於雁門。詔諸郡發兵赴援，始畢引去。隋末亂離，中國人歸之者無數，遂大強盛，勢陵中夏。迎蕭皇后，置定襄。薛舉竇建德王世充劉武周梁師都李軌高開道之徒，雖僭尊號，俱北面稱臣，受其可汗之號。東自契丹，西盡吐谷渾高昌諸國皆臣之。控弦百萬，戎狄之盛，近代未之有也。時西突厥雄據西域，始畢雖盛，終未能一近波斯云。

第二章　與中國之爭及頡利帝國時代

隋末天下大亂，羣雄紛起，逐鹿中原，而李淵最強，後爲唐之高祖。李淵父曾娶突厥獨孤族一女，歐洲史家謂此女爲基督教徒，確否不可知。唯太宗世民卽位，景教僧人阿羅本（Olopen）傳教中國，太宗特詔諭之，則歐人之說似有可信也。唐高祖起義太原，劉文靜聘其國引以爲援。始畢遣特勤康利獻馬千匹，會於絳郡，又遣二千騎助軍，從平京城。及高祖受隋禪以後，賞賜不可勝計。始畢使骨咄祿特勤（Kutluk teghin）來朝，賜宴於太極殿，奏九部樂，錫賚甚厚。（骨咄祿，突厥文義爲福也。古匈奴所謂骨都，當卽此。）二年春，始畢帥兵渡河至夏州，賊帥梁師都出兵會之謀入抄掠。四月，授馬邑賊帥劉武周兵百餘騎，遣入句注，又遣兵大集，欲侵太原。是月始畢卒，其子什鉢苾以年幼不堪嗣位，立爲「泥步設」，使居東偏，直幽州之北。立其弟俟利弗設，是爲處羅可汗（Chula khakhan），又以隋義成公主爲妻，使人入朝告喪。高祖爲之舉哀，廢朝三日，詔百官就館弔其使者。遣內史舍人鄭德挺往弔處羅，賻物三萬段。

先是隋煬帝蕭后及齊王暕之子政道陷於竇建德（竇建德建國曰大夏，於高祖武德四年爲秦王世民所平。）武德三年（六二〇）處羅迎之至於牙所，立政道爲王，凡中國人在虜廷者悉隸之，行隋正朔，置百官，居於定襄城今歸化城附近，有徒萬餘。時太宗奉詔討劉武周，師次太原。處羅遣其弟步利設率二千騎與唐兵會。六月，處羅至幷州，總管李仲文出迎勞之，留三日，城中美婦人多爲所掠，仲文不能制。俄而處羅死，義成公主以其子奧射設醜弱，廢不立之，遂立處羅之弟咄苾(Tupi)是爲頡利可汗(Gheri Khakhan)。又納隋義成公主爲妻，以始畢之子什鉢苾爲突利可汗，按始畢父啓民可汗染干，本突利可汗，今更稱突利，蓋襲其先考。遣使入朝告處羅死，高祖爲之罷朝三日，遣百官就館弔其使。咄苾初爲莫賀設，牙直五原之北，時薛舉猶據隴右，遣其將宗羅睺攻陷平涼郡，北與頡利連結。高祖遣光祿卿宇文歆齎金帛以賂頡利，歆說之，令與薛舉絕。初隋五原太守張長遜因亂，以其所部五城隸於突厥。歆又說頡利遣長遜入朝，以五原地歸於唐。頡利並從之。因發突厥兵及長遜之衆，並會於太宗軍所。頡利承父兄之資，兵馬強盛，有憑陵中夏之志。高祖以中原初定，未遑外略，每優容之，賜予不可勝計。頡利言辭悖傲，請求無厭。四月，頡利自率萬餘騎與馬邑賊苑君璋將兵六千人共攻雁門，定襄王李大恩擊走之。於是大懼，更請和好，獻魚膠數十斤，令二國同於此膠。高祖五年（六二二）春，大恩奏言突厥饑荒，馬邑可圖。詔大恩與殿內少監獨孤晟帥兵討苑君璋，期以二月，會於馬邑。晟後期不至，大恩不能獨進，頓兵新城以待之，頡利復自率五萬騎南侵，至於幷州。太宗帥師出蒲州道以討之。時頡利攻圍幷州，又分兵入汾潞等州，掠男女五千餘口。聞太宗兵至蒲州，乃引兵出塞。七年，頡利突利二可汗又入寇原州，連營南土。太宗南討，頓兵於豳州。頡利率萬餘騎奄至城西，乘高而陣，將士大駭，太宗乃親率百騎，馳詣虜陣，告之曰「國家與可汗誓不相負，何爲背約，深入吾地？我秦王也，故來一決。可汗若自來，我當與可汗兩人獨戰。若欲兵馬總來，我唯百騎相禦耳」。頡利弗之測，笑而不對。太宗又前令騎告突利曰「爾往與我盟，急難相救。爾今將兵來，何無香火之情也！亦宜早出一決勝負。」突利亦不對。太宗因縱反間於突利，突利悅而歸心焉。其叔姪內離，頡利因遣使請和，許之。其後二年間，頡利數寇中國。並遣心腹執失思力來朝，自張形勢云兵百萬今至矣。太宗謂之曰「我與突厥面自和親，汝則背之，我實無愧。又義軍入京之初，爾父子並親從我，賜爾玉帛，前後極多。何故全忘大恩，自誇強盛？我當先戮爾矣！」思力懼而請命，太宗縶之於門下省。太宗與侍中高士廉中書令房玄齡將軍周範馳六騎幸渭水之上，與頡利隔津而語，責以負約。其酋帥大驚，皆下馬羅拜。而衆軍徑至。頡利見軍容大盛，又知思力就拘，由是大懼。太宗獨與頡利臨水交言，麾諸軍卻而陣焉。蕭瑀以輕敵，固諫於馬前。太宗曰：「吾已籌之矣，突厥所以掃其境內，直入渭濱，應是聞我國家初有內難。我新登九五，將謂不敢拒之。今若閉門，虜必大掠。強弱之勢，在今一舉。我故獨出之，一以示輕之，又耀軍容，使之必戰。事出不意，乘其不圖。虜入既深，理當自懼。與戰則必克，與和則必固。制服北狄，自茲始矣！」是日頡利請和，詔許之。乙酉，又幸城西，刑白馬，與頡利同盟於便橋之上。頡利引兵而退。蕭瑀進曰：「初頡利之未和，謀臣猛將各欲戰，而陛下不以爲疑。既而虜自退。其策安在？」帝曰：「我觀突厥之兵雖衆而不整，可汗獨在水西，酋帥皆來謁我。因而襲擊其衆，勢同拉朽。然我所以不戰者，即位日淺，爲國之道，安靜爲務。一與虜戰，必有死傷。又兇虜一者或當懼而修德，結怨於我，爲患不細。我今卷甲韜戈，啗以玉帛，頑虜驕恣，必自茲始。破亡之漸，其在茲乎！」九月，頡利獻馬三千匹，羊萬口，帝不受，詔頡利所掠中國戶口者令歸之。

貞觀元年（六二七），陰山以北薛延陁(Seyenda)回紇(Ouigours)拔也古（Baikols）等十餘部皆相率叛之，擊走其欲谷設。先是，自匈奴顛覆各部散居山谷間，自裏海經巴爾克什湖東向以迄於貝加爾湖以外，迤邐不絕。拔也古回紇兩部居獨洛水北，薛延陁則居於呼倫貝爾池及俱淪水（Kerulon R.）之間。（在此稍東諸部，不屬高車，舊爲蠕蠕之一部，後淪於突厥。其後二三世紀，突厥既滅，回紇小種落倔起其間，國號曰回紇，以曾屬突厥，故又名突厥回紇云。故言突厥民族，於突厥回紇西種初俱爲匈奴帝國中一小部落之點，不可不知。蓋猶盎格羅及薩克森兩種之於條頓族然。逮成一國，於是盎格羅薩克森兩種純而不雜者僅居一小部矣。）薛延陁諸部既叛，頡利遣突利討之，師又敗績，輕騎奔還。頡利怒，拘之十餘日。突利由是怨憾，內欲背之。二年，突利遣使奏言與頡利有隙，奏請擊之。詔秦武通以幷州兵馬隨便應接。三年，薛延陁自稱毘伽可汗(Bilga Khakhan)於漠北，毘伽者賢也。毘伽可汗及其子姪屢擾邊塞。薛延陁既稱可汗，雄視漠北，拔也古回紇黠戛斯及其他八部不之服，貞觀二十一年遣使入貢於唐，紛紛自立，唐因於其地立都護府。

頡利每委任諸胡，疎遠族類。胡人貪冒，性多翻覆，以故法令滋彰，兵革歲動。國人患之，諸部攜貳。而是時西突厥統葉護可汗在位，玄奘曾一謁其庭，國勢正稱極盛也。會突厥頻年大雪，六畜多死，國中大餒。頡利用度不給，復重斂諸部，由是下不堪命，內外多叛之。帝以其請和後復援梁師都，令兵部尚書李靖，代州都督張公瑾出定襄道，幷州都督李勣右武衛將軍邱行恭出通漢道，左衛大將軍柴紹出金河道，衛孝節出恆安道，薛萬徹出暢武道，並受靖節度以討之。十二月，突利可汗及郁討設蔭奈特勤等並率所部來奔。四年正月，李靖進屯惡陽嶺，夜襲定襄。頡利驚擾，因徙牙於磧口，（磧口在定襄東北約兩日程，定襄古北，或即此也。）胡酋康蘇密等遂以隋蕭后及楊政道來降。二月頡利計窘，竄於鐵山，兵尚數萬。使執失思力(Chifshirlik)入朝謝罪，請舉國內附。太宗遣鴻臚卿唐儉將軍安修仁持節安撫之。頡利稍自安。靖乘間襲擊，大破之，遂滅其國。復定襄恆安之地，斥土界至於大漠。頡利乘千里馬獨騎奔於從姪沙鉢略部落，三月，行軍副總管張寶相率衆掩至沙鉢略營，生擒頡利，送於京師。太宗赦之，令還其家口，館於太僕廩食之。八百年前匈奴所有之地至是悉入於唐。時貞觀四年（六三〇）也。頡利鬱鬱不得志，與其家人或相對悲歌而泣。帝見其羸憊，授虢州刺史，以彼土多麞鹿，縱其畋獵，庶不失物性。頡利辭不願往。遂授右衛大將軍，賜以田宅。八年卒（六三四）令其國人葬之，從其俗禮，焚屍灞水之東，贈歸義王，謚曰荒。其舊臣故祿達官吐谷渾邪（turkhan 希臘文作 Turkhanthvs）自刎以殉。渾邪者，頡利之母婆施氏之媵臣也。頡利初誕，以付渾邪，至是感義而死。太宗聞而異之，贈中郎將，乃葬於頡利墓側，令中書侍郎岑文本制頡利及渾邪之碑以紀之。

突利可汗什鉢苾者，頡利之姪也。隋大業中突利年數歲，始畢遣領其東牙之兵，號爲泥步設。隋淮南公主之入北也，遂妻之。頡利嗣立，以爲突利可汗，牙直幽州之北，管奚霫等數十部，徵稅無度，諸部多怨之。貞觀初，奚等並來歸附。庫莫奚爲宇文氏之東支，霫爲匈奴種，不甚重要。（今日之滿洲蒙古人錫伯人（Sibê）當爲霫之苗裔，於清高宗乾隆六年（一七三六）與索倫部並徙伊犂；然其族姓微賤，並不能與索倫人通婚也。）至於庫莫奚之先爲東部鮮卑宇文之別種，與契丹異種而同類，並爲慕容皝所破，俱竄於松漠之間。魏登國三年（三八八）道武親自出討，至弱水(Amur R.)南，大破之，獲馬牛羊豕十餘萬。此後二百年間，奚與女眞滿洲之先室韋(Shirvi)魚皮韃子諸族入貢於魏。其俗甚不潔而善射獵；其知識遠在突厥契丹之下。其中有所謂蒙兀(Mungwa or Mungu)者，爲室韋之一部，卽後日之蒙古也。庫莫奚至隋代號曰奚，俗與突厥略同，唯死者以葦簿裹屍，懸之樹上，與契丹同。二族同屬突利。突利稱大可汗，中國不之許，置順州都督府，以突利爲順州都督，遣率部落還番。太宗謂曰，「昔爾祖啓民亡失兵馬，一身投隋，隋家豎立，遂至強盛。荷隋之恩，未嘗報德。至爾父始畢，反爲隋家之患。自爾以後，無歲不侵擾中國。天實禍淫，大降災變，爾衆散亂，死亡略盡。既事窮後乃投我。今所以不立爾爲可汗者，正爲啓民前事故也。改變前法，欲中國久安，爾宗族永固，是以授爾都督。當須依我國法，整齊所部。如違當獲重罪。」五年(六三一)徵入朝，至并州道病卒，年二十九。是奚霫兩族似已與契丹相合進貢中國矣。

突利死，子賀羅鶻(Ghologhur)嗣。突利弟結社率，貞觀初入朝，歷位中郎將。十三年從幸九成宮，陰結部落得四十餘人，幷擁賀羅鶻相與夜犯御營，踰第四重幕，引弓亂發，殺衞士數十人，折衝孫武開率兵奮擊乃退，北走渡渭水，欲奔其部落。尋皆捕斬之。詔原賀羅鶻，流於嶺表。頡利之敗也，其部落或走薛延陁，或走西域，而來降者甚衆。時突厥降者十餘萬人，詔議所宜。咸言突厥擾中國久，今天喪之，非慕義自歸，請悉籍降俘，內兗豫閑處，使習耕織，百萬人虜可化爲齊人。是中國有加戶而漠北遂空也。祕書監魏徵建言「突厥世爲中國仇，今其來降，不旣誅滅，當遣還河北。彼烏獸野心，非我族類，弱則伏，強則叛，其天性也。且秦漢以銳師猛將擊取河南地爲郡縣者，以不欲使迫近中國也。陛下奈何以河南居之。且降者十萬，若令數年孳息略倍，而近在畿甸，心腹疾也。」徵又謂：「魏時有胡落分處近郡，晉已平吳，郭欽江統勸武帝逐出之，不能用；劉石之亂，卒傾中夏。陛下必欲引突厥居河南，所謂養虎自遺患者也。」中書侍郎顏師古給事中杜楚客禮部侍郎李百藥等皆勸帝不如使處河北，樹首長俾統部落，視地多少令不相臣，國小權分，終不得抗衡中國。時中書令溫彥博則請如「漢建武時，置降匈奴留五原塞，全其部落，以爲扞蔽。不革其俗，因而撫之，實空虛之地。且示無所猜。若內兗豫，則乖本性，非涵育之道。」云云。帝主彥博語，卒度朔方地，自幽州屬靈州建順祐化長四州爲都督府，剖頡利故地，左置定襄都督，右置雲中都督二府統之。自結社率之反，太宗始患之。上書者多云處突厥於中國，殊謂非便。乃徙於河北，立右武侯大將軍化州都督懷化郡王思摩爲乙彌泥熟俟利苾可汗，賜姓李氏，率所部建牙於河北。思摩者頡利族人也。始畢處羅，以其貌似胡人，不類突厥，疑非阿史那族類。故歷處羅頡利代，常爲夾畢特勤，終不得典兵爲「設」。武德初數來朝貢，封爲「和順郡王」。及其國亂，諸部多歸中國，唯思摩隨逐頡利，竟與同擒。太宗嘉其忠，本統頡利舊部落，居於河南之地，勝兵四萬，馬萬匹，錫其土，南至於大河，北至白道川以北，并賜之鼓纛，命薛延陁毗伽可汗不得犯。又以左屯衞將軍阿史那忠爲左賢王，左武衞將軍阿史那泥熟爲右賢王以貳之。並令渡河北還。時思摩下部衆渡河者凡十萬，勝兵四萬人，思摩不能撫衆，皆不愜服。至十七年，相率叛之，南渡河，請分處於勝夏二州。詔許之。思摩遂輕騎入朝。尋授右衞將軍，從征遼東，爲流矢所中，太宗親爲吮血，其見顧遇如此。未幾卒於京師。贈兵部尚書，夏州都督，陪葬昭陵，立墳以象白道山，詔立碑於化州。北突厥第一幕之歷史至此終矣。

第三章　默啜帝國

突厥別部車鼻可汗（Chebi Khakhan）亦阿史那（Assena）之族也。代爲小可汗，牙在金山之北。頡利可汗之敗，北荒諸部將推爲大可汗。遇薛延陁爲可汗，車鼻不能當，遂率所部歸於延陁。爲人勇烈有謀略，頗爲衆所附，延陁惡而將誅之，車鼻知其謀，竄歸於舊所，其地去京師萬里，勝兵三萬人，自稱乙注車鼻可汗。西有葛邏祿（Karluks）北有結骨（Kirghiz）皆附隸之。遣其子沙鉢羅特勤來朝，請身自入朝。太宗遣徵之，竟不至，太宗大怒。貞觀二十三年（六四九）遣左衛郎將高侃潛引回紇僕骨等兵衆襲擊之。其酋長歌邏祿泥熟闕俟利發反，拔塞匐處木昆莫賀咄俟斤等率部落背車鼻相繼來降。永徽元年侃軍次阿息山，車鼻聞之，召所部兵，皆不赴。遂攜其妻子從數百騎而遁，其衆盡降。侃率精騎追車鼻獲之，送於京師。乃獻於社廟，又獻於昭陵。高宗數其罪而赦之，拜左武衛將軍，賜宅於長安，處其餘衆於鬱督軍山，置狼山都督以統之。車鼻長孫羯漫阤先統拔悉密部。車鼻未敗前，遣其子菴鑠入朝，太宗嘉之，拜左屯衛將軍，更置新黎州以統其衆。車鼻既敗之後，於是突厥盡爲封疆之臣。分置單于瀚海二都護府。高宗東封泰山，狠山都督葛邏祿吐利等首領二十餘人並從至岳下，勒名於封禪之碑。自永徽以後二十餘年，北鄙無事。調露元年（六七九，）單于管內突厥首領阿史德温奉職二部落相率反叛，立泥熟匐爲可汗。是時契丹已內屬，爲松漠都督府，貞觀十四年（六四〇，）又併高昌，唐室版圖之盛，已與淸代相等，所不服者唯（Sart）吐蕃而已爾。永淳二年（六八三，）突厥阿史那骨啜祿（Assena Kutlut）復反叛。骨啜祿者頡利之疎屬，其父本是單于右廂雲中都督衛舍利元英下首領。代襲吐屯，啜伏念既破，骨啜祿鳩集亡散入總林山聚爲盜，有衆五千餘人，又抄掠九姓，得羊馬甚多，漸至強盛。乃自立爲可汗，以其弟默啜（Merchö）爲「殺，」咄悉匐爲「葉護。」據拉多洛夫諸人所考證，和碩柴達木（Kosho-Tsaidam）突厥文碑上之厄爾特勒可汗（Elteres Kagan）卽骨啜祿也。是時因温彥博議處，河南諸部落分爲六州，後漸滋繁，至阿史那元珍習中國風俗，知邊塞虛實，在單于檢校降戶部落。嘗坐事爲單于長史王本立所拘縶。會骨咄祿入寇，元珍請仍依舊檢校部落。本立許之，因而使投骨咄祿。咄祿得之甚喜，立爲「阿波大達干，」專統兵馬事，屢寇邊塞。武后因命左鷹揚衛大將軍黑齒常之擊卻之。時右監門衛中郎將爨寶璧見常之破賊，因亦請窮其餘黨，率精兵一萬三千人往攻，反爲骨咄祿所敗，全軍盡沒。武太后大怒，因改骨咄祿爲「不卒祿。」元珍後率兵攻突騎施（Turgäish）臨陣戰死。突騎施者本亦爲西突厥之一支，據有碎葉川（Sujab or R. Suj）一帶。骨啜祿天授中卒。默啜者骨咄祿之弟也，骨咄祿死時，其子尙幼，默啜遂簒其位，自立爲可汗。據拉多洛夫所考，以爲闕特勤碑中之卡巴干可汗（Kapagan Kagan）卽爲默啜云。長壽三年（六九三）默啜率衆寇靈州，殺掠吏人。武太后遣白馬寺僧薛懷義爲代朔道行軍大總管，領十八將軍以討之。旣不遇賊，尋班師焉。默啜俄遣使來朝，武太后大悅，册授左衛大將軍，封歸國公，賜物五千段。明年，復遣使請和，又加授遷善可汗。萬歲通天元年（六九六）契丹首領李盡忠孫萬榮反叛，自號可汗，攻陷營府。唐兵拒之者屢爲所敗。默啜遣使上言，請還河西降戶，卽率部落兵馬，爲國討擊契丹。許之。默啜遂攻討契丹，部衆大潰，盡俘其家口。默啜自此兵衆大盛。武太后尋遣使册立默啜爲「特進頡跌大單于立功報國可汗。」聖歷元年（六九八）默啜表請與武太后爲子，並言有女請和親。初、咸亨中突厥諸部來降附者，多處之豐勝靈夏朔代等六州謂降戶。默啜至是，又索此降戶及單于都護府之地，兼請農器種子。武太后初不許。默啜大怒，言辭甚慢，拘唐使人司賓卿田歸道，將害之。時唐室懼其兵勢，納言姚璹建議，請許其和親，遂盡驅六郡降戶數千帳，並種子四萬餘石農器三千事以上與之。默啜寖強由此也。其年武太后令魏王武承嗣男淮南王延秀就納其女爲妃。遣右豹韜衛大將軍閻知微攝春官尚書，大齎金帛送赴虜庭。行至黑沙南庭，默啜謂知微等曰，「我女擬嫁與李家天子兒，你今將武家兒來。我突厥積代以來，降附李家。聞李家天子種末總盡，唯有兩兒在，我今將兵助立。」遂收延秀等拘之別所，僞號知微爲可汗，與之率衆十餘萬襲靜難及平狄淸夷等軍。靜難軍使左玉鈐衛將軍慕容元崱以兵五千人降，進寇嬀檀等州。武太后令司農卿武重規爲天兵中道大總管，武威將軍沙吒忠義爲天兵西道總管，幽州都督張仁亶爲天兵東道總管，率兵三十萬擊之。左羽林衛大將軍閻敬容爲天兵西道後軍總管，統兵十五萬以爲後援。默啜又出恆兵道，寇蔚州，陷飛狐縣。俄進攻定州，殺刺史孫彥高，焚掠百姓廬舍，虜掠男女，無少長皆殺之。武太后大怒，又號默啜號爲斬啜，默啜尋又圍逼趙州，長史唐波若翻城應之，刺史高叡抗節不從，遂遇害。武太后乃立廬陵王爲皇太子，令統河北道行軍大元帥。軍未發而默啜盡殺所掠趙定等州男女八九萬人，從四五道而去。所過殘殺，不可勝紀。沙吒忠義及後軍總管李多祚等皆持重不敢戰，河北道元帥納言狄仁傑總兵十萬追之，無所及。二年，默啜立其弟咄悉匐爲左廂察，骨咄祿子默矩爲右廂察，各主兵馬二萬餘人。又立其子匐俱爲小可汗，位在兩察之上。仍主處木昆等十姓兵馬四萬餘人，又號爲拓西可汗。自是連歲寇邊，久視元年（七〇〇），掠隴右諸監馬萬餘匹，西侵突騎施，突騎施不能禦，以其衆入唐求助。

長壽三年（七〇三），默啜遣使莫賀達干請以女妻皇太子之子，武太后令太子男恩平王重俊義興王重明廷立見之。默啜遣大臣移力貪汗入朝，獻馬千匹及方物，以謝許親之意。武太后讌之於宿羽亭，太子相王及朝集使三品以上並會焉。重賜以遣之。中宗即位，默啜又寇靈州鳴沙縣，靈武軍大總管沙吒忠義拒戰敗績，死者六千餘人。賊遂進寇原會等州，掠隴右郡牧馬萬餘匹而去。忠義坐免。景雲二年（七一一）三月，張仁愿於河北築三受降城。先是朔方軍北與突厥以河爲界。河北岸有拂雲祠，突厥將入寇，必先詣祠祭酹求福，因牧馬料兵，候兵合渡河。時默啜盡衆西擊娑葛，仁愿乘虛奪取漠南之地築三城，首尾相應，絕其南寇之路，留年滿兵助成其功。以拂雲祠爲中城，與東西相去各四百里，皆據津濟，遙相應接。北拓三百餘里，於牛頭朝那山北，至烽堠百八十所。自是突厥不得度山放牧，朔方更無寇掠，減鎮兵數萬人。

默啜西擊娑葛（Soga）破滅之。契丹及奚自神功以後，常受其徵役。其地東西萬餘里，控弦四十萬。自頡利之後，最爲強盛。自恃兵威，虐用其衆，默啜既老，部落漸多逃散。開元二年（七一四），遣其子移沮可汗及同俄特勤妹婿大拔頡利發石阿失畢率精騎圍逼北庭。右驍衛將軍郭虔瓘嬰城固守。俄而出兵擒同俄特勤於城下斬之。虜因退縮。（是時突騎施庭在素葉，在其西二千餘里，黠戛斯牙在其北三千六百餘里。回紇牙所在東北三千里，駝行可四十日程。哈密在東南約九百里，焉耆在西南一千二百里。合此可見吾輩今日所有諸圖俱不甚正確也。一八九四年俄國駐高麗公使韋貝（Mr. Charles Waeber）曾製一新圖，唯中國至今尚不見有出售者。一八九五年韋君曾郵贈一册，顧所繪僅止於蒙古也。）大拔懼，不敢歸，攜其妻來奔，制授左衛大將軍封燕北郡王，封其妻爲金山公主，賜宅一區，奴婢十人，馬十匹，物千段。明年，十姓部落左廂咄陸啜右廂五「弩失畢」五「俟斤」及子壻高麗莫離支高文簡跌跌都督思太等各率其衆相繼來降，前後總萬餘帳；令居其河南之舊地。授文高簡左衛員外大將軍封遼西郡公，跌跌思太爲特進右衛員外大將軍，兼跌跌都督樓煩郡公。自餘首領封拜賜物各有差。默啜女婿阿史得胡祿俄又歸朝，授以特進。其秋（七一五，）默咄九姓（Tokuz-ügüz）首領阿思布等戰於磧北，九姓大潰，人畜多死。思布率衆來降。四年（七一六，）默啜又北討九姓拔曳固，戰於獨樂河，拔曳固大敗。默啜負勝輕歸而不設備，遇拔曳固逆率頡質略於柳林中，突出擊默啜斬之，便與入蕃使郝靈佺傳默啜首至京師。（據托瑪生之考據此次默啜所與交戰之拔曳固，卽闕特勤碑中之 yér Bayirku 也。）骨咄祿之子闕特勤(Kültegbin) 鳩合舊部殺默啜子小可汗及諸弟並親信略盡。立左賢王默棘連（Meerin）是爲毗伽可汗。毗伽以開元四年(七一六)卽位，本蕃號爲「小殺，」性仁友。自以得國是闕特勤之功，固讓之。闕特勤不受，遂以爲左賢王，專掌兵馬。是時奚契丹相率款塞。突騎施蘇祿自立爲可汗(Sulu Khakhan)。開元十八年（七三〇），與突厥使爭長之突騎施使卽蘇祿所遣也。是時契丹與中國約爲婚姻，突厥不復能凌駕之矣。

其時突厥部落頗多攜貳，乃召默啜時衙官暾欲谷(Tunyukuk)爲謀主（一八七九年，克勒明茲女史(Frau Klemenz)於庫倫東三十哩發見暾欲谷墓及二華表，表上刊有突厥文銘字六十四行。中史所述此時突厥之歷史，就此數十行銘文中可以一一證其匪誣也。）初默啜下衙官盡爲闕特勤所殺，暾欲谷以女爲「小殺可敦」，遂免死，廢歸落。及復用，年已七十餘，蕃人盡敬服之。俄而降戶阿悉爛(Arslan)跌跌思太等復自河西叛歸。初降戶之南也，左衞大將軍單于副都護張知運盡收其器仗，令渡河，而蕃人怨怒。御史中丞姜晦爲巡邊使，蕃人訴無弓矢，不得射獵。晦悉給還之。故有抗敵之具。張知運不設備，與降戶戰於靑岡嶺，大敗，臨陣生擒知運，擬將送與突厥。朔方總管薛訥率兵追討之。賊至大斌縣，又爲郭知運所擊，賊衆大潰，散投黑山呼延谷，釋張知運而去。帝以張知運喪師，斬之以徇。小殺既得降戶，謀欲南入爲寇。暾欲谷曰，「唐主英武，人和年豐，未有間隙，不可動也。我衆新集，猶尙疲羸，須且息養三數年，始可觀變而舉。」「小殺」又欲修築城壁，造立寺觀。暾欲谷曰，「不可！突厥人戶寡少，不敵中國百一，所以常能抗拒者，正以隨逐水草，居處無常，射獵爲業，人皆習武。強則進兵抄掠，弱則竄伏山林，唐兵雖多，無所施用。若築城而改變舊俗，一朝失利，必將爲唐所併。且寺觀之法，教人仁弱，本非用武爭強之道，不可置也。」「小殺等」深然其計。暾欲谷之言，蓋可與漢時投匈奴之黄門所云遙遙相映云。

第四章　突厥之中興與滅亡

開元八年（七二〇）冬，御史大夫王晙爲朔方大總管，奏請西徵拔悉密（Basmyls），東發奚契丹西蕃，期以明年秋初引朔方兵數道俱入，掩突厥衙帳於稽落河（Kera R. 在今額爾齊斯境內）上。「小殺」聞之大恐。暾欲谷曰，「拔悉密今在北庭，與西蕃東西相去極遠，勢必不合。王晙兵馬計亦無能至此。必若能來，候其臨到，卽移衙帳向北三日。唐兵糧盡，自然去矣。且拔悉密輕而好利，聞命必是先來。王晙與張嘉貞不協，奏請有所不愜，必不敢動。若晙兵馬不來，拔悉密獨至，卽擊取之，勢易爲也。」拔悉密果臨突厥衙帳，而王晙兵及兩蕃不至。拔悉密懼而引退。突厥欲擊之，暾欲谷曰，「此衆去家千里，必將死戰，未可擊也。不如以兵躡之。」去北庭二百里，暾欲谷分兵間道，先掩北庭。因縱卒擊拔悉密之衆，盡爲突厥所擒，並虜其男女而還。暾欲谷迴兵因出赤亭，以掠涼州羊馬。時楊敬述爲涼州都督，遣副將及判官元澄出兵邀擊之。暾欲谷曰，「敬述若守城自固，卽與連和，若出兵相當，卽領軍戰，我今乘勝必有功矣。」敬述下兵至那契丹遇賊，元澄令兵士揎臂持滿，仍急結其袖會風雪凍裂盡墮弓矢。由是唐兵大敗。元澄脫身而走，敬述坐削除官爵，白衣檢校涼州事。（按拔悉密之名已見前述，舊爲車鼻可汗之一部，當卽一二四六年教遣至中國之使人柏朗嘉賓游紀中所紀之Bisermans也。拔悉密雖得附盟中國，獲一時之榮，然得不償失也。）「小殺」由是大振，盡有默啜之衆。俄又遣使請和，乞與元宗爲子，許之，仍請尙公主。帝但厚賜而遣之。十三年（七二五）上將東巡，中書令張說謀欲加兵以備突厥。兵部郞中裴光庭曰，「封禪告成之事，忽此徵發，豈非名實相乖？」說曰，「突厥比雖請和，獸心難測。且「小殺」者仁而愛人，衆爲之用；闕特勤驍武善戰，所向無前；暾欲谷深沉有謀，老而益壯，李靖徐勣之流也。三虜協心，動無遺策。知我擧國東巡，萬一窺邊，何以禦之？」光庭請遣使召其大臣扈從，卽突厥不敢不從，又亦難爲擧動。說然其言，乃遣中書直省袁振攝鴻臚卿往突厥，以告其意。「小殺」與妻及闕特勤暾欲谷環坐帳中，設宴，謂振曰，「吐蕃狗種，唐國與之爲婚。奚及契丹舊是突厥之奴，亦尙唐家公主。突厥前後請結和親，獨不蒙許何也？」袁振曰，「可汗旣與皇帝爲子，父子豈合婚姻？」「小殺」

等曰，「兩蕃亦蒙賜姓，猶得尚公主。但依此例，有何不可？且聞入蕃公主，皆非天子女，今之所求，豈問眞假？頻請不得，亦實羞見諸蕃。」（按吐蕃之盛纔六十年，遂與中國平視。其唐蕃會盟碑一面爲漢字，一面爲蕃書，今猶存於拉薩，一九〇四年英國遠征軍入藏曾及見之。）振許爲奏請，「小殺」乃遣大臣阿史得頡利發入朝貢獻，因扈從東巡，令仗內馳射。扈封畢，厚宴賜遣之，然卒不許和親。

自是比年遣大臣入朝。吐蕃以書約同寇邊，默棘連不從，封上其書。帝嘉之，詔朔方西受降城許互市，歲賜帛數十萬。以茶易馬，始見於此。（突厥吐蕃間書信往來，大約用梵文或康居文，貞觀二十二年（六四八），吐火羅王遣使獻書，史謂其文同佛國語也。）

默棘連死，國人共立其子爲伊然可汗，八年卒；其弟嗣立爲苾伽骨咄祿可汗。明年遣使來朝，獻登俐。俄爲其「左殺」判闕特勤所殺。遂立毗伽可汗子，又爲骨咄葉護所殺，立其弟，又殺之。葉護乃自立爲可汗。於是回紇葛邏祿自爲左右葉護，亦遣使者來告。國人奉判闕特勤子爲烏蘇米施可汗，以其子葛臘哆爲「西殺」。帝使者諭令內附，烏蘇不聽，其下與拔悉密等三部共攻烏蘇米施，米施遁亡。其西葉護阿布思及葛臘哆率五千帳降。以葛臘哆為懷恩王。三載，拔悉密等殺烏蘇米施，傳首京師，獻太廟。其弟白眉特勤鶻隴匐立。是為白眉可汗。於是突厥大亂，國人推拔悉密酋為可汗。詔朔方節度使王忠嗣以兵乘其亂，抵薩河內山，擊其「左阿波達于」十一部破之；獨其右未下。而回紇葛邏祿殺拔悉密可汗，奉回紇骨力裴羅定其國，是為吐咄祿毗伽闕可汗。明年殺白眉可汗傳首獻。毗伽可汗妻骨咄祿婆匐可敦（Ba Bey Khatun）率衆自歸；封為賓國夫人，歲給粉直二十萬。始突厥國於後魏大統時，至是所謂北帝國或東帝國者滅。後或朝貢皆舊部九姓云。其地盡入回紇，其族分國於西者曰西突厥；別見下章，今不贅。

余將此書初版在中國出版，迨余於一八九四年至一八九五年反英，承哥本哈根大學托瑪生教授贈余以鄂魯渾古碑考（Inscriptions de l' Orkhon dechiffries par Vilh Thomsen Helsingfors, 1894）一冊，碑文為突厥人所採用之阿拉米亞字體（Aramaean script），其中毗伽可汗自述其一生與闕特勤之事蹟；此蓋唐玄宗開元二十年（七三二）受玄宗之命所立，而留於原地者也。

其後未幾，又承聖彼得堡帝國科學院(Imperial Academy of the Sciences)拉多洛夫博士(Dr. W. W. Radloff)之厚意，以其所著鉅帙之地圖(Atlases)數册惠贈，突厥文及中文碑銘俱附大張照片。說明用德文，題爲 Arbeiten der Orchon-Expedition，意卽「阿魯渾考察記實」也。

自是以後，夏德(F. Hirth)沙畹(Ed. Chavannes)伯希和(Paul Pelliot)諸人數從中史方面尋出證據以解決古突厥文之問題；然英國學界尙未曾注意及此也。班(Bang)馬魁特(Marquart)巴托爾得(Barthold)諸人翻譯波斯阿拉伯亞美尼亞及希臘文之著作，夏德等遂用以證其所說，余之所以能證合其確當之韃靼名字者，得力於諸人之作爲多。如碑中之 Bremin 與 Istäm：二汗因此得明其卽爲中文之土門與乙息記二可汗，而 Kapagan Khakhan 卽此書之默啜 Mercho，蓋毗伽可汗之叔父也。

卷五　西突厥

第一章　阿史那族之盛衰

初他鉢之死，突厥人以其子大邏便爲庶出，因舉菴摩羅爲大可汗。菴摩羅與乙息記之子攝圖因互爭汗位。後攝圖爲沙鉢略汗，而菴摩羅則居獨洛水，稱第二可汗。而大邏便則爲阿波可汗。後沙鉢略與阿波相攻，於是突厥分爲東西部。大邏便與西突厥，其國居烏孫之故地，東至突厥國；西至雷翥海（L. Balkash），南至疏勒；北至瀚海。在長安西北七千里。自焉耆國西北七日行至其南庭，自南庭又正北八日行至其北庭，大約與一一二〇年葛兒汗所建之葉密立部落相距不遠也。鐵勒龜玆及西域諸國皆歸附之。其人雜有都陸（Turruk）及弩矢畢葛邏祿處月處密伊吾等諸種，風俗大抵與突厥同，唯言語微異。其官有「葉護」有「設」有「特勤」，常以可汗子弟及宗族爲之；又有「乙斤」「屈利啜」「閻洪達」「頡利發」「吐屯」「俟斤」等官，皆代襲其位。

大邏便既爲處邏便可汗所擒（處邏便可汗亦名葉護可汗玄奘於千泉所見之突厥葉護可汗其人也。唯中史每以「葉護」「俟斤」之屬誤爲人名，如「木杆俟斤」人應爲「俟斤木杆」是也。但在中文「俟斤」乃「木杆」之别稱耳。）其國立鞅素（Angsu）特勤之子，是爲泥利可汗（Neri Khakhan）。至其子達漫（Darman）號泥撅處羅可汗（Nikül chnlakhakhan）。其母向氏，本中國人，生達漫而泥利卒，而向氏又嫁其弟婆實（Bashir）特勤。隋開皇末，婆實與向氏詣長安。處邏可汗居無常處，然多在烏孫故地。立小可汗，分統所部：一在石國（Laskend）北，以制諸胡；一在龜兹北。其地名應婆，每五月八日相聚祭神，歲遣重臣，向其先代所居之窟致祭焉。煬帝大業六年，帝將西討吐谷渾，遣侍御韋節召處邏會於大斗拔谷；其國人不從。處邏謝使者，辭以故。先是達頭者舊爲西面可汗，初與沙鉢略有隙，遂分爲别部。因東可汗雍虞閭死後，自立爲步迦可汗。達頭死後，爲孫射匱（Shifku:）微弱不得爲汗。至是，射匱遣使至隋求婚。裴矩因奏曰，

「處羅不朝，自恃強大，臣請以計弱之分裂其國，則易制也。射匱者都六之子，達頭之孫；代爲可汗，君臨西面。今聞其失職，附隸於處羅，故遣使來以結援耳。願厚禮其使，拜爲大可汗，突厥勢分，兩從我矣。」帝從之，遂召其使者言處羅不順之意。稱射匱有好心，吾將立爲大可汗。令發兵誅處羅，然後當爲婚也。射匱聞而大喜，興兵襲之，處羅大敗，棄妻子東走高昌。帝遣裴矩將向氏親要左右往曉諭之，遂入朝。處羅可汗於煬帝大業中與特勤大奈入朝，從宇文化及征高麗。江都之亂，從化及至河北，唐初歸京師，封歸義郡王。處羅與始畢有隙，始畢使人殺之。

特勤大奈（Danö）隋大業中與曷薩那可汗（Hassan Khakhan）同歸中國。（沙畹於所著西突厥考（Jurcs Ceuidemtanx）中，曾將此等含糊不淸之突厥人名一掃而空；以爲如泥撅處羅達曼以及曷薩那三人，中史以爲異名，實則一人也。）及從煬帝討遼東，以功授金紫光祿大夫，後分其部落於樓煩。會唐高祖舉兵，大奈率其衆以從。隋將桑明和襲高祖軍於飲馬泉，諸軍多已奔退，大奈將數百騎出明和後，掩其不備，擊大破之；諸軍復振。及定京城，因賜姓史氏。唐武德初從太宗討薛舉，平王世充竇建德劉黑闥，並有殊功。貞觀十二年（六三八）卒。初曷薩那之朝隋也，爲煬帝所留，其國人遂立其叔父射匱爲可汗。遂開土宇東至金山(Altan Tagh, or Altaň Range)，西臨西海(Caspian Sia)自玉門以西諸國皆役屬之。遂與北突厥（應爲東突厥）又爲敵。乃建庭於龜茲北三彌山(大約在今Kuldja附近)。尋卒，弟統葉護(Jabgu-Superior or Chief Jabgu)代立。（統葉護卽在石國北，以統諸胡之小可汗也。）統葉護可汗勇而有謀，善攻戰，頭甚長。遂北併鐵勒，西拒波斯，南接罽賓，悉歸之。按唐克突厥傳史料曾云，波斯汗科斯洛厄茲第二(Chosröl II)，以得阿乏爾人之助，奮力以保薩珊王朝，而希羅皇帝希拉克略(Græco-Roman Tmpiror Keraclius)則與強盛之可薩汗(Khanofrīn Khuzars)合謀，以侵波斯，無所不至。（所謂可薩可汗，當卽裏海濱之可汗也。然非屬大葉護，大葉護所屬小可汗雖亦名可薩者，然此二字無氣音，非前指之可薩也。）突厥人於五八九年襲有巴爾克(Balkh)及俟拉得(Kerat)兩城，五九九年，助其屬部貴霜人及嚈噠人抗阿美尼亞人與波斯人。波斯人大敗，薩珊王朝之子裔卑路斯(Peruz)因奔唐，封爲王，於嗣聖元年（六八四）歸國。是時大食極盛，突厥屢爲所摧。

中史謂統葉護斯時控弦數十萬，霸有西域，據舊烏孫之地，又移庭於石國北千里（約在今呾羅斯河(R. Taras 一帶）其西域諸國王，悉授頡利發(gherefa)，并遣吐屯(Tudan)（突厥文碑中屢見此字）一人監統之，督其征賦；西戎之盛未有也。武德三年，遣使貢條支(Mespotamia)巨卵。時北突厥作患，高祖厚加撫結，與之并力，以圖北蕃，統葉護許以五年（六二二）冬大軍當發。頡利可汗聞之大懼，復許葉護通和，無相征伐。葉護尋遣使來請婚。高祖謂侍臣曰，「西突厥去我懸遠，急疾不相得力，今來請婚，計將安在？」封德彝對曰，「當今之務，莫若遠交而近攻，正可權許其婚，以威北狄。待三數年後，中國全盛，徐思其宜。」高祖許之婚，令高平王道立至其國，統葉護大悅。遇頡利可汗頻歲入寇，西蕃路梗，由是未果爲婚，是時拂菻(Fereng or Franks)與中國之交通，其梗阻蓋猶有甚也。太宗即位後，貞觀元年遣眞珠統俟斤與道立來獻萬釘寶鈿金帶，馬五千匹。時統葉護自負強盛，無恩於國，部落咸怨，葛邏祿種多叛之。頡利可汗不欲中國與之和親，數遣兵入寇，又遣人謂統葉護曰，「汝若迎唐家公主，要須經我國中而過。」統葉護患之，未克婚，爲其伯父所殺而自立，是爲莫賀咄俟屈利毘可汗，令分統突厥裏落爲小可汗，及此自稱大可汗，國人不附。弩矢畢部共推泥熟莫賀設爲可汗，泥熟不從。時，統葉護之子咥力特勤避莫賀咄之亂亡在康居，泥熟遂迎而立之，是爲乙毘沙鉢羅肆葉護可汗(Ilvi Shaporo Fowrth Jubgu Khakhan)。連兵不息，俱遣使來朝，各請婚於唐。太宗不許，諷令各保所部，無相征伐。其西域諸國及鐵勒先役屬於西突厥者悉叛之。肆葉護既是舊主之子，爲衆心所歸，其西面都陸可汗及莫賀咄可汗二部衆帥多求附之。又興兵以擊莫賀咄，大敗，莫賀咄遁於金山，尋爲咄陸可汗所害。國人乃奉肆葉護爲大可汗。肆葉護可汗立，大發兵北征鐵勒薛延陁，逆擊之，反爲所敗。肆葉護性猜狠，信讒，無統馭之略。有乙利可汗者於肆葉護功最多，由是授小可汗，以非罪族滅之。羣下震駭，莫能自固。肆葉護素憚泥熟而陰欲圖之，泥熟遂適焉耆。其後設卑達與突厥弩矢畢二部豪帥潛謀擊之，肆葉護以輕騎遁於康居，尋卒。國人迎泥熟於焉耆而立之，是爲咄陸可汗。咄陸可汗者亦稱大度可汗，父莫賀設本隸統葉護。武德中常至京師。時，太宗居藩，務加懷柔，與之結盟爲兄弟，既被推爲可汗，遣使詣闕請降。太宗賜以名號及鼓纛。貞觀七年遣鴻臚寺少卿劉善田至其國，冊授爲吞阿婁拔奚利邲咄陸可汗(Kutluk Khakhan)，咄陸之義爲福也。時西域諸蕃上太宗以天可汗之號云。明年泥熟卒，其弟同俄設立，是爲沙鉢羅咥利失可汗，以貞觀九年（六三五）上表請婚，獻馬五百匹。朝廷唯厚加撫慰，未許其婚。俄而其國分爲十部，每部令一人統之，號爲十「設」，每「設」賜以一箭，故號十箭焉。又分十箭爲左右廂，一廂各置五箭，其左廂號五咄六部落，置五大啜(Chur)，一啜管一箭。其右廂號爲五弩失畢，置五大俟斤(Djigin)，一俟斤管一箭，都號爲十箭。其後或稱一箭爲一部落，大箭頭爲大首領。五咄六部落居於碎葉已東，五弩失畢部落居於碎葉已西。自是都號爲十姓部落。自是內亂頻起，卒分西突厥爲二。有欲谷設者，初或統制黠戛斯貨利習彌嚈噠及西海諸部族，爲西部所立，爲乙毘咄陸可汗。乙毘咄陸可汗既立，與咥利失大戰，兩軍多死，各引去。因與咥利失中分，自伊列河(Ili R.)已西屬咄陸，已東屬咥利失。咄陸可汗又建庭於烏鏃曷山（今亞歷山大山 Alexander mts）西，謂爲北庭；自厥越失拔悉彌駮馬結骨 (Kirghiz)火燖觸水昆諸國皆臣之。（駮馬與結骨數相侵伐，貌類結骨而語言不相通。突厥謂駮馬爲曷剌，攻駮馬亦名曷剌國(Ghora)云。居地較結骨爲寒，少鐵器，其北有人馴鹿供使用。駮馬族與拔悉彌卽爲一族。拔悉彌國多雪，恆以木爲馬，雪上逐鹿；其狀似楯而頭高，其下以馬皮順毛衣之，令毛着雪而滑，如着屧屐，縛之足下。若下阪，走過奔鹿，若平地履雪，卽以杖刺地而走如船焉。上阪卽手持之而登。又按天寶時，突厥白眉可汗立，突厥大亂，拔悉彌酋有名阿史那氏者，曾一時被推爲曷剌可汗，（事見前章。）十三年咥利失爲吐屯，俟利發與欲谷設通謀作難。咥利失窮蹙，奔於鏺汗而死。弩矢畢部落酋帥迎咥利失弟伽那之子薄布特勤而立之，是爲乙毘咄沙鉢羅葉護可汗（Ilvirio Shaporo Jabgu Khakhan）。乙毘可汗既立，建庭於雖合水（Syr Daria）者，謂之南庭，（雖合水宋雲玄奘俱曾至其地）東以伊列河爲界。自龜兹（Kuehi）鄯善（Tarim），且末（Sherchen 卽馬哥孛羅書中之 Charchan），吐火羅（Tochavia），焉耆（Harashir）石國（Taskind）。史國何國穆國康國（皆 Shmarcand 地方之國家）皆受其節度。屢遣使朝貢，太宗降璽書慰勉。貞觀十五年（六四〇），令左領軍將軍張大師册授焉。賜以鼓纛。於時咄陸可汗與葉護頻相攻擊。令咄陸遣使詣闕，太宗諭以敦睦之道。咄陸兵衆漸強，西域諸國復來歸附。未幾咄陸遣石國吐屯攻葉護，擒之，送於咄陸，尋爲所殺。咄陸可汗既併其國，弩矢畢諸姓不服咄陸皆叛之。咄陸復率兵擊吐火羅，破之，遣兵寇伊州。安西都護郭孝恪率輕騎二千自烏骨邀擊敗之。

咄陸又遣處月處密等圍天山縣，孝恪又擊走之。孝恪乘勝進據處月俟斤所居之城，追奔及於遏索山，斬首千餘級，降其處密之衆而歸。咄陸初以泥熟啜自擅取而斬之以徇，尋爲泥熟啜部將胡祿屋所襲，衆多亡逸，其國大亂。貞觀十五年（六四〇）部下屈利啜等欲廢咄陸，各遣使詣闕請立可汗。太宗遣使齎璽書立莫賀咄乙毘可汗之子，是爲乙毘射匱可汗（Ilvi Shifkn）。乙毘立，乃發弩矢畢兵就白水擊咄陸，大敗之。咄陸自知不爲衆所附，乃西走吐火羅國。中國使人先爲咄陸所拘者，射匱悉以禮資送歸長安，復遣使貢方物，請賜婚。太宗許之，令割龜茲于闐疏勒朱俱波（Kargarik）葱嶺等五國以充聘禮。

太宗崩（六四九），賀魯（Ghoru）反叛，射匱部落爲其所併。阿史那賀魯者，曳步利設射匱特勤之子也。阿史那步眞既來歸國，咄陸可汗乃立賀魯爲葉護，以繼步眞，居於呾邏斯川，在西州直北千五百里，統處月處密姑蘇葛邏祿畢失五姓之衆。其後咄陸西走吐火羅國，射匱可汗遣兵追逐賀魯，不常厥居。貞觀二十三年（六四八）乃率其部落內屬，詔居庭州，尋授左驍衛將軍瑤池都督。永徽二年，與其子咥運率衆西遁，據咄陸可汗之地，總有西域諸部，建牙於雙河及千泉，自號沙鉢邏可汗，統攝咄陸弩矢畢(Nushirvar）十姓。其「咄陸」有五啜弩矢畢，有五俟斤，各有所部，勝兵數十萬，並羈屬賀魯；西域諸國亦多附隸焉。賀魯尋立咄運爲賀咄葉護，數侵擾西蕃諸部，又進寇庭州。三年，詔遣左武侯大將軍梁建方右騎衛大將軍契苾何力率燕然都護所部回紇兵五萬騎討之，前後斬首九千級，虜渠帥六十餘人。四年咄陸可汗死，其子眞珠葉護與五弩矢畢請擊賀魯，破其牙帳，斬首千餘級。顯慶二年（六五七）遣左屯衛將軍蘇定方，燕然都護任雅相副都護蕭嗣業，左驍衛大將軍瀚海都督回紇婆潤等，率師討擊。仍使右武衛大將軍阿史那彌射左屯衛大將軍阿史那步眞持節爲安撫大使。定方至曳咥河西，賀魯率胡祿屋闕啜等二萬餘騎列陣而待。定方率嗣業總管任雅相與之交戰，賀魯大敗。斬其大首領護都答達官等二百餘人。賀魯及闕啜輕騎奔竄，渡伊麗河(Ili R.)，兵馬溺死者甚衆。嗣業至千泉賀魯建牙之處，彌射進軍伊麗水。處密處月部落率衆未降。彌射進次雙河。賀魯先使步失達官鳩集散卒，據柵拒戰。彌射步眞攻之大潰，又與蘇定方攻賀魯於葉水(Syr Daria)，大破之。賀魯與咥運欲投鼠耨設至石國之蘇咄城傍，人馬飢乏。城主伊沮達官詐將酒食出迎。賀魯信其言，入城，遂被拘執。蕭嗣業既至石國，鼠耨設乃以賀魯之虜俘至京所，令獻於昭陵及大社。高宗特免死，分其種落，置崑陵濛池二都護府。其所役屬諸胡國皆分置州府，西盡於波斯並隸安西都護府。四年（六五九）賀魯卒，詔葬於頡利墓側，刻石以紀其事。

顯慶二年（六五七）册立彌射（Mizif）爲興昔亡可汗，兼左衛大將軍崑陵都護，分押賀魯下五咄陸部落。步眞（Buchin）授繼往絕可汗，兼右衛大將軍濛池都護，仍分押五弩矢畢部落。因令與盧永慶等準其部落大小，職位高下，節級授刺史以下官。龍朔中又令彌射步眞俱率所部從颸海道大總管蘇海政討龜茲。步眞嘗欲幷彌射部落，遂密告海政云：「彌射欲謀反，請以計誅之。」時海政兵纔數千，懸師在彌射境內，遂集軍吏而謀曰：「彌射苦及我輩，即無噍類，今宜先舉事，則可克捷。」乃僞稱有敕令大總管齎物數百萬段，分賜可汗諸首領。由是彌射率其麾下隨例請物，海政盡收斬之。其後西蕃盛言彌射非反，爲步眞所誣，而海政不能審察，濫行誅戮。武太后臨朝，以十姓無主數年，部落多散，垂拱初（六八四）遂擢授彌射子右豹韜衛翊府中郎元慶爲左玉鈐衛將軍，兼崑陵都護，令襲興昔亡可汗，押五咄陸部落。步眞子斛瑟羅（Khusera）爲右玉鈐衛將軍兼濛池都護，押五弩矢畢部落。尋進授元慶右衛大將軍，如意元年（六九二）爲酷吏來俊臣誣構謀反被害，其子獻，配流崖州。（來俊臣死於神功二年（六九七）俊臣旣死，受害者羣昭其肉云。）長安三年（七〇三）召還，累授右驍衛大將軍，襲父興昔亡可汗，充安撫招慰十姓大使。獻本蕃漸爲默啜及烏質勒(Ochir) 所侵，遂不敢還國。開元中，累遷右金吾大將軍，卒於長安。阿史那步眞者，在本蕃授右屯衛大將軍，與彌射討平賀魯，加授驃騎大將軍行右衛大將軍濛池都護繼往絕可汗，押五弩矢畢部落，尋卒。其子斛瑟羅本蕃爲步利設。垂拱初，授右玉鈐衛將軍，兼濛池都護襲繼往絕可汗，押五弩矢畢部落。天授元年拜左衛大將軍，改封竭忠事主可汗，仍兼濛池都護。尋卒。子懷道，神龍中累授右屯衛大將，中光祿卿，轉太僕，兼濛池十姓可汗。自垂拱以後，十姓部落頻被突厥默啜侵掠，死散殆盡，乃隨斛羅瑟統六七萬人徙居內地。西突厥阿史那氏於是遂絕。自咸亨元年（六七〇）至如意元年（六九二）于闐龜茲曾一時淪於吐蕃，如意元年而後，始又恢復，因移安西都護府於龜茲云。

第二章　碎葉之突厥施可汗

突厥施烏質勒(Turgärh Ochir)者，西突厥之別種也。初隸在斛瑟羅下，號爲莫賀達干，後以斛瑟羅用法嚴酷，擁衆背之。尤能撫恤其部落，由是爲遠近諸胡所歸附。其下置都督二十員，各統兵六七千人，常屯聚碎葉西北界。後漸攻陷碎葉，徙其牙帳居之。東北與突厥爲鄰，西與諸胡國相接至庭州。斛瑟羅以部落削弱，自武太后時入朝，不敢還蕃，其地並爲烏質勒所幷。及卒，其長子娑葛(Soga)代統其衆。詔使之娑葛爲金河郡王，仍賜以宮女四人。初娑葛代兵，烏質勒部下闕啜(Kül-Chur)忠節甚忌之，以兵部尚書楚客當朝在勢，密遣使齎金七百兩以賂楚客，請停娑葛統兵。楚客乃遣御史中丞馮嘉賓充使至其境，陰與忠節籌其事，並自致書以申意。在路爲娑葛遊兵拘獲，遂斬嘉賓，仍進兵攻陷火燒等城。遣使上表，欲索楚客頭。景龍三年（七〇九）娑葛弟遮弩恨所分部落少於其兄，遂叛入突厥默啜，請爲導以討娑葛。默啜乃留遮弩，遣兵二萬人與其左右來討娑葛，擒之，與娑葛俱殺之。默啜兵還，娑葛部將蘇祿（Sulu）鳩集餘衆，自立爲可汗。蘇祿者突騎施別種也，頗善綏撫，十姓部落漸歸附之，有衆二十萬，遂雄西域之地。尋遣使來朝。開元三年（七一五），制授蘇祿爲左羽林衛大將軍金方道經略大使；特遣侍御史解忠順齎璽書册立爲忠順可汗。自是每年遣使朝獻。帝乃立史懷道女爲金河公主以妻之。時杜暹爲安西都護，公主遣牙官齎馬千匹，詣安西互市，使者宣公主教與暹。暹曰，「阿史那氏女，豈合宣教與吾節度使邪？」杖其使者，留而不遣；其馬經寒雪盡死。蘇祿大怒，發兵分寇四鎭。會暹入爲相，趙頤貞代爲安西都護，城中久乏食，是四鎭貯積及人畜並爲蘇祿所掠而去，安西僅全。俄又遣使入朝獻方物。十八年（七三〇）蘇祿使至京師，帝御丹鳳樓設宴。時突厥先遣使入朝，是日亦來同宴，與蘇祿使爭長。突厥使曰，「突騎施國小，本是突厥之臣，不宜居上。」蘇祿使曰，「今日此宴，乃爲我設，不合居下」。中書門下及可可僚，遂於東西幕下兩處分坐；突厥使在東，突騎施使在西；宴訖厚賚而遣。

蘇祿性尤清儉，每戰伐有功，所克獲，盡分與將士及諸部落，其下愛之，甚爲其用。又潛遣使南通吐蕃，東附突厥。及吐蕃，亦嫁女與之。（苾伽可汗碑有云，余以女妻突騎施可汗。）蘇祿旣以三國女爲可敦，又分立數子爲葉護，費用漸廢。先旣不爲積貯，晚年抄掠所得者留不分之，又因風病一手攣縮，其下諸部心始攜貳。有大首領莫賀達干，都摩度，西部落最爲強盛。百姓又分爲黃姓黑姓兩種，互相猜阻。二十六年（七三八）夏莫賀達干勒兵夜攻蘇勒殺之。都摩度初與莫賀達干連謀，俄又相背，立蘇祿之子吐火仙爲可汗，以輯其餘衆。與莫賀達干自相攻擊。莫賀達遣使告安西都護蓋嘉運。嘉運率兵討之，大破都摩度之衆。時中國有事於南詔以及吐蕃，因亦無多暇以撫綏西陲。大曆後葛邏祿盛，徙居碎葉川，二姓微，至臣役於葛邏祿。斛瑟羅餘部附回鶻。及其破滅，有特龐勒居焉耆城，葉護餘部保金莎嶺，衆至二十萬。自是日漸衰微，亦常來朝貢，沙陀李氏入主中國，別有專章，茲不贅。

第三章 突厥種人之入主中國北部

沙陀，西突厥別部處月種(Chuja orchuzia)也。始突厥東西部分沿烏孫故地，與處月處密雜居，處月居金婆山之陽，蒲類之東有大磧名沙陀，故號沙陀突厥云。其酋長屢從唐軍征討有功。先天初，避吐蕃，徙部北廷。至德寶應間（七五六——六二）中國東西兩都數爲叛將所陷，北廷西州閉不通，朝奏使皆道出回紇。而多被虜劫。尤苦之，雖沙陀之倚北廷者亦困其暴斂。貞元中沙陁部七千帳附吐蕃，與共寇北廷，陷之。吐蕃徙其部甘州，以李盡忠爲「軍大論」(blon)，吐蕃寇邊，常以沙陀爲前鋒。久之，回鶻取涼州，吐蕃疑盡忠持兩端，議徙沙陀於河外，舉部愁恐。盡忠與朱邪執宜曰「我世爲唐臣，不幸陷汗，今若走蕭關自歸，不愈於絕種乎?」盡忠曰，善。元和三年（八〇八），悉衆三萬落循烏德鞬山而東。吐蕃追之，行且戰，旁洮水奏石門，轉鬬不解，部衆略盡。盡忠死之，執宜裒瘢傷士裁二千騎七百，雜畜橐駝千計，款靈州塞。節度使范希朝以聞。詔處其部鹽州，置陰山府，以執宜為府兵馬使。沙陀素健鬬，希朝欲藉以捍虜，為市牛羊發畜牧休養之。其童耄自鳳翔興元太原道歸者皆還其部。當執宜及其子李赤心之世，沙陀兵屢為唐室效殊勳，而赤心則後唐之太祖也。執宜死，子赤心立，命節度使劉沔以沙陀擊回鶻於殺胡山。久守代潞，誅劉楨，俱從軍有功。遷朔州刺史；仍為代北軍使。大中初，吐蕃合党項回鶻殘衆寇河西，詔諸軍進討。沙陀常深入，赤心所向虜輒披靡。始沙陀臣吐蕃，其馳射趫悍過之，吐蕃倚其兵，常苦唐也；及沙陀歸唐，吐蕃由此衰。宣宗已復三州七關，征西戍皆能。乃遷赤心蔚州刺史，雲州守隄使。龐勛亂，以突騎軍討平之。進大同節度使，賜姓李，名國昌。是時天下大亂，藩鎮紛起；而黃巢又叛，方渡江，朝廷不能制。因起用國昌及其子李克用；後以大非川吐軍赫連鐸相逼，國昌等竟叛。後國昌敗，與克用舉宗奔北，鐸密圖之。克用得其計，因豪傑大會，馳射百步外，針鋒木葉無不中，部人大驚，即倡言「今黃巢北寇為中原患。一日天子赦我，願與公等南向定天下。庸能終老沙磧哉？」巢攻潼關入京師。諸將麕集，而無所屬，因共謀，乞詔召國昌克用。於是國昌守代州，克用以衆三萬騎五千而南。克用破黃巢，收復京師功第一，進同中書門下平章事隴西郡公。國昌為代北節度使。未幾以克用領河東節度使。光啓三年，國昌卒。昭宗卽位，封克用晉王。後卒，子存勗嗣。時朱温僭竊唐祚，國號曰梁。存勗討滅朱友貞，復唐祚，是爲唐莊宗。克用義兒邈佶烈繼立，漢名李嗣源，是爲明宗。明宗時，馮道刊印九經，布之於世，世之有印板書，至是始盛也。是時契丹亦漸強盛。而後晉與後漢亦以沙陀種人稱帝中國，然稱臣契丹，至九五〇年，始克後滅亡。黃河一帶昔有匈奴鮮卑兩種人稱帝其間，至是又有突厥契丹，與之後先輝映，然其勢力俱不及長江以南也。後晉後漢而後，是爲後周，五代最後之一朝也。其時王審知都福州，國號閩；錢鏐都杭州，國號吳越；李昪都金陵，國號南唐；孟昶都成都，國號後蜀；劉龑都周州，國號南漢。其後諸將倦於爭戰，周恭帝時，因於陳橋兵變，以黃袍加於都檢點趙匡胤，推之爲帝，國號曰宋。自是中國復歸統一。唯北部契丹雄據其間，有國歷二百年（九〇六——一一二〇），與宋相持不下。九八〇年，是爲遼景宗乾亨二年，宣布國號曰大契丹。當時俄人由韃靼人口中得知中國，其所知者只爲中國北部，於南部茫無所曉，故至今猶稱中國爲契丹云。

沙陀爲西突厥別部處月種，非阿史那族。始隸彌射，後又屬西突厥大酋乙毗咄陸可汗，後乃歸大邏便後嗣所管。其人以忠勇善戰著稱。後唐明宗尤爲中史所稱道也。馬哥孛羅東來時，沙陀猶在故地，即 Kuku-Noton 附近。明宗以後一百年左右，女眞建國遼東，以甘肅一帶之沙陀部人移之遼東，然山西北部有一族人名汪古（Ongku）部者，與成吉斯汗族人通婚，信基督教。馬哥孛羅不察，以爲汪古部即克列部（Keraito）之王汗（Wangkhan），因稱汪古部長爲約翰僧人（Prester John）云。

遼時所屬諸部中有沙陀部，則沙陀斯時當猶在 Kur Kara-Usu 地方。又舊唐書中之韃靼與後來諸書中之達達，必與東部沙陀有若干之關係也。

尙有一事爲吾輩所當知者。匈奴之西竄也，非全族遁逃，不過單于與其他三四部落而已。而突厥帝國既衰，不與彼表同情之諸部落，仍守其故地弗去；於是阿史那族亦讓於他族。匈奴與突厥大異之點，爲鮮卑之與契丹然，乃爲國家之組織係用世襲與專政二者也。

以下將進而言黠戛斯。

第四章　黠戛斯

黠戛斯古堅骨（Kvekur）國也。地當伊吾之西，焉耆北，白山之旁。或曰居勿，曰結骨，其種雜丁零，乃匈奴西鄙也。匈奴封漢降將李陵爲右賢王，衞律爲丁零王，後郅支單于破堅昆，於時東距單于庭七千里，南距車師五千里。郅支留都之，故後世得其地者訛爲結骨，稍號紇骨，亦曰紇扢斯云。

衆數十萬，勝兵八萬。直回紇西北三千里，南依平漫山。地夏沮洳，冬積雪。人皆長大，赤髮晳面綠瞳，（按黠戛斯爲一回鶻殘字，若云黃赤面，今云晳面，似不相合也。又按烏孫亦赤髮藍睛。九世紀時繼峨特人匈人吉比達人（gepijae）倫巴人阿乏爾人等族之後，以至匈牙利之匈牙利人（ungei），亦曾出現於斯地，顧書闕有間，未能指實也。〔一九一〇年匈牙利人尼馬蒂君（M. Halman Nemati）曾與余同究匈牙利人源出亞洲之問題。〕大概出於古烏孫族。唯烏孫非黠戛斯，黠戛斯自出於堅昆，中史紀其源流甚爲明晰，不能混而爲一族也。）以黑髮者爲不祥，黑瞳者必曰陵苗裔也。男少女多，以環貫耳，俗趫伉，男子有勇，黥其手。女已嫁黥項。雜居多淫佚（中史並紀其謂歲首爲茂師哀，以三哀爲一時，今不可曉。）以十二物紀年，（生肖紀年爲中國人所創：）如歲在寅，則曰虎年。（沙畹諸人對於韃靼與中國年曆對照之方法，發表精深之論文甚多。）氣多寒，雖大河亦半冰。稼有禾粟大小麥青稞，步磑以爲麫糜，穄以三月種九月穫，以飯以釀酒。（米能北種，至此有違常例也。）而無果蔬。畜馬至壯大，以善鬬者爲頭馬。有槖駞，牛羊爲多，富農至數千。其獸有野馬、骨咄、黃羊、羱羝鹿、黑尾者似麞，尾大而黑。魚有蔑 (mir or mit) 者長七八尺，莫痕(Moghen) 者無骨，口出頤下。鳥雁、鳧烏、鵲、鷹隼。木松樺榆柳蒲，松高者仰射不能及顚，而樺尤多。有金鐵錫：每雨後必得鐵，號迦沙 (Kasa or Gushu) 爲兵絕犀利，常以輸突厥。其戰有弓矢旗幟，其騎士析木爲盾，蔽股足，又以圓盾傅肩，可捍矢刃。其君曰阿熱(Ajer or Ayet)，遂姓阿熱氏；建一纛，下皆尙赤；餘以部落爲之號。服貴貂豽。阿熱冬帽貂，夏帽金釦，銳頂無卷末；諸下皆白氈。喜佩刀礪。賤者衣皮不帽。女衣毳毼錦罽綾，蓋安西北庭大食所貿售也。（西元後八〇〇年阿拉伯阿拔斯朝 Abass：Jes 曾遣兵助吐蕃攻南詔，中史稱之爲黑衣大食云。）阿熱駐牙青山，周柵代垣，聯氈爲帳，號密的支它（Mitichida），首領居小帳。凡調兵，部役屬者悉行。內貂鼠青鼠爲賦。其官宰相、都督、職使、長史、將軍、達干（dakan）（此爲一突厥官號，大約即成吉斯汗時之達魯花赤 daruga，darugadu 也）六等，宰相七，都督三，職使十，皆典兵；長史十五，將軍、達干無員。諸部食肉及馬駱，惟阿熱設餅餌。樂有笛、鼓、笙、觱篥、盤鈴。戲有弄駝、師子、馬伎、繩伎。祠神惟主水草，祭無時。呼巫爲甘。昏嫁納羊馬以聘，富者或百千計。喪不剺面，三環尸哭，乃火之，收其骨，踰歲而爲墓，然後哭泣有節。冬處室，木皮爲覆。其文字言語與回鶻正同。（此可證丁零與黠戛斯之爲一族也。）法最嚴。臨陣橈，奉使不稱，妄議國若盜者，皆斷首；子爲盜，以首著父頸，非死不脫。會昌中遣使來朝，詔宰相即鴻臚寺見使者，使譯官考山川國風，並仿貞觀時故事，爲王會圖，以示後世。

阿熱牙所至回鶻牙所，橐駝四十日行。使者道出天德右二百里許，抵西受降城，北三百里許至鸊鵜泉。泉西北至回鶻牙千五百里許，而有東西二道，泉之北東道也。（回鶻牙所屬在今和林地方，阿熱牙的則在今科布多及黑水之間也。突厥以女妻其酋豪，其酋長三八曰訖悉輩（kisik），曰居沙波輩(kushupo)曰阿米輩(amei)。始隸薛延陁，以頡利發一人監其國。未嘗與中國通。唐貞觀二十二年（六四八）聞鐵勒等已入臣，即遣使者獻方物。其酋長俟利發失鉢屈阿機身入朝。以其地爲堅昆府，俟利發在屯衞大將軍，即爲都督，隸燕然都護。高宗世再來朝，景龍中獻方物，元宗世四朝獻。乾元中爲回鶻所破，自是不能通中國。常與大食吐蕃葛邏祿相依仗。吐蕃之往來者畏回鶻剽鈔，必往葛邏祿，以待黠戛斯護送。回鶻牙授其君主阿熱官，回鶻稍衰，阿熱即自稱可汗。回鶻遣師伐之，不勝。阿熱恃勝，詬之，回鶻不能討。其將句錄莫賀導阿熱破殺回鶻可汗，諸將勤皆潰。阿熱身自將焚其牙，悉收寶貲，幷得太和公主。遂徙牙牢山之南，距回鶻舊牙度馬行十五日。（約在今烏里雅蘇臺。）阿熱以公主唐貴女，遣送衞還朝，爲回鶻烏阿可汗邀取之，幷殺使者。會昌中復遣使上書言狀，行三歲至京師。武宗大悅，以其窮遠，能修職貢，班渤海使者上。（渤海爲當時滿洲一國，自西元後七〇〇年至九〇〇年二百年間，維持其半獨立之狀而不替，在東胡諸民族中文明最高，其後如金如清，俱其支裔也。）又詔阿熱著宗正屬籍。是時烏介可汗餘衆託黑車子，阿熱願乘秋高馬肥擊取之。表天子請師。帝令給事中劉濛爲巡邊使，朝廷亦以河隴鎮四十八洲久淪戎狄，幸回鶻破弱，吐蕃亂相殘齧，可乘其衰。乃以右散騎常侍李拭使黠戛斯册君長爲宗英雄武誠明可汗，未行而武宗崩。宣宗嗣位，欲如先帝意。或爲黠戛斯小種，不足與唐抗，乃止。至大中元年卒詔鴻臚卿李業持節册黠戛斯爲英武誠明可汗。咸通間三來朝，然卒不能取回鶻。後之朝聘册命，史臣失傳。至清時，此族分爲布魯特（Buruts）及哈薩克（Kaisaks），同言語而互相猜忌。哈薩克之屬於俄羅斯者，稱爲黠戛斯哈薩克人云。

第五章　突厥臣屬各部落

突厥史事略如上述，以下則爲突厥臣屬諸小部落之概況也。此中最北者是爲僕骨（Buk-ku），亦曰僕固，在多覽葛之東，帳戶三萬，兵萬人。俗梗驁難召率。始臣突厥之頡利，後附薛延陀；天寶初（七〇五）降於中國。僕骨之西是爲多濫葛（Telenguts），勝兵萬人，在薛延陀東，濱同羅水（Tongra R.），自古未嘗通中國。貞觀二十二年（六四八）薛延陀已滅，其酋俟斤多濫葛末與回鶻皆朝，以其地爲燕然都督府，就授其酋世爲都督，後遂無聞。（厥持勤碑中似曾及此族也。）同羅（Tmgra）在薛延陀之東北，戶萬五千。初臣頡利，天寶初年臣中國，復背叛，劫掠諸姓部落，遂還漠北，尋爲回鶻所破。同羅河當即爲今之土拉河（R. Tula），古名獨洛水也。拔野古（Baikal）亦鐵勒之別部，在僕骨東境，勝兵萬人。其地東北千餘里曰康干河（Angara R.），投松木入水，二年乃化爲石，其色青。（緬甸油井附近亦有此現象。）風俗與鐵勒同，言語稍別。（Baikal 或爲誤證，馬哥孛羅書中所云和林東北 Bargu 之一，稱黑蒙古，或卽此耳。然俄國大主教怕雷第烏(Archimandrite Palladius) 曾顯然指明，以爲乃淸史中之 butkha 卽「普德哈」射獵部落，曾於康熙三十五年（一六九六）揭竿作亂，蓋爲蒙古族而非通古斯人也。）多濫葛東北是爲斛薛 (Ghuser) 訶咥(Ajir) 兩族；多濫葛之南是爲契苾羽(Kibirs)。又有鞠國 (Chuk) 者，在拔野古東北五百里，無馬，衆畜鹿如中國牛馬，使鹿牽車可勝三四人，人衣鹿皮，食地苔，其俗聚木爲屋，尊卑共處其中。鞠國東十五日是爲俞析國 (Ugai)，風俗與拔野古同。是此更東，有霫(Sie) 奚 (Ghei) 契丹(Cathay)俱見本書，今不贅。

卷六 回紇

第一章 初期回紇在北部之興衰

回紇爲中國北方民族之一；其先曾爲匈奴所征服；中國史家稱之曰丁零，然亦僅知其世居康居，後徙中國邊境；苻堅淝水之役，丁零翟斌嘗反於河南，以與中國相應；及其後屢次叛燕，反覆構難而已。但西方亦有所謂丁零者，中國史家殆茫然不知其所自出；或謂黠戛斯（Kirghiz）與高車同出於丁零，或云其出於高車，然皆泛泛言之，無確據也。以近世考證所知者言，則黠戛斯與回紇所用之語言確係相同者；迨其後丁零之稱已不復聞，乃轉而爲鐵勒，敕勒，特勒（Tchirek or Terek）諸名稱，凡東北諸部落之居於突厥與契丹中間，在西元六四八年降於唐太宗者，統稱之曰鐵勒或敕勒。殆已成爲種族上之一總名稱矣。考鐵勒之風俗僅有一點與突厥之風俗相異者，即男女結婚之際，爲夫者往盡其力之所能及，不憚遠道以達於新婦之所，與之同居，待其婦生子然後返。中國史家又謂其依託高車，並謂其爲匈奴之後，以俗多乘高輪車，元魏時亦號高車部。由此足見回紇之始實爲鐵勒諸部落中之一小族，厥後逐漸發展，卒以保世滋大耳。鐵勒諸部落又曾向裏海方面發展，即在後來蒙古人崛起之時，其間尚有所謂高車種族者存在。考之突厥語，「高車」之本音「康里」（Kankly），仍具「車」之意義。在成吉思汗之時代，中國史籍中即直譯之曰「康里」，然在第六世紀中始畢可汗（Khakhan Sibir）之一「特勤」即已名曰康里，（唐書作康稍利，）則知此前後所見之「康里」一稱，殆有互相淵源可資爲證之處矣。由此觀察，更可泛言凡在大漠以北熱海（Issekul），錫爾河（Syr Daria），藥殺水（Jaxartes）上游諸地以外，用車之匈奴人及突厥人，在早期中皆可括而名之曰「丁零」，既而始名「高車」，其後又曰「鐵勒」；迨至回紇種族大盛，始名曰「回紇」及「康里」；今蒙古語中猶有一字之發音爲「得勒結」（delegei），蓋云「土地」，大約此字在意義上必有若干關合之處；然此類奇特名字過多，每足致讀者爲之惝恍迷離，反因而不易得本書之概要，故以少涉及爲佳；高車一名，亦無須作過度之解釋，庶於治史之際，易尋線索，可窺全豹。讀者於此，只須將此類名稱及其大意了然於心，則於詳加敍述之際，方不至感其厭煩也。

由此可以簡單說明：回紇種族爲古代匈奴大舉向西移徙時，未隨其統治階級同往，而遺留於原處者；其人旣不隸屬於阿史那氏之突厥種(Assena Turks)，亦非黠戛斯種。唐書稱其人驍強，初無酋長，逐水草轉徙，善騎射，喜盜抄，臣於突厥，突厥資其財力雄北方云云；則突厥種之名，因阿史那氏之稱雄而震赫一世，回紇固已爲其所屬之一部矣。在泥橛處羅可汗時，強併鐵勒，課以重賦，厚斂其物，又猜忌薛延陀，恐爲變，遂殺其渠帥數百人，鐵勒由是叛。鐵勒始有僕骨(Buku)，同羅('Tongras)，拔野固(Baikals)，覆羅步等部，遂相聯合，自立「俟斤」以回紇爲國號；回紇者諸部中之一也，同羅一名，則「闕特勤碑」中亦言及之。回紇部之族姓曰藥羅葛(Yokroka)，在薛延陀(Seyenda)北境，居娑陵水(Selinga)側，去長安六千九百里，口十萬人，勝兵五萬人；其地磽瘠，多澤滷沙磧，其畜多大蹄羊。其族有時健俟斤者(Djiyin Ziken)衆始推爲君長。其子曰菩薩(Busat)，得母善撫，材勇有謀，戰必身先，所向輒破，摧下皆畏附；當始畢可汗時，部落以爲賢而立之。貞觀初，菩薩與薛延陀侵突厥北邊，突厥頡利可汗遣子欲谷設率十萬騎討之；菩薩領騎五千與戰，破之於馬鬣山，因逐北至於天山，又進擊，大破之，俘其部衆；回紇由是大振，因率其衆附於薛延陀，號菩薩爲「活頡利發」(Gherefa)，建牙獨樂水（Tula）上。於貞觀元年（西元六二九年）始遣使朝貢於唐。時突厥之勢已衰，惟回紇與薛延陀爲北虜中之最雄強者，回紇之盛，實由菩薩之興焉。菩薩死，其酋帥吐迷度（Tumed）與諸部攻薛延陀，殘之，并有其地。然不數年後，薛延陀仍得恢復也。同時，鐵勒其他部落如多覽葛（Telenguts），拔野古，僕骨，同羅，斛薩(Ghuser)，阿跌（Adir），思結（Sekir），契苾（Kibir），奚結（Ghei-kir），白霫（White Sib)，渾(Hun）等，皆已與回紇同朝貢於唐。黠戛斯於是時，亦廁於鐵勒諸部之間入貢；太宗以其地爲六府七州，府置都督，州置刺史，諸部之酋，咸受太宗款宴，拜爲唐室外藩之官。太宗復徇其請，於回紇以南闢道路，置郵遞，通管北方，達於回紇突厥建牙之所。然吐迷度雖納款中國，被拜爲懷化大將軍兼瀚海都督，實已自稱可汗，署官號，皆如突厥故事；其下設大臣十二，以六人治內事，以六人治外事。吐迷度有姪曰烏紇，嘗烝其叔母，遂劫吐迷度，殺之，由其子婆閏(Borun）繼位。婆閏死，吐迷度之孫比粟毒（Birut）（唐書作婆閏之妹）繼位。比粟毒之後，由吐迷度之曾孫獨解支（Dukhetch）繼位。

突厥在唐武后時，有默啜（Mercho）者復興，其勢甚盛，地縱廣萬里，諸蕃悉往聽命，鐵勒舊壤亦爲所奪；而回紇，契苾，思結，渾等諸部落，遂南徙居於突厥種始興之故地，卽甘州一帶也。嘗以兵助唐擊吐蕃。西元七一七年（唐玄宗開元四年），獨解支之子伏帝匐（Vughteber），因默啜討回紇九姓，亦參與戰爭，卒殺默啜。開元中，伏帝匐之子承宗，伏帝難並繼爲酋長，皆受都督號，以統蕃州，設左殺右殺，分管諸部。其後因罪南徙，其族人復殺涼州都督王君㚟，斷安西諸國入長安路，玄宗命郭知運等討之，乃遁入突厥境而死於其間。突厥默啜被殺，其子小可汗立，旋又被殺而由左賢王默棘連（Mererin）繼位，是爲毗伽可汗。默棘連死，突厥益混亂，凡三傳，至開元二十九年時，毗伽可汗之子復爲骨咄葉護所殺而自立爲可汗。唐玄宗以突厥內亂，命左羽林將軍孫老奴招諭回紇葛邏祿（Karluks），拔悉密（Basmyls），等部落；天寶元年，拔悉密，回紇，葛邏祿三部，共攻骨咄葉護，殺之；推拔悉密酋長爲可汗，回紇，葛邏祿自爲左右「葉護。」回紇葉護骨力裴羅，(Kurlik Bira) 者，前所述襲殺涼州都督王君㚟之人之子也，天寶初，已遣使入朝於唐，封奉義王三載擊破拔悉密自稱骨咄祿毗伽闕可汗(Kutluk Bilga Khakhan)；又遣使入朝因冊爲懷仁可汗，南居突厥故地，徙牙烏德鞬山昆河(Orkhon)之間；其地殆在喀喇崑崙附近無疑；蓋其地南去西城一千七百里，北去磧口三百里，西城卽漢之高闕塞也。默啜盛時所併之九姓地，至是盡爲懷仁可汗所有；九姓者曰藥羅葛，曰胡咄葛，曰嘔羅勿，曰貊歌息訖，曰阿勿嘀，曰葛薩，曰斛嗢素，曰藥勿葛，曰奚邪勿，皆佶屈聱牙不易訓讀，故亦無須多述；惟其中有曰葛薩(Kazar or Khazar) 者，須加注意，因在茲後兩世紀，有葛薩都督米海萬者，嘗與沙陀李國昌及其子克用聯合以抗唐將李琢，此部落之衆似嘗大舉西徙，而唐書嘗謂阿剌伯西北有葛薩人，西洋史中亦曾謂此前甚久，卽有葛薩汗助羅馬以抗波斯人及阿乏爾人(Avars)；中國史中所謂鄰於波斯之突厥葛薩人，大約與之爲一也。

裴羅既有九姓之地，其後又破有拔悉密，葛邏祿之地，總十一姓，並置都督，號十一部落，拔悉密及葛邏祿雖屢起反抗，卒無所恢復。裴羅於遣使朝貢受唐封號之後，復屢敗突厥，使其謀立骨咄祿後裔之圖卒不得遂。唐室之對裴羅既優禮有加，回紇亦斥地愈廣，東際室韋，西抵金山，南跨大漠，盡有突厥故地；換言之，卽盡得古代匈奴疆域也。

西元七五六年（唐玄宗天寶四年，）裴羅死，子磨延啜（Mayen chur）立，號葛勒可汗，又曰特勤葛勒（Teghin Kale）。〔葛勒又爲沙陀某酋長之名，「特勤」則爲突厥官號，是時阿富汗，波斯諸部落中咸用之，例如乞斯賚朝（Ghiznee Dynasty）之阿爾普特勤（Alpteghin），犍陀羅（Gandharo）之特勤殺（Teghin Shah）皆是也〕。肅宗時，安祿山（西籍中作 Amroshar）之反也，磨延啜遣使請助國討賊，肅宗賜宴而遣之。其後又嘗以兵助名將郭子儀焉。是時，吐蕃已據有古代月氏之域，而唐之東西兩京，皆陷於賊手，得回紇之力始克收復。回紇可汗恆與廣平王及郭子儀相隨，初收西京，回紇欲入城劫掠，廣平王固止之，及收東京，回紇遂入府庫，收財帛，於市井村坊剽掠三日而止，財物不可勝計。廣平王又賚之以錦罽寶貝。及肅宗還西京，磨延啜自東京至，肅宗卽勑百官驛迎，上御政殿宴勞之；磨延啜升殿，其餘酋長列於階下。賜錦繡繒綵及金銀器皿。及辭歸蕃，肅宗以其功濟艱難，義存邦國，萬里絕域，一心同德，封磨延啜爲忠義王，每載送絹二萬疋以勞之。乾元元年（西元七五八年）五月，回紇使多亥阿波八十人，黑衣大食(Abbaside)酋長閣之等六人並朝見至閣門爭長通事舍人乃分爲左右，從東西門並入。其年七月，册命回紇可汗曰英武威遠毘伽闕可汗，以上幼女寧國公主妻之以殿中監王瑀爲册禮使至回紇牙帳，可汗衣赭袍胡帽坐帳中榻上儀衞甚盛，引瑀等立於帳外，瑀責之曰，鄉者唐與諸國爲婚，皆以宗室女爲公主，今天子以可汗有功，自以所生女妻可汗，恩禮至重，可汗奈何以子壻傲婦翁，坐榻上受册命耶。可汗改容起，受册命。

葛勒可汗旋卒，其次子移地健(Idiken)於西元七六〇年（唐肅宗乾元二年）嗣位，是爲登里可汗。彼偵知中國方亂，且爲叛徒史朝義所誘云唐室繼有大喪，中原無主，可汗宜速來，共收其府庫。肅宗使僕固懷恩往，諭以唐家恩信不可負，可汗悅，始寢其謀，並上表請助國討賊。其後可汗營於陝州，因雍王不於帳前舞蹈，不合回紇之禮，竟引雍王從人痛加搒捶，有至死者；雍王以年少未諳事，放歸本營。登里可汗之「可敦」(Khatun)，非唐公主，乃僕固懷恩之女，僕固之先，突厥人也，與隋唐兩朝均有婚姻關係。在是時，僕固懷恩卽與回紇「左殺」俱爲前鋒，悉釋嫌怨，力挽危局，諸軍遂由陝州再入東京，破史朝義，追躡二千餘里至平州石城縣，梟朝義首而歸，河北悉平。然回紇至東京，恣行殘忍，士女懼之，皆登聖善寺及白馬寺二閣以避之，回紇縱火焚二閣，傷死者萬計，累旬火燄不止；又縱橫大辱官吏，縱掠坊市及汝鄭等州，比屋蕩盡，代宗惟加册登里可汗，可敦及左右殺諸都督，內外宰相以下，共加實封二千戶，用以縻之。回紇之衆，又以奉信摩尼教之故，堅請爲之建寺，且深達於內地。法史家沙畹(Ed. Chavannes)及伯希和 (Paul Pelliot)對於此點曾有論文發表，以言亞剌伯波斯文化與突厥中華文化二者互相接觸之起點，在歷史方面及科學方面皆有極高之價値。

唐代宗廣德二年（西元七六四年，）僕固懷恩因受讒間不爲朝廷所用，並引吐蕃回紇十萬衆，將入寇，旋卽進逼奉天，爲郭子儀所卻；次年（永泰元年，）復誘回紇吐蕃土谷渾党項奴剌數十萬衆俱入寇，但懷恩中途遇暴疾而死，未克爲唐大患，而回紇首領羅達干等，竟率其衆二千餘騎詣郭子儀請降。子儀單騎往見，並責讓之，回紇曰：懷恩負心來報可汗，云唐國天子今已向江淮，令公亦不主兵，我是以敢來；今知天可汗現在上，郭令公爲將，懷恩天又殺之，今請追殺吐蕃，收其羊馬以報國恩；然懷恩子可敦兄弟，請勿殺之。子儀如其約，唐兵遂與回紇兵馬合於涇州赤山嶺，共破吐蕃等。子儀使回紇宰相譩地毗加將軍等一百九十六人來見，錫賚甚厚，前後賚繒綵十萬匹，帑藏空虛，稅朝官課以供之。西元七六八年（唐代宗大曆三年，）回紇可敦卒，以其妹繼立。初僕固懷恩死，上憐其有功，置其女於宮中爲養女，大曆四年，回紇請以爲「可敦，」遂册爲崇徽公主，嫁回紇可汗。先是，登里可敦之死，唐遣蕭昕爲吊祭使，回紇卽庭詰昕，謂唐失信，市馬不時歸其値；及崇徽公主至回紇牙帳，回紇又來言曰：唐約我爲市馬，旣入而歸我賄不足，我於是乎使人取之。蓋回紇自肅宗乾元以來，歲求和市，每馬一匹易四十縑，動至數萬匹，馬皆駑瘠無用，朝廷苦之，所市多不能盡其數；回紇待遣繼至者，常不絕於鴻臚，前後達二三萬匹；唐得馬無用，而回紇則得帛無厭，唐主雖特詔賜遣之，示以廣恩，俾且知愧，回紇仍不改其故態。代宗大曆八年，回紇復遣使者赤心以馬萬匹來求市，代宗以馬價出於租賦，不欲重困於民，命有司量入計，許市六千匹。回紇日趨驕縱，人民無如之何。大曆十年九月，回紇白晝刺人於東市，市人執之，拘於萬年縣，其首領赤心聞之，自鴻臚寺馳入縣獄，劫囚而出，砍傷獄吏，有司不敢問也。大曆十三年（西元七七八年）

回紇遂寇太原，過榆次太谷，太原尹鮑防與之戰，敗績，死者千餘人，人民之受虜者且以萬計。（按唐書只言唐兵死者千餘人，而未嘗言受虜之民，）代州都督張光晟，與回紇戰於羊武谷，破之，回紇始引去。

次年，代宗崩，德宗初即位，使中官梁文秀告哀於回紇可汗，移地健不爲禮，而九姓胡素屬於回紇者，又陳中國富饒，勸可汗乘喪伐之，可有大利；可汗從之，欲舉國入寇，其相頓莫賀達干(Tun Baga)諫曰：唐大國也，無負於我，吾前年侵太原，獲牛馬數萬，可謂大捷，而道遠糧乏，比歸士卒多徒行者；今舉國深入，萬一不捷，將安歸乎。可汗不聽，頓莫賀乘人心之不欲南寇也，舉兵擊殺之，并殺其親信及九姓胡二千人，自立爲合骨咄祿毘伽可汗(Alp Kutluk Bilga Khakhan)，於德宗建中元年（西元七八〇年）遣使梁文秀入見，願爲藩臣，待册命。是年六月，德宗命京兆尹源休持節册爲武義成功可汗。

回紇本族，自視高於九姓；九姓者，於大曆末年寇邊，既爲首謀，又嘗勸移地健舉國伐唐，有二千人因此爲頓莫賀所誅戮。先是代宗之世，九姓胡常冒回紇之名雜居京師，貨殖縱暴，與回紇共爲公私之患，德宗卽位，命突董盡帥其徒歸國。突董者武義可汗頓莫賀之叔父也，其輜重甚盛，至振武，留數月，厚求資給，日食肉千斤，他物稱是，縱樵牧者暴踐禾稼；振武人苦之，代州都督張光晟爲振武留後，欲殺回紇取其輜重而未敢發。會有以其財富北歸之九姓胡，暗於駱駝隊中載女多人，封閉若貨物，有邊官刺以長錐，所藏遂露。九姓胡之犯此者，旣畏罪，又聞其種族爲新可汗所誅，多道亡；突董復防之甚急；九姓胡不得亡，又不敢歸，乃密獻策於光晟，請殺回紇。光晟喜其黨類自離，許之。並奏稱：回紇本種非多，所輔以強者羣胡耳，今聞其自相魚肉，頓莫賀新立，移地健有孽子及國相梅錄各擁兵數千人相攻，國未定；彼無財則不能使其衆，陛下不乘此際除之，乃歸其人，與之財，正所謂借寇兵齎盜糧者也。請殺之，德宗未及許。光晟乃使副將過其館門，故爲不禮，突董怒，執而鞭之數十，光晟勒兵掩擊，聚羣胡並殺之，聚爲京觀，收其縑帛十萬，駝馬各數千，獨留一胡使歸國爲證，曰：回紇鞭辱大將，且謀襲據振武，故先事誅之，並歸所取之子女玉帛云云。振武卽今蒙古烏藍察布盟之地也。

德宗徵光晟爲右金吾將軍，遣中使王嘉祥往致信幣，回紇請得專殺者以復仇，上爲之貶光晟爲睦王傅，以慰其意。方光晟之殺突董也，上欲遂絕回紇，召册可汗使源休還太原。次年乃復遣休送突董及翳密施大小梅錄等四喪還其國。可汗遣其宰相頡干伽斯等迎之。頡干伽斯坐大帳，立休等於帳前雪中，詰殺突董之狀，欲殺者數四，供待甚薄。留五十餘日，乃得歸。可汗使人謂之曰：國人皆欲殺汝以償願，我意則不然，汝國已殺突董等，我又殺汝，如以血洗血，汚益甚耳，今吾以水洗血，不亦善乎；唐負我馬直絹百八十萬匹，當速歸之。遣其散支將軍康赤心隨休入見至長安，詔以帛十萬匹金銀十萬兩償其馬值。

其後三年（德宗貞元三年），回紇可汗求和親，上以陝州之辱心恨回紇，未之許。宰相李泌曰：臣願陛下北和回紇，南通雲南，西結大食天竺，如此則吐蕃自困，馬亦易致矣。上曰：朕於卿言皆聽之矣，至於和回紇，宜待子孫，於朕之時則固不可。泌曰：豈非以陝州之恥耶。上曰，然，韋少華等以朕之故受辱而死，（指肅宗時回紇因雍王不於帳前舞蹈，其從人受搒捶至死）朕豈能忘之；屬國家多難，未暇報之，和則決不可，卿勿更言。泌曰：害少華等乃牟羽可汗（移地健）陛下卽位，舉兵入寇，未出其境，今合骨咄祿可汗殺之；然則今可汗乃有功於陛下，宜受封賞，又何怨耶。其後張光晟殺突董等九百餘人，合骨咄祿竟不敢殺朝廷使者，然則合骨咄祿固無罪矣。上曰：朕與之爲怨已久，又聞吐蕃劫盟，今往與之和，得無復拒我，爲夷狄之笑乎。對曰：不然，臣曩在彭原，今可汗爲胡祿都督，與今國相白婆帝皆從葉護而來，臣待之頗親厚，故聞臣爲相而求和，安有復相拒乎。臣今請以書與之約，稱臣爲陛下子，每使來不過二百人，印馬不過千匹，無得攜中國人及胡商出塞，五者能如約，則主上必許和親；如此，威加北荒，旁讋吐蕃，足以快陛下平昔之心矣。上曰：自至德以來，與爲兄弟之國，今一旦欲臣之，彼安肯和乎。對曰：彼思與中國和親久矣，其可汗國相素信臣言，若其未諧，但應再發一書耳。上從之。既而回紇合骨咄祿可汗得唐許婚，甚喜，凡泌所與約五事，一皆聽命，遣其妹及大臣妻並相國都督以下千餘人來迎唐公主，爲可敦，辭禮甚恭，曰：昔爲兄弟，今爲子婿，半子也，若吐蕃爲患，子當爲父除之。因詈吐蕃使者以絕之，並允爲唐室制西突厥。（蓋當歌邏祿種在碎葉水（Sujab）稱雄時，西突厥中有若干種族已聯於回紇矣。）公主至回紇後，凡歷四可汗始卒。

頓莫賀又請於唐，易其國號回紇爲「回鶻」，義取回旋輕捷如鶻也。此頗與羅馬時之日耳曼人相類。蓋日耳曼人本自稱爲德意志人，昔時亦嘗請於羅馬皇帝易原來之名稱 Germani 爲 Germanes 義卽「彼此相處恰如有血緣關係之異族弟兄姊妹」云爾。回紇之改稱回鶻，尙可連類而及於另一研究；韃靼種中之穆罕默特教徒自稱爲回回，在此等事發生後數百年，在成吉思汗之時，所謂回鶻或回回者，專用以稱奉回教之韃靼人，而別有所謂畏兀兒者，以指其時尙存之回鶻部落，其地曰畏兀兒地，今新疆之烏魯木齊闢展等地，皆其舊境也。此外更有由喀喇崑崙而來之古代歷史民族，亦用後一名稱。回鶻之與畏兀兒，在中國文字之音韻方面，有諧音關係，在西洋文字中，如英文 Ouighour（回鶻）Ouiwhour（畏兀兒）兩字，比較則差異更微矣。在十三世紀中之黑契丹人(Karakitai)稱撒麻耳干(Samarcand)之王曰回回王，足見此名稱逐漸轉變之跡。其所以不易明瞭而致混淆者，蓋因回鶻中衰一二百年，中國史家罕言及之，至於阿剌伯人之回回教其勢力如何浸入回鶻人之回回教，在中國古籍中尙未考出。阿剌伯人及波斯人，則稱有所接觸或所聞知之一切韃靼游牧人種爲突厥人，因昔日界於其境與中國之間而稱雄者卽爲突厥人所留之印象既深，則其稱後來強盛之回紇人爲突厥人，亦屬天然之趨勢耳。至於成吉思汗之游牧民羣，在成吉思汗未將回鶻或回回一名用於西部之前，殆不知其人之自稱卽爲回紇人，於是更用新名稱以分別韃靼民族不拜偶像之回回教徒與其他教徒（邪門教徒Shamanists）。因此，舊時回回一字漸用以指奉回回教之突厥人，而回鶻一字則以指由喀喇崑崙而來之古代人種；此人種之餘裔雖似已轉變爲回回教徒，然在成吉思汗時尙居回鶻五城，（唐號北庭今庫車西喀喇和卓之地 Karahojo）；甚至在一九一五年中國已改爲共和國之時，尙有哈密及吐魯番王子赴北京朝貢之舉；此等人卽所謂回人或回子，乃突厥遺裔也。此又與（法蘭克 Frank）一名之轉變頗有相似之處。法蘭克起初本指日耳曼民族中之一小族，既而用以指克勒特人（Celts）之入居法蘭克族境內者；其後土耳其人更以之稱法蘭克人所建之國家，而兼以包括各基督教國家，土耳其音所謂法楞格 Fereg 者，卽指此也；更後則東方人咸以之稱呼歐洲人；既而希臘本島之希臘人又用此名以指歐洲大陸之希臘人，所謂佛朗機科(Φpaukckos)是也；最後則中國人用以指初至其境之歐洲人，如葡萄牙人及西班牙人等，明史所稱之佛朗機人，佛朗機礮，皆其例也；清初亦嘗如此，直至晚近，始僅用以指法蘭西一國，此字在西藏文中之最後變化成 Pi-ling「披領」之音，在尼泊爾亦然，而此二邦之人，則用之以指英吉利焉。

貞元五年（西元七八九年）可汗死，其弟多羅斯（Taras）繼位，（唐書言其子多斯繼位，被册爲愛登邏沒密施俱祿毗加可汗，未知孰是。）先是，安西北庭皆假道於回鶻以奏事，故與之連和；北庭去回鶻尤近，回鶻誅求無厭，又有沙陀部六千餘帳與北庭相依，亦厭虜裒索；至三葛祿白眼突厥（The Karluks），素臣回紇，尤厭苦之；以唐兵力已不能逮於北庭，作其庇護，皆密附吐蕃，故吐蕃以沙陀及葛祿白眼突厥之衆共寇北庭（今迪化等地）；在西元七五一年與七六六年之間，北庭之大部分皆陷於吐蕃，惟西州（今甘肅境）猶克固守耳。回鶻嘗以壯卒數萬還取北庭，爲吐蕃所擊，大敗，葛祿白眼突厥乘勝取回鶻之浮圖川，回鶻震恐，悉遷西北部落羊馬於牙帳之南以避之。多羅斯爲其弟所弑而篡立，國人旋殺篡者而立其侄阿啜爲可汗，（唐書作立其子阿啜爲可汗，未知孰是。）阿啜在位時，卽逢吐蕃及葛祿白眼突厥入寇，故竭力抗禦之，卒遭失敗，回鶻驕慢之氣亦漸失。阿啜卽位於貞元六年而死於貞元十一年（西元七九〇年至七九五年，）因乏嗣故，立其相骨咄祿（Kutluk）爲可汗。骨咄祿遣使告喪於唐，唐亦遣使册拜骨咄祿爲騰里邏羽錄沒密施合胡祿毘伽懷信可汗。所足注意者，在懷信可汗時，已得中國許可，俾摩尼僧（Manichean）入中國建寺。（唐史言憲宗元和元年，回鶻入貢，始以摩尼偕來於中國，置寺處之。但懷信可汗之死，在唐順宗永貞元年，其嗣騰里埜合俱錄毗加可汗繼位，則摩尼僧之入中國，蓋在懷信可汗死後也。）二百年後，有波斯僧所建之寺，據中國史籍所言，寺在回紇之都高昌故址，晚近燉煌石室尤發見更重要之摩尼教考證資料。此等資料，已在一九一一年與一九一二年之間經法國東方學者沙畹及伯希和二氏加以整理矣。騰里埜合俱錄毘伽可汗卒於憲宗元和三年，（西元八〇八年，）新可汗立，唐册爲愛登里羅沒密施合毘伽保義可汗。是時，唐咸安天長公主（合骨咄祿可汗請婚時德宗所遣嫁之公主，）已死於回鶻，新可汗復來請婚，其使者奏以一萬騎出北庭，一萬騎出安西，拓吐蕃以迎太和公主，繼修前好。憲宗以公主出降，費用甚廣，久未之許。至憲宗末年，其請彌甚，元和十五年（西元八二〇年，）回鶻遣合幸干入朝懇求，憲宗以回鶻有勳勞於王室，又西戎比歲爲邊患，遂許以妻之，（著者則云長慶元年卽西元八二一年，穆宗即位後所許，未知孰是。）然保義可汗旋卒，合達干即爲其新可汗請婚，穆宗乃封第十妹爲太和公主，出降回鶻新可汗，並册新可汗爲登囉羽錄沒密施句主錄毘伽崇德可汗(Tangrida-ülük-Bolmish-kutlug Bilga Khakhan)。長慶元年夏五月，回鶻遣都督宰相公主摩尼等二千八幷馬二萬駝一千（唐書作駝馬千餘）來迎公主，到京者五百人，餘悉留晉以候。穆宗御通化門左近臨送使百寮於章敬寺前主班儀衞甚盛，士女傾城觀焉。迎送之隆，爲前所希有。是時，契丹漸強，有叛意，以力雄長於回鶻與中國人間，凡二邦接壤契丹處，已起騷擾，中國亦以回鶻昔日恃功驕恣難制，懲前毖後，不願復假其兵力以爲國家之助矣。

西元八二四年（穆宗長慶四年）穆宗及崇德可汗並卒，繼崇德可汗者爲其弟曷薩特勤，是爲昭禮可汗。西元八三二年（唐文宗太和六年）昭禮可汗爲其下所殺，從子胡特勤繼立，是爲彰信可汗。次年，其相安允合，特勤柴革謀作亂，彰信可汗殺之；其相掘囉勿將兵在外，以馬三百賂沙陀朱邪赤心(Chuzia the Just)，借其兵共攻可汗，可汗兵敗自殺，國人立盍馺特勤(Teghin Oyü)爲可汗。會歲疫大雪，羊馬多死，回鶻遂衰。回鶻別將句錄莫賀與黠戛斯相引兵十萬攻回紇牙帳，大破之，殺㕎馺及掘羅勿，焚其牙帳，燒燬殆盡，回鶻諸部逃散，其相馺職特勤龐等十五部西奔葛邏祿，一支奔吐蕃，一支奔安西（Barkul），可汗兄弟嗢沒斯（Umuz）等及其相赤心僕固特勤頡啜各率其衆抵天德（Tenduc）塞下，就雜虜貿易穀食，且求內附。天德軍使溫德彝奏回鶻潰兵侵逼西城，亙五六十里不見其後，邊人以回鶻猝至，恐懼不安，詔振武軍節度使劉沔屯雲迦關以備之。回鶻十三部之近牙帳者，則立烏希特勤爲烏介可汗（Oke），南保錯子山。

第二章　流落時期之回鶻

黠戛斯之隨句錄莫賀以破回鶻牙帳也，因得太和公主，遂自謂李陵之後，與唐同姓；蓋千餘年前李陵嘗降於匈奴娶胡婦，且生子焉。故黠戛斯亦效昔日劉淵故事，以匈奴嘗與漢和親，即自謂出於劉氏，而以李陵爲祖，將以通於李唐；乃遣「達干」十人奉公主歸之於唐。回鶻烏介可汗引兵邀擊「達干」，盡殺之，質公主南度磧，屯天德軍境上。公主遣使上表，言可汗已立，求册命。烏介又使其相頡干加斯等上表，借振武城以居公主可汗。先是，嗢沒斯之屯天德塞下也，天德軍使田牟監軍韋仲平欲擊回鶻以求功，請於朝；議者皆以爲嗢沒斯等叛可汗而來，不可受，宜如牟等所請，擊之便。武宗以問宰相李德裕，德裕言：回鶻屢建大功，今爲鄰國所破，部落離散，窮無所歸，遠依天子，無秋毫犯塞，宜遣使者鎮撫，運糧食以賜之。並反復陳利害。武宗從德裕言，乃遣使慰問回鶻，振米二萬斛。時公主已習於胡俗，如以前下降之公主然，故移其愛於烏介而爲之請册命。由此似可說明纏足風習起於是時之故，蓋欲以此阻止中國婦女之入於突厥也；非然者，則無更充分之理足以解釋纏足之起源矣。武宗以米振回鶻之衆，又賜烏介可汗敕書慰勞，然於借振武暫居之請則未之許。是時，回鶻之衆除烏介所部者外，尙有別部，亦各爲自身地步，向唐通款；惟時而乞和，時而掠邊，無定軌也。有數部則竄於室韋（Shirvi）黑車子（Black Carts）之間；黑車子似卽黑點戞斯也。此外更有羈屬於契丹者。烏介衆雖衰減，尙號十萬，駐牙於大同軍北閭門山。至於回鶻餘部之降唐者，其酋往往爲唐裨將以守邊塞，多膺官償；如嗢沒斯之歸也，唐以爲左金吾大將軍，充軍使，嗢沒斯更請置家太原，與諸弟捍邊以防烏介，有詔賜嗢沒斯與其諸弟皆姓李氏，充歸義使焉。惟烏介屢欲借天德城，均不克如願，則往來天德振武之間從事剽掠，又由杷頭烽北帥衆過杷頭烽南，入大同川，驅掠河東，雜虜牛馬，侵入雲朔等州，以洩其忿。武宗會昌三年，烏介復率衆侵逼振武軍，劉沔遣石雄王逢帥沙陀朱邪赤心三部及契苾拔跋三千騎，襲其牙帳；沔自以大軍繼之。雄至振武，登城望回鶻之衆寡，偵知太和公主帳，使諜告公主與侍從相保勿動；乃鑿城爲十餘穴，夜出直薄可汗帳下；可汗大驚，不知所爲，棄輜重走；雄追及之，大破回鶻於殺胡山；可汗被創，與數百騎遁去；雄迎太和公主以歸，斬首萬級，降其部落二萬餘人，烏介走保黑車子族。其所帥之衆漸次降散，黠戞斯相國逸隱啜，遂殺烏介於金山，立其弟特勤遏捻（Okner）爲可汗，餘衆僅五千餘人，仰給於奚（Ghei）石舍朗。其後奚衆於西元八四七年（唐宣宗大中二年）爲唐將張仲武所破，回鶻無所得食，日益耗散。時奚之同種契丹人已漸強大，足以自立，奚衆往依之以圖存。回鶻餘衆所存貴臣以下不滿五百人，遂依室韋使者入賀，正過幽州，張仲武使歸取遏捻等，遏捻聞之，與妻子等九人乘夜西走以奔葛邏祿，餘衆追之不及，遂爲室韋奴隸。室韋分回鶻衆爲七，欲以七姓共分之，居三日，黠戞斯以爲回鶻餘衆應歸其所屬，遣相曰阿播者，率兵號七萬來取回鶻，大破室韋，悉收回鶻餘衆歸磧北。猶有數帳潛竄山谷，鈔盜諸胡。其別部龐勒先在安西自稱可汗，旋居甘州突厥舊壤，總領磧西諸城焉。

第三章　在西方之後期回紇

當西突厥部落殘破之後，阿史那步眞（Bushin）之羣曾有一部分隸於回紇婆閏；當回紇爲黠戛斯所摧敗後，種落微弱，則有一部分逃入安西。及龐勒稱可汗，回紇餘衆皆西向傾心，望龐勒之到。此輩似曾暫居焉耆（Harashar），後乃入於甘州。唐宣宗以回鶻有功於國，世爲婚姻，稱臣奉貢，北邊無警，會昌中遭逢變亂，可汗奔亡，奸臣當軸，遂致殄滅，其餘種既有可汗居安西，俟其歸復牙帳，當加册命。因遣使鎭撫。並册拜龐勒爲懷建可汗。其後在西元八六六年（唐懿宗咸通八年，）回鶻有大酋曰僕固俊者，率諸部自北庭擊吐蕃爲中國效力，斬吐蕃論熱贊，盡取西州輪臺等城，獻馘於唐。唐未幾，唐室衰亂，回紇之使亦不定期來朝，遂鮮紀載可徵。九世紀末，回紇亦嘗來請以兵助唐室，唐室謝卻之。然其國亦卒不振，惟時時以玉馬來邊州市絲茶之屬云。

在第十世紀中，中國已入於五代時期，屬沙陀突厥種之李氏，據中國北部稱帝。其時回鶻已分居於西州甘州；甘州回鶻相距較近，數至中國入貢，因唐室屢以公主下降回紇，先世猶呼中國爲舅；中國答以詔書，亦呼爲甥。西元九一一年（梁太祖乾化元年）回紇遣都督周易言來，而史不見其君長名號；梁拜易言等官爵，遣左監門衛上將軍楊沼押領還蕃。至唐莊宗時，有王仁美者，遣使來貢玉馬，自稱權知可汗。莊宗遣司農卿鄭續册仁美爲英義可汗。是歲，仁美卒，其弟狄銀立，（狄銀之名頗近於突厥語之特勤，）遣都督安千想等來。莊宗同光四年（西元九二六年）狄銀卒，阿咄欲（Aturyuk）立。明宗天成三年，權知國事王仁裕遣李阿山等來朝，明宗遣使册仁裕爲順化可汗。晉高祖時，又册爲奉化可汗，阿咄欲不知其爲狄銀親疎，亦不知其立卒，訖五代常來朝貢，史亦失其紀。仁裕則似爲狄銀之親戚也。仁裕卒，子景瓊立，於宋太祖建隆二年（西元九六一年）遣使來宋朝獻。

回鶻之名，在中國黑暗時期中漸已改易其本義，如前章所言；其在後期中之狀況與其在游牧時代縱横馳驟雄據一方之狀況兩相比照，頗有足注意者，亦猶基督教流行以後之東哥特及西哥特（Ostrogoth and Visigoth）王國，與西元第四世紀以前游牧哥特所構成之強大部落相比照也。最後之回紇，據中國載籍所云其地出玉、犛牛、綠野馬、獨峯駝、白貂鼠、羚羊角、硇砂、膃肭臍、金剛鑽、紅鹽、罽氎；騊駼之革，（單峯駝必係亞剌伯商人攜入其間者，蓋韃靼區域中原來只有大夏之雙峯駝也；）其地宜白麥、青麩麥、黃麻、葱韭、胡荽，以駝駱耕而種。其可汗常樓居，妻號「天公主，」其國相號媚祿都督（Meiluk），見可汗則去帽被髮而入以爲禮，（此蓋與古匈奴之俗相同，）婦人總髮爲髻高五六寸，以紅絹囊之，旣嫁則加氈帽。又有別族號「龍家，」其俗與回紇小異。史籍所述之狀況止此，餘不可得而知也。西元九三三年（後唐明宗長興四年，）回鶻來獻白鶻一聯，明宗命解緤放之。自明宗時，常以馬市中國，其所齎寶玉皆鬻縣官，而民犯爲市者輒罪之；周太祖時除其禁（約在西元九五二年）民得與回鶻私市，玉價由此倍賤。（據馬可波羅所記，元成祖忽必烈汗時，復頒禁令，回紇所齎玉只能售於皇帝，餘人不得購買。）周世宗顯德中，回紇來獻玉；世宗曰：玉雖寶而無益，卻之。西元九六四年及九六五年（宋太祖乾德二年及三年，）回紇遺使於宋，貢玉琥珀，紅白犛牛尾，貂鼠等，（於此堪注意者，貢物中有犛牛尾一宗，查犛牛產於吐蕃境，吐蕃自出龜茲境後，據有庫庫諾爾——青海——歷數世紀，而後期回紇人之權力，似未嘗遠及焉耆以西及羅布泊以南；縱未盡然，而當時以西州為中心之回鶻部落，其權力必限於上述之範圍也。）此後十年中，回紇屢遣其宰相入貢，貢品中更益以名馬焉。太宗太平興國二年，（西元九七七年，）宋主遣殿直張燦齎詔諭甘沙州回鶻可汗外甥，賜以幣器，招致名馬美玉以備車騎琮璜之用，由詔辭中可知所指之回紇部落其權力達於庫庫諾爾及羅布諾爾之北，掩有古代月氏舊境也。西元九八一年及九八四年，（太宗雍熙元年及四年，）西州回鶻與合羅川回鶻第四族首領等先後入貢。西元九八八年（太宗端拱二年，）回鶻都督石仁政麼囉王子(Mara) 邈拏王子越黜黃水州巡檢四族，並居賀蘭山下(Alaxshan 即馬可波羅所記之卡拉汗Calachan)無所統屬；諸部入貢多由其地，麼囉王子自云，向為靈州馮暉阻絕，由是不通貢奉；各以錦袍銀帶賜之。西元一〇〇一年（眞宗咸平四年，）可汗王祿勝遣使曹萬通以玉勒名馬，獨峯無峯駱駝，賓鐵劍甲，琉璃器來貢；萬通自言任本國樞密使，本國東至黃河，西至雪山，（熱海Jsse kul 以東）有小郡數百，甲馬甚精習，願朝廷命使，得縛李維遷以獻。（維遷之先世本鮮卑種姓拓拔氏，夏州人；唐貞觀初，有跖拔赤辭者歸唐，太宗賜姓李，置靜邊等州以處之。其後析居夏州者號「平夏部。」唐末討黃巢有功，復賜姓李；有李彝興者，宋初加太尉，曾會諸鎮兵以禦北漢，太祖追封爲夏王。至李維捧率族入朝，太宗甚嘉之。維捧之弟維遷，則率衆出奔，數爲邊患。其後太宗遣翟守素討之；維遷始懼，奉表歸順，宋以爲銀州觀察使，賜名趙保吉。其後復叛，於西元一〇〇二年大集蕃部攻陷靈州，夏之名大著，即馬可波羅遊記所稱之唐古特 Campicu 也。其獨立建國，遠在唐之末造，始於西元八九〇年，迄於西元一二二七年，爲成吉思汗所征服。在被征服以前未久，尚併有甘州之回鶻南境，夏之遺碑猶有存者，但至今尚無人能識之，據著者所知，南口之一碑碑文甚長也。）眞宗聞萬通奏，頗嘉許之，因降詔曰：賊遷凶悖，人神所棄；卿世濟忠烈，義篤舅甥；維上奏對，備陳方略，且欲大舉精甲，就覆殘妖；拓土西陲，獻俘北闕，可汗功業，其可勝言，嘉歎所深，不忘朕意；今不更遣使臣，一切委卿統制。特賜萬通左神武軍大將軍，優賜祿勝器服。據著者之意，以爲此次遣使來宋者，大約爲屬於黑衣大食阿蒲羅拔(Abulfaradj)之波羅汗哈倫(Bogra Khan Harun)；其人爲突厥酋長，據西突厥舊都碎葉（又曰白拉沙岡 Belasagun），掩有今之喀什葛爾和闐等，與中國邊境接壤。伯希和所稱首傳回教於喀什葛爾地方者，即此王也。眞宗景德元年（西元一〇〇四年）夜落紇遣使來貢。四年，（西元一〇〇七年）遣尼法仙等來朝獻馬，眞宗許法仙遊五臺山又遣僧入奏來獻馬，欲於京師建福寺祝聖寺，求賜名額，不許。（宋初諸主，皆未宏獎佛教，而契丹在漠北建國，於西元一〇〇一年遼聖宗統和時期，已有一回紇僧精於醫術者被遣至契丹宮庭；此段故事，似卽爲十六世紀時有一著名小說中善於調合媚藥之梵僧之張本，該小說中所敍述之時代，在回紇僧使遼後百年左右，其時女眞之族已極強盛而與宋相爭戰矣。）宋眞宗大中祥符元年，（西元一〇〇八年）有夏州萬子等軍主，領族兵趨回鶻，回鶻設伏要路，示弱不與鬬，俟其過，奮起擊之，勦戮殆盡，萬子軍主挺身走回鶻於是復入貢告捷，眞宗封賜有差。次年，復遣使來請於蒲州建寺。先是，西州（喀喇和卓）始有摩尼寺，至是更來請於蒲州建寺，足見摩尼教已逐漸廣播而瀰漫於突厥人種所及之地矣。此時之西突厥，無論其在政治方面隸屬於回鶻與否，蓋已迅速化爲混合人種，恆與波斯撒麻耳干（Perso-Samarcand）區域內之葛史那維人（Ghaznavids）及撒馬尼人（Samanids）等互起爭戰，自西元九〇二年以迄於九九九年之期間屢覯不鮮；但中國之史籍中無明晰之記載可資稽考，故惟有就次等史料之中求之，若從人類學方面加以觀察，則歐洲之突厥種後裔若土耳其人者，其容貌與今日中國北方所習見之頭顱橢圓而無鬍鬚之蒙古人實已大相懸殊，殆猶中國人與西班牙人之大有辨別也。

來宋朝貢之回鶻酋長，似爲各小部落之首領，與碎葉地方或其他回鶻權力所在之中心地方之正宗回鶻不相隸屬。所賫於宋之貢物，亦恆爲藉以求利之貨品。在西元一〇〇八年來宋獻玉帶之秦州回鶻，其首領曰安密，頗與 Armilor Amir（阿密爾）之音相近；而所謂夜落紇或夜落隔者，卽 Eroghut 耳。其人蓋甘州回鶻之祖先也。是時甘州數與夏州接戰，夜落紇奉貢多爲夏州抄奪，必由士伯特族之一曰宗哥族者援送，其使乃得達宋京。當宗哥族感宋恩化時，夜落紇之使頻至於宋；旣而宗哥族有唃厮羅者（Kuksara）欲娶回鶻可汗女而無聘財，可汗不許，因爲讎敵。（唃厮羅乃西州人，唐古特語謂佛曰「唃」（Kuh）謂子曰「厮羅」（Sara），合言之卽「佛子」也；然唃厮羅恆與唐古特爭戰，故非士伯特種；兼之唐古特君長爲拓跋氏之裔而非土著，故其人民爲士伯特種，而其君長貴族則否。）大中祥符五年（西元一〇一二年），秦州遺使者及譯者送進奉使至甘州，因宗哥族怨隙阻歸路，遂不敢歸；至大中祥符八年，譯者方得還，甘州可汗夜落隔因上表於宋，乞慰諭宗哥族使開朝貢之路；九年，宋遂賜宗哥詔書及甘州可汗器幣。是年夜落隔卒，九宰相諸部落奉夜落隔歸化爲可汗王，領國事；眞宗天禧二年，夜落隔歸化遣使朝宋；四年，又遣使同龜茲國可汗之使來朝，獻大尾羊。是後，契丹卽稱雄於北方，宋室僅有中原及南方之地，日趨文弱，頗似歐洲之東羅馬帝國，故對於當時韃靼境域內之情況多茫然無所知，且皆擁上國之虛名而納幣於種族相一脈而出之匈人（Huns）阿瓦爾人（Avars）突厥人（Turks）或韃靼人（Tartars）焉。惟契丹曾將居於其西之回鶻人逐走，而掩有漠北之匈奴突厥舊地，將今之庫爾喀喇烏蘇及闢展等地方（皆在今新疆境）悉取爲其領土；迨至契丹衰敗之餘，其遺裔尚直趨其間，於碎葉地方建立國家，遠達布哈剌（Bokhara）鄰近之起兒漫或奇爾瑪勒（Kermané），卽因契丹人對於此等土耳其斯坦地方知之甚悉故也。由此更足以證明當時回鶻諸部落酋長於宋遼對峙之際，咸汲汲以通款於二國爲務之原因，蓋其所居皆在今日之天山南路，岌岌然各有不能自存之勢也。當時，回鶻西奔種族散處，甘州有可汗王，西州有克韓王，新復州有黑韓王，皆其後云。宋仁宗天聖元年（西元一〇二三年）甘州夜落隔通順遣使來貢方物，詔封歸忠保順可汗王。此等回鶻，往往助宋以拒夏。神宗熙寧六年（西元一〇七三年）可汗王復遣使來宋，神宗補其首領五人爲軍主，並問其國種落幾何？曰三十萬，問壯可用者幾何？曰二十餘萬。在十二世紀中（宋徽宗宣和中）回鶻有因入貢，散而之陝西諸州，公爲貿易久留不歸者，宋廷慮其習知邊事，且往來皆經夏國，於傳播極便，乃立法禁之。契丹史中以甘州沙州和州等回鶻及阿薩蘭回鶻皆隸屬其國，阿薩蘭回鶻所居之地，今尙未能考證其確在何處，但亦未必爲西元一〇二九年至一〇七二年間之阿富汗，阿爾卜，阿薩蘭（Affghan Alp Arslan）；其或爲默棘連所轄之阿薩蘭乎？抑爲西元一〇二〇年左右白拉沙岡（Belasagun）之阿布摩德哈菲阿薩蘭（Abulmodhaffer Arslan）乎？著者對於中國現有史籍，尙未得詳加檢閱，以事考證，姑以之存疑可也。

卷七　契丹

第一章　阿保機之建國

「契丹」之名號始於元魏之時，馬可波羅稱之曰 Cathay，俄文則稱之爲 Kitai。其族與庫莫奚（Kumok Ghei）爲同種，由其喪葬足徵一二。相傳奚種人死，必移屍山間而藏諸林叢或懸諸樹枝，契丹之俗亦復如是。尤有進者，魏書謂：契丹人父母死而悲哭者以爲不壯，但以其屍移於小樹之上，經三年後乃收其骨而焚之，因酹酒而祝曰：夏月時向陰食，冬月時向陽食；若我射獵，使我多得豬鹿。觀其道及豬之一事，即可助吾人推溯東胡種之特點，蓋東胡固有「豬民族」之說也。審是，則知契丹族與奚族同出於鮮卑種，且均起於鮮卑故地。而奚則爲蠕蠕（又曰柔然 Juman）之東支，於西元第六世紀中爲中國北朝宇文氏帝系所從出。契丹與奚嘗爲鮮卑種慕容氏所破，北竄至於松漠之間，契丹卽依潢水（今錫喇木倫河）土河（今老哈河）土護眞水（今英金河）而居。元魏之初，奚衆入寇，爲道武帝所破（事在西元三八八年。）太武帝時，奚與契丹皆輸貢馬於魏，數十年不絕。孝文帝太和三年（西元四七九年）契丹酋曰莫賀都木杆(Bagatur Murkam)者，率衆徙於土河之南（今蒙古土默特境）；奚衆則於太和十七年（西元四九三年）寇掠邊境，爲魏所敗，魏主寬待之，許其入長城互市，厥後常輸貂馬爲貢。契丹則於西元第六世紀中受魏懲創，返居潢水之北，與奚隔絕垂二十年，北齊文宣帝且增築長城以禦之，卽今南口至大同之一段也。是時中國南朝之人，僅知北部拓跋慕容諸朝爲文化稍進之胡族，而於與此等胡族同種同源之後起諸族，殆未深嘗悉其將來之發展。如偏居遠東之奚及契丹別支，若靺鞨黑水者，其狩獵之風習，雖已較奚及契丹略有進步，其開化又較早且高，然其所建之邦不過如渤海而止；至於開化較遲較遜之女眞，則巍然蔚爲北方大國；若夫最後崛起之滿洲，其淵源更屬茫昧之至，乃竟邁逾前軌，混一華夷，方其囊括蒙古席捲中原之日，固猶以黑龍江之索倫人爲古代契丹遺裔也。由此可知韃靼人種之如是變化，實有堪値吾人注意之特點存乎其間。故由蒙古而溯及突厥，溯及匈奴，由滿洲而溯及契丹，溯及鮮卑，舉凡史家所謂「得天下於馬上」者，其始咸係微末之族，特因產生一二英武奮發之首領，或因一時之張脈僨興凌厲無前，遂至締造新邦，經綸帝業；然考其究竟，並無所謂民族觀念或國家觀念爲推進之樞紐，不過治亂循環興衰交替之軌跡中冥然演化而已。其他蓋鮮變動可言。向使無佛教之灌輸以潛移默化之，無文字之使用以啓迪輔導之，則曩昔之蒙蒙蚩蚩者，固未嘗有自晉於文明之途徑也。猶憶十九世紀中，中國之富有政治眼光者亦嘗反復揣度，以爲基督教之作用是否能如佛教乎？是否能使歐洲悍鷙之國家民族因而馴化如佛教之於西藏蒙古乎？蓋淸高宗之創設金瓶掣名制以定達賴班禪及諸大呼圖克圖之呼必勒罕(hubilhan 華言化身)俾不肖王公不再妄指所親以躋宗教大位，以使族屬姻婭，遞相傳襲，兼握政教大權，殆亦根據於前述之觀念而然也。

北齊文宣帝以還，契丹及奚漸爲突厥所逼；契丹不願臣服於突厥，則以萬家寄於高句麗，以四千家隸於北齊；奚衆亦盡降於北齊。契丹之寄於高句麗者，在隋文帝開皇中款塞內附。初，隋文帝旣有天下，欲進而征服突厥，又恐勞師動衆，虛耗國帑，頗事躊躇，旋用長孫晟言，與突厥委蛇以觀其變，並使突厥善視契丹。其後沙鉢略可汗（Shaporo）率衆爲寇，文帝命將出塞擊敗之，突厥遂分爲東西，其勢漸弱。契丹之在邊界而未歸隋者，與奚相結互資保禦，其後乃殺沙鉢略所派吐屯（Tudun 掌監督及徵收之官）並輸貢於煬帝。唐室肇造，諸部之酋多通款於唐祖，然亦往往乘隙寇掠。太宗時，突厥頡利可汗承父兄之業，兵馬強盛，有憑陵中國之志，屢助梁師都等侵略北邊，與唐爲敵，欲復得契丹，其勢張甚，高祖欲移都以避之，賴太宗謀威兼施，先縱反間於突厥使其內部離貳。旋又加以安撫使頡利自安，然後使李靖乘間襲擊，卒擒頡利送於京師；契丹酋長窟哥遂於貞觀二十一年（西元六四七年）來朝。二十二年，窟哥舉部內屬，唐以其地置松漠都督府，授窟哥都督，封無極男，賜姓李；所隸分爲十州，其地卽今之熱河區域也。同時又置東夷校尉於營州，兼轄松漠饒樂二都督府，使漢官爲校尉以統之；直至武后萬歲通天元年（西元六九六年）窟哥之孫（唐名曰李盡忠）尙襲有松漠如故。會營州都督趙文翽陵侮契丹，盡忠怨之，遂與其別部酋長誠州刺史唐名曰李萬榮者共舉兵反，陷營州，殺文翽，自稱無上可汗，分兵四略，所向皆破。突厥默啜可汗（Merchö）請擊賊自效，詔許之。默啜卽引兵擊契丹，適盡忠死，萬榮軍亦潰，爲其下所殺，於是契丹爲默啜所併。默啜負勝遂輕中國，其兵力大約與頡利之時相當，其地則縱橫萬里，諸蕃悉往聽命，自武后神功以還，契丹及奚常受其徵役焉。默啜旣強，自恃兵威，虐用其衆，後竟爲九姓拔曳固所襲殺。玄宗開元十年（西元七一四年，）奚與契丹之酋長復率衆歸唐，盡忠從父弟失活由此得尙永樂公主。失活率其部下有可突干者，勇悍跋扈，屢行廢立，唐兵討之不克，可突干遂脅奚衆共附突厥，爲張守珪所破。自此以後，契丹時服時叛，唐室惟取覊縻政策，輒以宗室出女妻其君主，授都督，封王爵，與之聯和。契丹亦中衰，無足述者，然斯時回紇漸強盛，奚與契丹恆附之爲寇，契丹又忌回紇強大，仍時時通款於中國，每歲選豪酋數十人入長安朝會。於是回紇惡其附唐，唐室亦惡其附回紇，不復授官爵焉。武宗會昌二年（西元八四二年，）回紇爲黠戛斯所滅，契丹酋屈戍復內附，幽州節度使張仲度請收其回紇所與舊印更賜以新印，回紇慽之，復攻契丹；然唐室已日趨衰亂，中原多故，無暇顧及北方矣。厥後契丹漸強，遂乘機崛起，兼併奚霫室韋以及其他諸小部落，疆宇日擴。

奚在契丹之西，故其習俗較之契丹更近於突厥，無論就政治方面或人種方面觀察，皆不似契丹之於突厥夐然獨立而不相涉；其游牧習性之深，直與突厥人無甚差別；但奚人之愚陋程度，殊非其他匈奴人種所可及，有之其惟魏太武所謂蠕蠕人種者乎；不過蠕蠕是否具有匈奴族性尙未能確定，而奚之具有東胡特質則前節已明言之，卽牧豬及置屍樹上之習慣是已；除此之外，奚人並有大羣之黑羊及矯健之佳馬焉。奚之一部，因不堪契丹之暴虐，向西而徙於嬀州（其地在今張家口一帶）依北山射獵，並採北山麝香仁參之屬與內地人貿易以自托，內地人民亦優遇之。西徙之奚又頗知耕種，歲借邊民荒地種穄，秋熟則來穫，窖之山下，人莫知其處云。後唐莊宗時，奚遣使來朝貢，莊宗以其人爲兵卒，亦頗得用。迨至石敬瑭以燕雲十六州之地割讓於契丹，此部分之奚人遂與之俱去；其餘之奚人則已與契丹相混，不易識別矣。於是徙於嬀州之西奚與徙於琵琶川之東奚，咸不復能自見。

奚及契丹之一部分，爲蒙古人之若干部族所自出，至今仍居其舊地，如西套蒙古之厄魯特人（Eleuths）亦不外匈奴及突厥餘裔，經成吉思汗及其繼統諸帝王之融煉而與蒙古人具同一性質，迨經喇嘛教之薰陶，其夙具之猛悍特質又歸於馴化焉。至於室韋（Shirvi）之一族，在唐時誠已有「蒙瓦」或「蒙兀」之稱。更有突厥種之一小部落，其與東胡相近之點，較諸與契丹人相近之點尤多。蒙古人之來源，大約不出於前一部族，卽出於後一部族。然以蒙古人所含之種族特質如彼其廣泛複雜，必難一蹴而致；其能混而爲一，或出於種族間之移徙兼併，或由於血統上之交合，非偶然也。據吾人所知，成吉思汗之本族曰孛兒只斤者，其始嘗與克烈(Keraits)又曰克哩葉特）密兒紀(Merkits)同朝於金，當初皆極其微小，絕非自四境移來之大羣也；然自西元一二一一年成吉思汗離金獨立以還，由微而著，由小而大，其勢之雄銳，大有疾風掃葉之概，其吸收民族之力，亦如磁石引針，愈趨愈大，凡大漠東西南北之原野，一經其足跡所至，卽爲之囊括無餘；至今凡入蒙古境內者，猶可見其間人民之容貌形態與雕刻中之上古匈奴及中世匈奴極相近似；惟此輩一離其馬背便碌碌無能，換言之，卽一切情況，宛然與未經喇嘛教馴化時代無大差異。審是，則匈奴人種及鮮卑人種之素質，將烏從而區別之乎？何以東部蒙古人與西部蒙古人之語言習慣幾於盡同，而滿洲人則除語言方面與奚及契丹有密切聯繫外，其形態自昔迄今均與蒙古人大相懸殊乎？此無他，殆因匈奴人之一部曾向西遠徙，而與薩特回人（Sarts），波斯人，亞爾巴爾亞人(Albanians)息卡森人(Circassians),等混合,以致全失其古代之特點耳。極東之東胡,亦因曾與漢人混合而感染華風,或竟趨於同化焉。至於匈奴種之大部分以及鮮卑、柔然、回紇、突厥、諸種,則多留於舊境而未嘗遠徙,厥後竟與窩兒紀人及蒙古種正支別支等相混合,遂成爲今日所見之蒙古人。此等馬背上之民羣,自遠古以還,卽嘗侵掠中華、波斯、美索不達米亞、敍利亞、巴比倫,甚至達於埃及,每一崛起,往往形成一種「新胡馬期」,有時且形成一種半固定性之大帝國,如突厥者是。然其於文化終未嘗有所成就,亦未嘗有垂久之成品可觀;彼安息人(Parthians),喜克索人(Hyksos)之不留遺跡於後世,與突厥人之無所表見於今茲,皆一例也。

契丹強盛,統一內部,遂爲獨立之邦,名其居曰「梟羅個沒里」(hialoka Muri);「沒里」者河也,是謂黃水之南,黃龍之北。其部族分爲八部,部各有長;部之長號大人,而常推一大人建旗鼓以統八部;至其歲久,或其國有疾疫而牧畜衰,則八部聚議,以旗鼓立其次而代之;被代者以爲約本如此,不敢爭。契丹各部似以牧馬爲首要,如今之東蒙古然。當劉仁恭據有幽州時,每歲秋霜落,則燒其野草,使契丹馬多飢死,卽出兵攻之;故契丹以良馬賂仁恭求市牧地,請聽盟約甚謹。在西元第十世紀之初，唐室已爲突厥種之沙陀李氏所代，號曰後唐，而契丹八部之人，亦選於其衆，以阿保機（Apaohi）爲大人。值劉守光暴虐，幽涿之人多亡入契丹，阿保機又間入塞攻陷城邑，俘其人民，遂依唐州縣置城以居之。有漢人教阿保機曰：中國之王無代立者，由是阿保機益以威制諸部而不肯代。其立九年，諸部以其久不代，共責誚之；阿保機不得已，傳其旗鼓而謂諸部曰：吾立九年，所得漢人多矣，吾欲自爲一部以治漢人，可乎？諸部許之。漢城在炭山東南灤河上，（卽今獨石口外之多倫諾爾或其附近，）有鹽鐵之利，其地可植五穀，阿保機率漢人耕種，爲治城郭邑屋廛市，如幽州制度，漢人安之，不復思歸。鄰藩燕人軍士多亡歸契丹，契丹日益強大。有韓延暉者，幽州人也，爲劉守先參軍，饒於知略，頗知屬文；常聘於契丹，阿保機留之不遣，與語悅之，遂以爲謀主，舉動訪焉。契丹之建牙開府，築城郭，立市廛，以處漢人，又使漢人各有配偶，墾藝荒田，與鹽鐵之利，皆延徽之教也。阿保機知衆可用，乃從其妻述律（Djurrut）之策，使人告諸部大人曰：我有鹽池，諸部所食；然諸部知食鹽之利而不知鹽有主人，可乎？當來犒我。諸部以爲然，共以牛酒會鹽池，阿保機伏兵其旁，酒酣伏發，盡殺諸部大人，遂立不復代。

契丹既強，晉王李克用欲聯之，期共舉兵擊梁，乃遣使往聘焉。阿保機以兵三十萬（遼史作七萬）會克用於雲州東城，握手約爲兄弟。阿保機既歸而背約，聘於梁，並攻晉蔚州新州，並圍其將周德威於幽薊之間。其後數爲李嗣源所敗，乃解圍去。阿保機稍稍幷服諸小國而多用漢人，頗有窺中國之志。時有早期之滿洲民族曰渤海（Botskai）者，已建邦於高麗女眞之間；女眞在渤海之後，尤獷悍可畏，契丹亦懾於其勢，未敢深入中原；乃決計征服渤海以除肘腋之患，先遣偏師討奚、霫諸部及東北女眞之未附者，悉降破之；又懼中國乘其虛，復遣使聘於後唐以謀通好，同光之間，使者再至。時莊宗改東京爲鄴都，而以洛陽爲東京，旋遭伶人之變，身死亂軍，由太祖克用養子邈佶烈（Maokire）嗣立。邈佶烈者，李嗣源之胡名也，卽位後，是爲明宗，旋遣供俸官姚坤告哀於契丹。阿保機聞洛陽之變，仰天大哭曰：晉王與我約爲兄弟，河南天子卽吾兒也。昨聞中國亂，欲以甲馬五萬往助我兒，而渤海未除，志願不遂。我兒既沒，理當取我商量，新天子安得自立。坤曰：新天子將兵二十年，位至大總管，所領精兵三十萬，天時人事，其可得違？其子突欲（Turyuk）在側，曰：使者無多言，蹊田奪牛，豈不爲過。坤曰：應天順人，豈比匹夫之事；至如天皇王（指阿保機）得國而不代，豈強取之耶。阿保機即慰勞坤曰：理正當如是爾。又曰：吾聞此兒有宮婢二千人，樂官千人，放鷹走狗，嗜酒好色，任用不肖，不惜人民，此其所以敗也。我自聞其禍，即舉家斷酒，解放鷹犬，罷解樂官；我亦有諸部樂官千人，非公不宴用；我若所爲類吾兒，則亦安能長久。又謂坤曰：吾能漢語，然絕口不道於部人，懼其效漢而怯弱也。因戒坤曰：爾當先歸，吾以甲馬三萬人會新天子幽鎮之間，共爲盟約，與我幽州，則不復侵汝矣。

阿保機攻渤海，取其扶餘一城（今開原，）以爲東丹國。（觀此，可以推知契丹之「丹」字，或係獨立而別具一義者；今高麗猶讀契丹二字如 Kyöran，或讀如 Kyölan 也。）以其長子人皇王突欲爲東丹王，渤海之邦由此遂歸滅亡。但在宋代，宋又嘗聯之以制契丹云。是時，日本與渤海亦有往還，故拒不承認東單及突欲之王位。已而，阿保機病死，（時爲西元九二六年，）長子東單王突欲當立，然其母述律尤愛次子德光，德光有智勇，素已服其諸部，諸部亦希述律意，共立德光。突欲不得立，乃於長興元年（西元九三四年）自扶餘泛海歸於唐，明宗因賜其姓爲東丹，更其名曰慕華，拜爲懷化軍節度，瑞愼等州觀察處置等使，其部曲之奔中國者亦甚衆，數在十萬以上云。阿保機之時，鮮卑人刻木爲約之舊習已漸棄去，由漢人教以隸書之半增損之，作文字數千，以代刻木之約。此種文字現尙有存於碑刻中者，然已無人識之。玉兒（Yule）曾於馬可波羅遊記中保留一幅殘跡，戴斐利雅君(M. Gabrial Devéria)於一八九八年發表一文曰「一〇九四年涼州唐古忒碑文之研究」中，論及南口地方之契丹文，唐古忒文合刻之碑焉。阿保機在位之期爲神册元年至天顯元年（西元九一九年至九二二年）其居有宮室營衞，謂之「斡魯朵」(ordo)出有行營，謂之「捺缽」（Nepo）；不設都名，其居曰西樓；西樓者，上京也，居於大寧河上（在今蒙古境內，位於遼寧之廣寧縣西北。）其立國之初嘗設四樓，在木葉山者曰南樓，略在西樓之南，契丹始祖陵廟在焉；在龍化州者曰東樓，居西樓之東約千里，（當今日瀋陽或興京附近；）在唐州者曰北樓，居西樓之北三百里而遙；往來射獵四樓之間。四樓門屋皆東向，蓋契丹好鬼而貴日，每月朔旦東向而拜日。其大會聚視國事，皆以東向爲尊。太祖始建皇都，其地爲昔時慕容氏建牙之所。太宗以皇都爲上京，升幽州爲南京，改南京爲東京，聖宗城中京，興宗升雲州爲西京，於是五京備焉。有部陽令胡嶠者，爲蕭翰掌書記，隨入契丹，翰見殺，嶠無所依，居虜中七年，於周太祖廣順三年（西元九五三年）亡歸中國，略能道其所見云：自幽州西北入居庸關。明日，又西北入石門關，關路狹隘，一夫可以當百，此中國控扼契丹之險也。又三日，至可汗州。南望五臺山，其一峯最高者，東臺也。又三日至新武州，西北行五十里有雞鳴山，云唐太宗北伐聞雞鳴於此，因以名山。明日，入永定關，此唐故關也。又四日，至歸化州。又三日，登天嶺，嶺東西連亙，有路北下，四顧冥然，黄雲白草，不可窮極。契丹謂嶠曰，此辭鄉嶺也，可一南望而爲永訣。同行者皆慟哭，往往絶而復蘇。又行三四日，至黑榆林，七月寒如深冬。又明日入斜谷，谷長五十里，高崖峻谷，仰不見日，而寒尤甚。已出谷得平地，氣稍温。又行二日，渡湟水。又明日，渡黑水。又二日，至湯城淀，氣最温，契丹苦大寒，則就温於此；其水泉清冷，草軟如茸，可藉以寢，而多異花；一曰旱金，大如掌，金色爍人；一曰青囊，如中國金燈而色類藍，可愛。又二日，至儀坤州，渡麝香河。自幽州至此無里堠，其所向不知爲南北。又二日至赤崖，翰與兀欲相及，遂及述律戰於沙河，述律兵敗而北，兀欲追至獨樹渡，遂囚述律於撲馬山。又行三日，遂至上京，所謂西樓也。西樓有邑屋市肆，交易無錢而用布，有綾綿諸工作，宦者、翰林、伎術、教坊、角觝、秀才、僧尼、道士等皆中國人，而并汾幽薊之人尤多。自上京東去四十里至眞珠寨，始食菜。明日東行，地勢漸高，西望平地，松林鬱然數十里。遂入平川，多草木，始食西瓜；云契丹破回紇得此種，以牛糞覆棚而種，大如中國冬瓜而味甘。又東行至褭潭，始有柳，而水草豐美，有息雞草尤美而本大，馬食不過十本而飽。自褭潭入大山，行十餘日而出。過一大長林，長二三里，皆蕪荑，枝葉有芒刺如箭羽，其地皆無草；兀欲時卓帳於此，會諸部人葬德光。自此西南行六十里，行七日至大山門，兩高山相去一里，有長松豐草，珍禽野卉，有屋室碑石，曰陵所也，兀欲入祭，諸部大人惟執祭器者得入，入而門闔，明日開門曰抛盞，禮畢；問其禮，皆祕不肯言。嶠所目見囚述律葬德光等事，與中國所記差異。已而翰得罪被鎖。嶠與部曲東之福州，福州翰所治也。嶠等東行過一山，名十三山，云此西南去幽州二千里。又東行數日過衛州，有居人三千餘家，乃契丹所虜中國衛州人築城而居之。嶠至福州，而契丹多憐嶠，教其逃歸，嶠因得其諸國種類遠近云。距契丹國東至於海，有鐵甸，其族野居皮帳，而人剛勇；其地少草木，水鹹濁，色如血，澄之久而後可飲。又東女眞，善射，多牛，鹿，野狗，其人無定居，行以牛負物，遇雨則張革爲屋；常作鹿鳴，呼鹿而射之，食其生肉；能釀糜爲酒，醉則縛之而睡，醒而後解，不然則殺人。又東南渤海。又東遼國。皆與契丹略同。其南海曲有魚鹽之利，又南奚，與契丹略同，而人好殺戮。又南至於榆關矣。西南至儒州，皆故漢地。西則突厥，回紇。西北至嫗厥律，其人長大髦頭，酋長全其髮，盛以紫囊；地苦寒，水出大魚，契丹仰食；又多黑白黃貂鼠皮，北方諸國皆仰足；其人最勇，鄰國不敢侵。又其西轄戛。又其北單于突厥，皆與嫗厥律略同。又北黑車子，善作車帳，其人知孝義，地貧無所產，云契丹之先嘗屬回紇，後背之走黑車子，始學作車帳。又北牛蹄突厥，人身牛足，其地尤寒；水曰葫蘆河，夏秋冰厚二尺，春冬冰徹底，常燒器銷冰乃得飲。東北至韈劫子，其人髦首，披布而衣，不鞍而騎，大弓長箭，尤善射，遇人輒殺而生食其肉；契丹等國皆畏之，其國五騎遇一韈劫子，則皆散走；其國三面皆室韋，一曰室韋，二曰黃頭室韋，三曰獸室韋；其地多銅鐵金銀，其人工巧，銅鐵諸器皆精好，善織毛錦。地尤寒，馬溺至地成冰堆。又北狗國，人身狗首，長毛不衣，手搏猛獸，語爲犬嗥，其妻皆人，能漢語，生男爲狗，女爲人，自相婚嫁，穴居食生而妻女人食；云嘗有中國人至其國，其妻憐之使逃歸，與其筯十餘隻，教其每走十餘里遺一筯，狗夫追之，見其家物必啣而歸，則不能追矣。其說如此。又曰：契丹嘗選百里馬二十匹，遣十人齎乾𪌒北行，窮其所見，自黑車子歷牛蹄國以北行，一年經四十三城，居人多以木皮爲屋，其語言無譯者，不知其國地山川部族名號；其地氣，遇平地則温和，山林則寒冽；至三十三城，得一人能鐵甸語，其言頗可解，云地名頡利烏于邪堰，云自此以北，龍蛇猛獸魑魅羣行，不可往矣，其人乃還。此北荒之極也，契丹謂嶠曰：夷狄之人，豈能勝中國，然晉所以敗者，主暗而臣不忠；因具道諸國事曰：子歸悉以語漢人，使漢人努力事其主，無爲夷狄所虜，吾國非人境也。嶠歸錄以爲陷虜記云。以上所述關係阿保機時契丹情況，與今所考得者頗相合，其餘尚待專家考之也。

第二章 契丹兼併鄰部時期

契丹自阿保機時侵滅諸國，稱雄北方，中國亦於後唐沙陀諸主之下，國勢漸張，阿保機屢爲所敗。德光既立，述律因思念突欲，由是卑辭厚幣，數遣使聘中國，唐輒斬其使而不報。中國之威幾震。距幽州之北七百里有榆關，唐時於此戍兵以扼契丹。唐末幽薊割據，戍兵廢散，契丹因得出陷平營，而幽薊之人歲苦寇鈔，自涿州至幽州百里，人跡漸絕，轉餉常以兵護送，契丹多伏兵於鹽溝以擊奪之。後唐莊宗之末，趙德鈞鎮幽州，築城設縣，復置戍兵，由是幽薊之人始得耕牧，而輸餉可通。德光乃西徙橫帳，居撥剌泊（Bola Nor），出寇雲朔之間（今陝西之北。）莊宗患之，以其婿石敬瑭鎮守河東，總大同彰國振武威塞等軍禦之；應順清泰之間，調發饋餉，遠近疲勞。及廢帝即位，疑石敬瑭，徙鎮天平，敬瑭遂反。唐遣張敬達等討之，敬瑭遣使求救於契丹，許割地稱臣，並與德光約爲父子，許以燕雲十六州之地，（即今北緯三十九度以北之山西河北地方。）契丹出雁門

（是爲古代匈奴犯塞屢至之地，）車騎連亙數十里，敬達爲其所敗。德光乃築壇晉城南，立敬瑭爲晉皇帝，自解衣冠被之。册曰：咨爾子晉王，予視爾猶子，爾視予猶父云云，屈辱無以復加。臨行且戒之曰：子子孫孫，無相忘也。是後敬瑭卽遣使聘問，奉表稱臣，歲輸絹三十萬匹，其餘寶玉珍異，下至中國飲食諸物，使者相屬於道無虛日。德光約敬瑭不稱臣，更表爲書，稱兒皇帝，如家人禮，敬瑭從之，終其世奉之甚謹。與契丹及石敬瑭對峙之唐明宗，雖出夷狄，（其胡名曰邈佶烈）而爲人純質，寬仁愛人，於五代之君有足稱也。嘗夜焚香仰天祝曰：臣本蕃人，豈足治天下，世亂久矣，願天早生聖人。卽位以後，崇尚節儉，常以民間疾苦爲念；吏有犯贓輒寘之死，吏之廉者褒之以風世天下。其愛人恤物，蓋亦有意於治矣。契丹當莊宗明宗時，攻陷營平二州，及已立晉，又得雁門以北幽州節度管轄之一十六州，乃以幽州爲燕京，更其國號曰大遼。「遼」之本義爲「鐵」，蓋與後來女眞之取國號爲「金」，蒙古或盟古之本義爲「銀」，展轉相效，不無類似之點；然在人種方面，似尚無確證足以闡明其間必然之關係也。

契丹建國，在是時雖奄有長城以南之十六州，然在北部僅達於今之滿洲及回疆而止，並不如後起者之廣遠；且其固守游牧舊習，久而不渝，亦似爲其生活之基本原則；惟其治國則參用中國之人，所置百官皆依中國焉。西元九四三年，石敬瑭卒，從子從貴立，是爲出帝。德光怒其不先以告，又不稱臣而稱孫，數遣使者責晉。開運元年（西元九九四年）德光傾國南寇，分其衆爲三，西出雁門，攻幷代，劉知遠擊敗之於秀容；東至於河，陷博州，以應晉叛將楊光遠；德光與延壽南攻陷貝州；德光屯元城，兵及黎陽。晉出帝親征，遣李守貞等東馳馬家渡，擊敗契丹。德光與晉相距於河，月餘，聞馬家渡兵敗，乃引衆擊晉，戰於戚城。德光臨陣，望見晉軍旗幟光明，士馬嚴整，有懼色，謂其左右曰：楊光遠言晉家兵馬已半餓死，何其盛也。兵旣交，殺傷相半；日暮，德光引去，分其兵爲二，一出滄州，一出深州以歸。二年春，德光復傾國入寇，圍鎭州，分兵攻下鼓城等九縣，杜重威守鎭州，閉壁不敢出。契丹南掠邢洺滋，至於安陽，千里之內，焚剽殆盡。契丹見大桑木罵曰：吾知紫披襖出自汝身，吾豈容汝活耶。東薪於木而焚之。是時，出帝病，不能出征，遣張從恩安審琦皇甫遇等禦之；遇前渡漳水，與契丹戰於楡林，幾爲所虜；審琦從後救之，契丹望見塵起，謂救兵至，引去；而從恩畏怯不敢追，亦引兵南走黎陽。契丹已北，而出帝疾少間，乃下詔親征，軍於澶州，遣杜重威等北伐。契丹歸至古北，聞晉軍已至，即復引而南，及重威戰於陽城衞村，晉軍飢渴，鑿井輒壞，絞泥汁而飲。德光坐奚車中，呼其衆曰：晉軍盡在此矣，可生擒之，然後平定天下；會天大風，晉軍奮死擊之，契丹大敗。德光喪車，騎一白橐駝而走。至幽州，其首領大將各笞一百，獨趙延壽免焉。

是時，天下旱蝗，晉人苦兵，乃遣使聘於契丹，奉表稱臣，以修和好。德光語不遜，然契丹亦自厭兵。德光母述律嘗謂晉人曰：南朝漢兒爭得一向臥耶？自古聞漢來和蕃，不聞蕃去和漢，若漢兒實有回心，則我亦何惜通好。晉亦不復遣使，然數以書招趙延壽。延壽見晉衰而天下亂，常有意窺中國，而德光亦嘗許延壽滅晉而立之。延壽得晉書，僞爲好辭報晉，言身陷虜思歸，約晉發兵爲應；而德光將高牟翰亦詐以瀛州降晉，晉君臣皆喜。開運三年七月，遣杜重威李守貞張彥澤等出兵爲延壽應；兵趨瀛州，牟翰空城而去，晉軍至城下，見城門皆啓，疑有伏兵，不敢入，遣梁漢璋追牟翰，及之，漢璋戰死；重威等軍屯武強。德光聞晉出兵，乃入寇鎭州，重威西屯中渡，與德光夾水而軍。德光分兵出西山，晉軍後攻破欒城縣，縣有騎軍千人，皆降契丹。德光每獲晉人，刺其面文曰：奉勑不殺，縱以南歸。重威等被圍糧絕，遂舉軍降。德光喜，謂延壽曰：所得漢兒皆與爾，因以龍鳳赭袍賜之，使衣以撫晉軍；亦以赭袍賜重威；遣傳住兒監張彥澤，將騎二千先入晉京（當時曰汴，卽今開封。）出帝與太后爲降表自陳過咎，德光賜以手詔曰：孫兒但勿憂，管取一吃飯處。德光將至京師，有司請以法駕奉迎，德光曰：吾躬擐甲冑以定中原，太常之儀不暇顧也，止而不用。出帝與太后出郊奉迎，德光辭不見，曰：豈有兩天子相見於道路耶。四年正月朔旦，晉文武百官班於都城北，德光被甲衣貂裘帽立於高岡，百官俯伏待罪，德光入自封邱門，登城樓，遣通事宣言諭衆曰：我亦人也，可無懼；我本無心至此，漢兵引我來爾。遂入晉宮，宮中嬪妓迎接，皆不顧。夕出宿於赤岡；封出帝負義侯，遷於黃龍府。正月七日，入居晉宮，以契丹守諸門，門廡殿廷皆磔犬掛皮以爲厭勝。八日，德光胡服視朝於廣政殿，（孔子有言，微管仲吾其被髮左衽矣，其斯之謂歟。）九日，德光被中國冠服，百官參起居，如晉儀，而氈裘左衽，胡馬奚車，羅列階陛，晉人俯首不敢仰視。二月朔，金吾六軍，殿中省仗，太常樂舞，陳於廷，德光冠通天冠，服絳紗袍，執大珪以視朝，大赦，改晉國爲大遼國。晉自九三六年敬瑭稱至帝九四七年出帝被執，享國纔十一年耳。開運四年，卽改爲會同（德光年號）十年。

德光嘗許趙延壽滅晉而立以爲帝，故契丹擊晉，延壽常爲先鋒，虜掠所得，悉以奉德光及其母述律。德光已滅晉而無立延壽意，延壽不敢自言，因李崧以求爲皇太子，德光曰：吾聞皇太子是天子之子，燕王（趙延壽）豈得爲之，乃命與之秩遷翰林學士，止以爲中京留守大丞相。三月朔，德光服袍靴，御崇元殿，百官入閤，德光大悅，顧其左右，曰：漢家儀物，其盛如此，我得於此殿坐，豈非眞天子耶。德光滅晉後，遣其部族酋豪及其通事爲諸州鎭刺史節度使，括借天下錢帛以償軍，胡兵人馬不給糧草，日遣數千騎分出四野劫掠人民，號爲「打草穀」，東西二三千里之間，民被其毒，遠近怨嗟。時，劉智遠已起於太原，國號曰漢，是爲後漢高祖，所在州郡多殺契丹守將歸漢，德光大懼；又時已熱，乃以蕭翰爲宣武軍節度使；翰爲契丹大族，其妹亦嫁德光，契丹呼爲國舅焉。德光已留翰守汴，乃北歸，以晉內諸司伎術宮女諸軍，將卒數千人從，自黎陽渡河，行至湯陰，登愁死岡，謂其宣慰使高勳曰：我在上國以打圍食肉爲樂，自入中國，心常不快，若得復歸本土，死亦無恨。勳退而謂人曰：虜將死矣。相州梁暉殺契丹守將，閉城距守，德光引兵破之，城中男子少無長皆屠之，婦女悉驅以北。後漢以王維弘鎭相州，得髑髏十數萬枚，爲大冢葬之。德光至臨洛，見其井邑荒殘，笑謂晉人曰：致中國至此，皆燕王爲罪首；又顧張礪曰：爾亦有力焉。德光行至欒城，得疾，卒於殺胡林；契丹破其腹，去其腸胃，實之以鹽，載而北，晉人謂之「帝羓。」突欲之子永康王兀欲（Uryuk）繼其位，諡德光爲嗣聖皇帝，號曰光宗。

先是，東丹王突欲奔於唐，兀欲留契丹，未隨之往，號永康王。契丹好飲人血，突欲左右姬妾多刺其臂吮之，其小過輒挑目刲灼，不勝其毒；然喜賓客，好飲酒，工畫，頗知書，其自契丹歸國，載書數千卷，趙延壽每假其異書醫經，皆中國所無者。契丹兵助石敬瑭於太原時，後唐廢帝從珂，使人殺突欲於其第。德光滅晉，兀欲從至汴京。及德光死欒城，兀欲與趙延壽及諸大將等俱入鎭州，延壽自稱權知軍國事，遣人求鎭州管鑰於兀欲，兀欲不與；延壽左右曰：契丹大人聚而謀者詾詾，必有變，宜備之今中國之兵猶有萬人可以擊虜，不然事必不成，延壽猶豫不決。兀欲妻，延壽以爲妹，兀欲卽置酒召延壽等，酒數行，兀欲謂延壽曰：妹自上國來，當一見之；延壽欣然與兀欲俱入，遂鎖延壽，遣人監之而籍其家貲。兀欲宣德光遺制曰：永康王天聖皇帝之嫡孫，人皇王之長子，可於中京卽皇帝位；中京，契丹謂鎭州也。遣使告哀於諸鎭，蕭翰聞德光死，棄汴州而北，至鎭州，兀欲已去。前節所引之胡嶠，是時卽隨蕭翰目睹其事焉。

兀欲卽位，先遣人報其祖母述律，述律怒曰：我兒平晉取天下，有大功業，其子在我側者當立，而人皇王背我歸中國，其子豈得立耶。乃率兵逆兀欲，將廢之，兀欲留其將麻答 (Matar) 守鎮州，而自率所部與其祖母相距於石橋。述律所將兵多亡歸兀欲，兀欲乃幽述律於祖州，祖州阿保機墓所也。（阿保機墓在木葉山，卽今蒙古巴林盟之地，位於錫拉木倫河上游，錫拉之本義曰黃，故錫拉木倫河又曰潢水。）初，德光之擊晉也，述律嘗非之曰：吾國用一漢人爲主可乎？德光曰：不可，述律曰：然則汝得中國不能有，後必有禍，悔無及矣。德光死，載其屍歸，述律不哭而撫其尸曰：待我國中人畜如故，然後葬汝。已而兀欲囚之，後死於木葉山。

麻答者，德光之從弟也，德光滅晉，以爲邢州節度使。兀欲立，命守鎮州。麻答尤酷虐，多略中國人，剝面抉目，拔髮斷腕而殺之，出入常以鉗鑿挑割之具自隨，寢處前後掛人肝脛手足，言笑自若，鎭定之人，不勝其毒，因之中國將士之附契丹者羣起而逐之；晉之文臣如馮道等，亦離麻答而南歸於漢。

西元九四八年，（遼世宗兀欲天祿元年，漢隱帝承祐乾祐元年，）兀欲率萬騎攻邢州，陷內邱。契丹入寇，常以馬嘶爲候，其來也馬不嘶鳴而矛戟夜有光，又月蝕，部衆皆懼以爲凶，雖破內邱而人馬死傷者大半。兀欲立五年，會諸部酋長，復謀入寇，諸部大人皆不欲，兀欲強之，燕王述軋與太寧王嘔里僧等率兵殺兀欲於大神淀，契丹之衆乃迎德光子齊王述律（Djurrut）而立之，是爲穆宗。（穆宗與其祖母同名，或者因述律后頗愛其孫，故以己名名之；尤足異者，男女竟同用一名而無所別也。）穆宗述律有疾，不能近婦人，左右給事多以宦者；然畋獵好飲酒，不恤國事，每酣飲自夜至旦，晝則常睡，國人謂之「睡王」。初兀欲嘗遣使聘漢，使者至中國而周太祖入立，太祖復遣將軍朱憲報聘，憲還而兀欲死，述律立，遂不復南寇。

周世宗顯德六年（西元九五九年）憂周師北伐，分部出兵，世宗自乾寧軍御龍舟，艛船戰艦首尾數十里，至益津關，降其守將，而河路漸狹，舟不能進，乃捨舟陸行，瓦橋淤口關瀛漠州守將皆迎降。方下令進攻幽州，世宗遇疾，乃置雄州於瓦橋關，霸州於益津關而還。周師下三關，瀛，漠，兵不血刃，述律聞之，謂其國人曰：此本漢地，今以還漢，又何惜。世宗之征契丹，未悉原因如何，蓋穆宗自述律卽位，卽未南寇，或者中國久欲取還雄霸二州故地，而二州間之軍民亦久欲內附，故於此時機爲之，卽述律亦漠然不以得失介意也。西元九六〇年，宋室肇造，宋太祖愼於邊謀，對遼力避釁端，凡邊民所盜契丹馬悉返還之，且不准逾關抄掠，蓋往者嘗有擄契丹人爲騎卒之習也。然契丹並不因之而相安，仍頻歲掠邊不絕。宋太祖開寶二年（西元九六九年）太祖且下詔親征。是年，述律爲庖者所弑，兀欲第二子明扆繼立，是爲景宗，復改國號曰契丹。

第三章　契丹與宋和好時期

西元九七〇年（宋太祖開寶三年遼景宗保寧二年）冬，契丹聚衆六萬騎攻定州，宋主命田欽祚領兵三千禦之，與戰於蒲城。夜入保遂城，契丹圍之數日，欽祚開南門突出，不亡一矢。北邊傳言，三千打六萬。奏至，宋主喜曰契丹數入寇，我以二十四絹易一契丹首，具精兵不過十萬，止費二百萬緡，則敵盡矣。此種估計，似亦與當時實況相合，蓋以後來併呑中國之滿洲勁旅而論，在十七世紀中入關之衆，尚未達二十萬人；且也，在西元一八六〇年以前，苟有近代國家之精兵十萬，附以必需軍實，俾能展其所長，誠不難取中國而統治之也。（按此說未免過當，中國人之抵抗能力，平時雖甚薄弱，然一經壓迫而使其民族意思醒覺，民族精神煥發，雖草澤揭竿之徒，江湖烏合之衆，亦足以抗強大之外敵，宋之岳飛虞允文已足爲例，至若明太祖之驅元帝，洪秀全之抗清軍，乃至孫逸仙先生之光復中華，尤其顯著者也。譯者。）

西元九七五年（宋太祖開寶八年，遼景宗保寧八年）以還，宋遼修好，二國之間，聘使不絕，每有慶弔之典，卽遣使爲禮，且留駐焉。時契丹已頗進於文物之邦，常以御衣玉帶之屬爲宋聘禮，其使者復陪宋祖畋獵。太宗太平興國元年（西元九七六年，遼景宗保寧九年）契丹因太祖之喪遣使來賻，次年復遣使來會葬，一遵中國古禮。於此可並述及契丹對於孔子禮教之觀念：蓋此後五十餘年，仁宗天聖九年宋龍圖待制孔道輔者，孔子四十五代孫也，使於契丹，契丹饗之，爲設劇娛樂，有優人以文宣爲戲，道輔艴然徑出，主客者邀還坐，且令謝，道輔曰：中國與北朝通好，禮文相接，今俳優侮慢先聖，北朝之過也，何謝爲。契丹君臣默然，又酌大巵謂曰：方今天寒，飮此可致和氣，：曰不和固無害。自是益加重禮。中國使至，契丹不敢侮云。太宗太平興國四年（西元九七九年，遼景宗乾亨元年，）宋主既滅北漢，欲乘勝取幽薊，五月發太原，東擊遼，取易涿等州，並自將大軍與遼將耶律沙大戰於高梁河，沙兵敗，死喪萬人，將遁去，會景宗遣耶律休哥來援，夾擊宋軍，宋主兵敗，急乘驢車走免，自是遼好遂絕。次年十月遼景宗自將十萬南侵，宋主亦自將禦之，遼軍引去。太宗旣至大名以北，欲直取幽州，及見四境遭歷年兵燹，擄掠一空，軍糧無所取資，乃還軍焉。是後屢有侵伐，直至西元九八三年（宋太宗太平興國七年，遼景宗乾亨四年）明扆之死而暫止。明扆卒，長子梁王隆緒立，是爲聖宗。年甫十二，母承天太后蕭氏奉遺詔攝政。未幾宋遼之戰釁復開，其原因不詳，大抵宋雖頒禁不准掠捕契丹人畜，且還邊人盜抄各物，然宋主常存恢復舊地之念，恆先出兵也。

承天太后之攝政也，有嬖於南人韓德讓，以之爲政事令兼樞密使，總宿衞兵，有私議其醜者，輒殺之；隆緒畏之，莫敢言；國人多引以爲憾。宋太宗雍熙元年（西元九八四年，遼聖宗統和二年），邊將賀懷浦等言於宋主曰：契丹主少，母后專政，寵倖用事，請乘其釁以取幽州。太宗信之。雍熙三年，以曹彬米信田重進潘美爲四路都部署，彬與信出雄州，趨幽州，重進出飛狐，美出雁門，趨大同。諸將陛辭。帝謂曰：潘美但先趨雲州，卿等以十萬衆聲言取幽州，且持衆緩行，不得貪利，虜聞大兵至，必悉衆救范陽，不暇援山後矣。彬與信乘勝而前，所至克捷；每捷奏聞，帝訝其進兵之速。彬旣次涿，契丹將耶律休哥兵少不敢出戰，夜則令輕騎掠其單弱以脅餘衆，晝則以精銳張其勢，又設伏林莽以絕糧道，彬居涿旬日食盡，退師雄州，以援餽餉。太宗聞之，曰：豈有敵人在前，反退軍以援芻糧，失策之甚也。亟遣使止彬勿前，急引師與米信軍接，俟美盡略山後地，會重進東下，合勢以取幽州。彬部下諸將聞美及重進累捷，恥握重兵不能有所攻取，謀議蜂起，彬不得已，乃裹五日糧與米信復趨涿州。休哥聞之，以輕兵來薄，伺蓐食則擊，離伍單出者，且戰且卻，由是軍士自救不暇，結方陣塹地，兩邊而行。時方炎暑，軍渴乏井，漉淖而飲，凡四日始得至涿，士卒困乏，糧又將盡。會契丹主隆緒與其太后將大兵應援趨涿州，彬信復退，爲休哥所敗，無復行伍。夜渡拒馬河，復爲休哥精兵所追及，溺者不可勝計。彬信南趨易州，至沙河，聞休哥復至，驚潰死者過半，沙河爲之不流，棄戈甲如邱山。休哥請乘勝略地至河爲界，太后不從，乃引兵還燕。宋主召曹彬米信等還，令田重進屯定州，潘美還代州，徙雲應朔寰四州吏民及吐谷渾部族，分置河東京西，凡五萬戶以上。已而契丹將耶律斜軫又率十萬衆來侵，宋將連敗，渾源應等州守將皆棄城走。斜軫乘勝入寰州，宋勇將楊業遇之，力戰而死。次年契丹主隆緒及蕭太后帥衆南下，以休哥爲先鋒，宋將劉廷讓等悉爲所敗，河朔戍兵無復鬬志，契丹乘長勝而南，遂陷深邢德等州，殺官吏，俘士民，輦金帛而去，魏博之北，民尤苦焉。宋主下詔自悔。契丹薄代州，張齊賢選廂軍二千出禦之，誓衆感慨，無不以一當百，遂敗契丹，殺其國舅。乃繕治河北諸州軍城隍，沿邊植柳築堡以阻契丹騎兵。自是以後，契丹來攻，迭爲宋將郭守文尹繼倫等所破，不敢大舉入寇。以避黑面大王（繼倫面黑故云）。西元九九五年，（宋太宗至道元年，遼聖宗統和十三年，）契丹大將韓德威率衆萬騎，誘党項勒浪等族自振武入寇，折御卿邀擊，敗之，勒浪等乘亂反擊德威，殺其將突厥合利等，德威僅以身免，勒浪之徙河南者凡若干帳，於中國增加萬騎焉。西元九九九年，（宋眞宗咸平二年，遼聖宗統和十七年，）契丹主隆緒大舉入寇，宋主親禦之，駐蹕澶州，進次大名，契丹屢挫。自此以後五六年間，契丹爲宋所敗，喪亡頗衆。

西元一〇〇三年，（眞宗咸平七年聖宗統和二十一年，）契丹將蕭撻覽(Taran)獲宋將王繼忠。是年之末，宋遣人遺繼忠弓矢，繼忠欲南北弭兵，爲契丹言和好之利，因遣李興以其書及密表致宋。宋主於密表中知契丹兵馬多寡道里遠近。次年，（眞宗景德元年，）契丹大舉南侵，隆緒及蕭后以所有兵力分三路而進，先攻威虜順安諸軍，又攻北平岩及保州，均未得逞。契丹主隆緒母蕭后及統軍蕭撻覽合三路之衆以攻定州，宋兵拒於唐河，擊其游騎，契丹遂駐兵陽城淀，號二十萬，每縱游騎剽掠，數有激戰，晝夜不絕。丹契所用有編架弩，又負盾持炬，驅奚人來攻城，守者則以木石爲巨塊擊之，傾注如降冰雹，死於其下者逾三萬人。其攻岢嵐軍，攻瀛州，皆以此敗，其南下攻薊州者亦如之。然契丹尙有衆二十萬，欲圍宋軍於開州以北。是年十一月，進次澶淵，蕭太后親御戎車督戰，宋以李繼隆爲前鋒禦之。契丹直犯前軍而陣，未接戰，蕭撻覽出按視地形，繼隆部將張環守牀子弩，射之，中其顱，撻覽還營，其夜遂死。撻覽有機勇，所領皆銳兵，旣死而契丹氣奪，乃引退。先是，王繼忠爲契丹奏議請和。畢士安以爲可信，力勸眞宗當羈縻不絕，漸許其成。契丹旣退，會曹利用自奉使契丹還，具得要領，契丹使姚東之且與利用隨來，講和之議遂定。蕭太后本欲得周世宗所取關南地，眞宗曰：所言歸地事極無名，若必要求，朕當決戰，若欲貨財，漢以玉帛賜單于有故事，宜許之。利用復至契丹軍議歲幣，率以銀十萬兩，絹二十萬匹成約而還。契丹遣使持誓書來，以兄禮事宋帝，和議乃成，宋遼遂罷兵。其後契丹復遣使請於歲幣外別假錢幣爲蕭太后用，乃於歲給三十萬物內各借三萬，契丹得之大慙。

西元一〇〇五年（宋眞宗景德二年，遼聖宗統和二十三年）春，宋令雄州，霸州，振武軍（或作安肅軍）置榷場以通貿易，詔緣邊勿出境掠奪，得契丹牛馬悉縱還之。又遣孫僅如契丹，賀其太后生辰。契丹於宋使入境，供應甚備；其主每歲避暑含涼淀，聞使至，卽來幽州郊勞宴會，禮有過當者，謹必抑而罷之；及歸，所致儀物甚厚，並由契丹主親詣國門餞別。是歲之冬，契丹亦遣使如宋賀承天節及正旦，皆歲以爲常。契丹主與宋使相見，先更其衣冠，行禮如儀，禮畢，御便服率侍衞及羣臣出獵，但無供張，惟自備弓矢及飮食器皿等事。宋使於使遼記事中言之綦詳。至契丹刑法，於漢人則斷以律令，於契丹人及諸夷則頗嚴酷，犯死罪者有投崖，磤擲，釘割，臠殺，支解，梟磔，及生瘞，射鬼箭，諸刑，蓋以契丹與漢人風俗不同，性有馴野，法亦異施也。凡此皆見於使者之述錄中。西元一〇〇八年（眞宗大中祥符元年，聖宗統和二十六年）宋遣使如契丹賀千齡節及賀正旦，契丹特爲置行館於拒馬河北岸。使者還，言契丹已移置中京於幽州東北（其地在今浩罕或科爾沁蒙古境內，大約爲熱河或赤峯口，或在二者之間，卽舊時之上京也。但因昌黎之名，旣用以指早期鮮卑之都，又指後期鮮卑之都，而一在近世之昌黎縣，一在近世之永平府，中國史家對此，往往未能詳考，屢致錯誤焉）此都城之城郭牆壘甚低，居民鮮少，其所謂市街，大抵爲裸露之牆垣，夾道而峙。遼主及蕭太后各居一宮，每於其間舉宴樂，狂縱放蕩，諸態畢露云。

西元一〇一〇年之初，（遼史作統和二十七年冬）契丹太后蕭氏卒，其寵臣韓德讓亦旋死。蕭氏性殘忍，多殺戮，甚爲專制；然其爲人有機謀，善馭大臣，得其死力，每入寇，親被甲督戰，及通好，亦出其謀。蕭后既死，隆緒失其輔導，漸以無能，且失民望。契丹於五代時盡取渤海地，而黑水靺鞨附屬於契丹。其在南者籍契丹，號熟女眞，其在北者不在契丹籍，號生女眞。二十年前，宋遼用兵之際，女眞嘗遣使於宋，願以兵相助，宋謝之，乃復附於契丹。統和二十八年，契丹遣使告於宋，將伐高麗。高麗昔號三韓，西元九三〇年（中國後唐後晉之時）以還，合而爲一，爲獨立國，而遣使致聘於中國。西元九八六年（宋太宗雍熙三年，遼聖宗統和四年，）宋主嘗遣監察御史韓國華賫詔諭以共伐契丹，（因契丹伐女眞國，路由高麗之界，女眞意高麗誘導構禍，來愬於宋，已而高麗貢使至宋，太宗出女眞所上告急木契示之，高麗國主王治聞之憂懼，及宋遣韓國華至，乃定約發兵。）高麗亦以國境爲契丹侵擾，遂出師北伐。西元一〇〇〇年，（宋眞宗咸平三年，遼聖宗統和十八年，）高麗復遣使於宋。咸平六年，又遣使來朝，且言晉割燕薊以屬契丹，契丹遂有路以趨玄菟，屢來攻伐，求取不已，乞王師屯境上爲之牽制；宋主雖優詔答之，而卒未出兵爲之應援，高麗主王詢知不可恃，乃築六城於境上以自防焉。至是，契丹主隆緒以爲高麗貳己，遣使來索六城，高麗不許，契丹乃議出兵，並徵奚室韋黑水女眞等部人卒車騎，助之進攻，奄至城下，焚蕩宮室，剽劫居人。詢徙居昇羅州（Sinra）以避之。已而女眞棄契丹與高麗相通，設奇邀擊，殺契丹殆盡。契丹既喪師，乃於幽薊等州徵調，以補兵額。契丹徵調之制，迫脅既嚴，耗用復鉅，每正軍一名，馬三匹，打草穀守營鋪家丁各一人，人所需鐵甲駝馬糗糧皆自備，人馬不給糧草，日遣打草穀騎四出抄掠以供之，所得恆不給所自備之量；又使境內中國人之犯罪者爲之供役，充偵卒游騎焉。

茲錄由雄州經涿州至幽州之以達四京旅程如次：自雄州白溝驛渡河四十里至新城縣，古督亢亭之地。又七十里至涿州，北復范水劉李河，六十里至良鄉縣。度盧溝河，六十里至幽州，號燕京；子城就羅郭西南爲之；正南曰啓夏門，內有元和殿；東門曰宣和；城中坊閈皆有樓；有閔忠寺，本唐太宗爲征遼陣亡將士所造；又有開泰寺，魏王耶律漢寧造，皆遣朝使遊觀；南門外有于越王廨，爲宴集之所；門外永平館，舊名碣石館，淸和後易之；南即桑乾河；城中富家巨室，夏則出城居西山；契丹主間於冬日居澶州，沿路各處所或號曰「淀」，或號曰「館」。古北口爲幽州門戶，契丹守之以控禦奚衆，關門之外有售弓鋪。由灤州至中京，道出一小村，有渤海匠人冶鐵於此。又有臥佛寺（不知是否卽今熱河行宮之臥佛。）渤海之俗，於每歲首會集跳舞作樂，童男女行歌相和，廬舍建於山側，（與今日熱河赤峯一帶所見者相同，）亦有居車中者。山之東有行獵處，（卽今圍場，）距中京大定府一日程。中京城垣卑小，方圓纔四里許，門但重屋，無樂閣之制；南門曰朱夏門，內通步廊，多坊門；又有市樓四，曰天方，大衢，通闤，望闕；次至大同館其門正北曰陽德閶闔；城西內西南隅岡上有寺；城南有園圃宴射之所。自過北口，居人草庵板屋耕種；但無桑柘，所種皆從壠上，虞吹沙所壅；山上長松鬱然，深谷中時見畜牧牛馬槖駝，多青羊黃豕；山中居民，習用黑炭。由中京正北八十里至松山舘，七十里至崇信館，九十里至廣寧館，五十里至姚家寨館，五十里至咸寧館，三十里渡潢水石橋，唐有饒州，唐於契丹嘗置饒樂，後爲渤海人所居，五十里保河館，渡黑水河，七十里宣化館，五十里長泰館，館西二十里有佛舍民居，卽祖州。又四十里至上京臨潢府。自過崇信館，乃契丹舊境，其南奚地也。入西門，門曰金德，內有臨潢館，子城東門曰順陽，北行至景福門，又至承天門，有昭德宣政二殿，與氈廬皆東向。臨潢西北二百餘里號涼淀，在饅頭山南，爲世家貴胄避暑之處，多豐草，掘地丈餘卽有堅冰。祖州本遼右八部世「沒里」地，太祖秋獵多於此，始置西樓，後建城，以其爲契丹列祖所生之地，故號祖州。城高二丈，幅員九里；西北隅內城有殿曰兩明，奉安契丹祖考御容；曰二儀，以白金鑄太祖像；曰黑龍曰淸祕，各有太祖微時兵仗器物及御服皮毳之類，存之以示後嗣，使勿忘本。咸寧縣有祖山，山有太祖天皇帝廟，御靴尙存，長四五尺。上京有南城，謂之漢城，南當橫街，各有樓對峙，下列井肆。南門之東爲回鶻營，回鶻商販留居上京，置營居之；西南同文驛，諸國信使居之；驛西南臨潢驛，則以待夏國之使焉。與契丹人同處之奚，語言風俗皆與契丹不同，善耕種，精騎射，登山逐獸，下上如飛，蓋以狩獵爲不可離之習云。

契丹太祖阿保機葬於木葉山，山在中京之北，卽於其處設天地神祇位祭之。山上樹氈廬一，於其中置神主；廬之前無階，惟以氈鋪地；廬之後另有大氈廬二，其旁養馴豹多頭爲狩獵之用，又於冰上置氈廬，卽鑿冰爲孔而取魚，廬中置光，魚見光羣集於孔下，故所獲甚夥。

遼制，國母與番官皆番服，國主與漢官皆漢服。番官戴氈冠，上以金華爲飾，或加珠玉翠毛，蓋漢魏時遼人步搖冠之遺象也。額後垂金花，織成夾帶，中貯髮一總。服紫窄袍，加義襴，紫鞊鞢帶以黃紅色縧裏革爲之，用金玉水晶碧石綴飾。又有紗冠，制如烏紗帽，無簷，不擫雙耳，額前綴金花，上結紫帶，帶末綴珠或紫皁巾。紫窄袍束帶，丈夫或綠巾綠花，窄袍中單多紅綠色。貴者被貂裘，貂以黑色爲貴，青色爲次，又有銀鼠，尤潔白。賤者被貂毛，羊，鼠，沙狐裘云。

以上契丹生活之描述，卽爲當時中國使者所注意者；以其時中國人居契丹者之多，必更有較詳較確之聞見，然而寥寥無幾者，蓋亦有故；一則二國之間頗多疑忌，凡在邊境，往往偵諜密布，監察綦嚴；其次則僑居契丹以謀生，或受迫而入其地者，大抵爲不學之徒無識之輩，縱於是邦有所聞見而不能達之於筆墨，故以最適於稱道其狀況之人，而卒不能見之於記述也。

第四章　契丹概況及其在十一世紀之情狀

西元一〇二二年，宋眞宗卒，契丹主隆緒集蕃大臣舉哀，遣耶律僧隱等來宋弔祭，置帝御筵，建資福道場百日而罷，命諸州軍不得作樂，凡國中犯帝諱者悉改之。西元一〇三一年，（宋仁宗天聖九年，）契丹主隆緒亦卒，宋遣王隨曹儀致祭，王臔許懷信梅詢張綸慰兩宮，禮亦甚備。隆緒自與宋言和後，所約信誓均能守而勿失，故少邊釁。及卒，子宗眞立，是爲興宗，改元景福，其契丹名曰木不孤（Mukpuku）。其母耨斤，宮人也，至是自立爲皇太后，聽政。是時，宋已受西方唐古特種之擾，唐古特主號曰夏王。西元一〇二八年（宋仁宗天聖六年，）夏王德明使其子元昊襲回鶻甘州，取之。宗眞乘宋有西夏之擾，欲取瓦橋關以南十縣地。西元一〇四二年，（宋仁宗慶曆二年，遼興宗重熙十一年，）遣使來宋致書取故地，且問興師伐夏及沿邊疏濬水澤增益戍兵之故。契丹使者既至，宋以富弼爲接伴使，弼開懷與語，契丹使感悅，亦不復隱其情，密以其主所欲得者告，且曰：可從從之，不然以一事塞之。弼具以聞，宋主唯許增歲幣或以宗女嫁其子，並遣富弼如契丹議之。時契丹聚兵幽薊，聲言南下，河北東京皆爲邊備，朝議請城洛陽，呂夷簡曰：使契丹得渡河，雖高城深池何可恃耶？我聞契丹畏壯侮怯，景德之役，非乘輿濟河，則未易服也，宜建都大名示將親征以伐其謀。仁宗從之，建大名府爲北京，並以王德用判定州兼三路都部署。德用時教士卒習戰，頃之，士勇皆可用；契丹遣人來覘，或請捕之，德用曰，吾軍整而和，使覘者得實以歸，是屈人兵以不戰也。明日，大閱於郊，下令具糗糧，聽吾鼓，視吾旗所向；覘者歸告，謂漢兵將大至，契丹主始懼。及富弼至契丹見宗眞，言曰：兩朝人主，父子繼好，垂四十年，一旦求割地，何也？宗眞曰：南朝違約，塞雁門，增塘水，治城隍，籍民兵，將以何爲？羣臣請舉兵而南，吾謂不若遣使求地，求而不獲，舉兵未晚。弼曰：北朝忘章聖皇帝之大德乎？澶淵之役，苟從諸將言，北兵無得脫者；且北朝與中國通好，則人主專其利而臣下無所獲，若用兵，則利歸臣下而人主任其禍，故勸用兵者皆爲身謀爾。宗眞驚曰：何謂也？弼曰：晉高主欺天下叛君，末帝昏亂，土宇狹小，上下離叛，故契丹全師獨克；然虜獲金幣，充牣諸臣之家，而壯士健馬物故大半，今中國提封萬里，精兵百萬，法令修明，上下一心，北朝欲用兵，能保其必勝乎？就使其勝，所亡士馬，羣臣當之歟？抑人主當之歟？若通好不絕，歲幣當歸人主，羣臣何利焉？契丹主大悟，首肯者久之。弼又曰：塞雁門者備元昊也；增塘水始於何承矩，事在通好前；城隍皆修舊，民兵亦補缺，非違約也。宗眞曰：微卿言，吾不知其詳；雖然，吾祖宗故地，當見還也。弼曰：晉以盧龍賂契丹，周世宗復取關南地，皆異代事，若各求地，豈北朝之利哉。既退，契丹使者劉六符謂弼曰：吾主恥受金幣，堅欲十縣，何如？弼曰：本朝皇帝嘗言：爲祖宗守國，豈敢妄以土地與人；北朝所欲不過租賦爾，朕不忍多殺兩朝赤子，故屈己增幣以代之；若必欲得地，是志在敗盟，假此爲辭爾，澶淵之盟，天地鬼神實臨之；北朝首發兵端，過不在我，天地鬼神，其可欺乎？六符曰：南朝皇帝存心如此大善，當共奏使兩主意通。明日，契丹主召弼同獵，引弼馬自近，謂曰：得地則歡好可久。弼反覆陳其不可狀，且言北朝既以得地爲榮，南朝必以失地爲辱，兄弟之國，豈可使一榮一辱哉！獵罷，六符曰：吾主聞公榮辱之言，意甚感悟，今惟有結婚可議爾。弼曰：結婚易生嫌隙，本朝長公主出降，齎送不過十萬緡，豈若歲幣無窮之利哉。契丹主諭弼使還，曰：俟卿再至，當擇一事受之，卿其遂以誓書來。弼還，白宋主，宋主復使弼持和親增幣二議及誓書往契丹，且命受口傳之詞於政府。既行，啓視國書，見書詞與口傳者異，馳還都，見仁宗曰：政府故爲此以陷臣，臣死不足惜，如國事何？仁宗以問晏殊，殊曰：呂夷簡決不爲此，誠恐誤爾。弼曰：晏殊奸邪，黨夷簡以欺陛下，遂易書而行。至契丹，不復議婚，專欲增幣。其主曰：南朝旣增我歲幣，其遺我之辭當曰「獻。」弼曰：南朝爲兄，豈有兄獻於弟乎？契丹主曰：然則爲「納」字。弼曰：亦不可。契丹主曰：南朝旣以厚幣遺我，是懼我矣，於一字何有；若我擁兵而南，得無悔乎？弼曰：本朝兼愛南北之民，故屈己增幣，何名爲懼？或不得已而用兵，當以曲直爲勝負，非使臣之所知也。契丹主曰：卿勿固執，古有之矣。弼曰：自古惟唐高祖借兵突厥，當時贈遺或稱獻納，其後頡利爲太宗所擒，豈復有此禮哉？聲色俱厲。契丹主知不可奪，乃曰：吾當自遣人議之，乃留增幣誓書，遣使偕弼至宋。弼至，入對曰：獻納二字，臣以死拒之，虜氣折矣，可勿許也。然仁宗竟用晏殊議，以納字許之。於是歲增銀絹十萬，各爲二十萬匹兩，互交誓書，通好如故。

西元一〇四四年，（宋仁宗慶曆四年，遼興宗重熙十三年，）契丹因党項及山西部族叛入夏而討之，夏主元昊來援叛黨，遂伐夏，遣使如宋告師期。師分三路濟河，長驅入夏境，與元昊戰於賀蘭山北，敗之。西元一〇四九年，（仁宗皇祐元年，興宗重熙十八年，）復遣使來宋告伐夏。是時宋遼間公文官書，改稱「大宋」「大遼」以代「南朝」「北朝」。西元一〇五四年，（仁宗至和二年，興宗重熙二十三年）契丹主宗眞以與宋主約爲兄弟，歡好歲久，欲見宋主繪像，因遣使如宋求之。次年，宋饋以仁宗御容及馴象，而契丹主興宗旋卒，計在位五十年。興宗性佻脫，嘗因夜宴自入樂隊，又數變服入酒肆寺觀，尤重浮屠法，僧有正拜三公三師兼政事令者。及卒，子洪基立，遣使告哀於宋，宋亦遣使弔祭，並互致其主御容。

天津之鹽，在宋時已製取販售，眞宗與契丹媾和後，嘗於景德三年（西元一〇〇六年）申邊禁，不准契丹人在界河間竊取魚鹽；然契丹民屢違約，於河中私取魚葦之屬，每取捷徑由霸州雄州之地運往涿州；後更遣大舟十餘，自海口運鹽入界河，吏憚生事，累歲莫敢禁。宋廷患之，乃以能吏趙滋知雄州。滋戒巡兵，舟至輒捕其人殺之，輦其舟，移文還涿州，漁者遂絕。然契丹自歲幣增加後，漸驕恣，恆與宋因疆事爭議不絕，輒借小故爲口實；其所遣使者，則以微儀末節與宋廷爲難。後漸有侵邊意，於宋置戍處築城相對壘，時使人侵入宋境耕種，或夜襲邊疆居民，並伐毀西山一帶制蕃騎之楡柳，宋惟以篤守盟好爲辭，咸忍受之，嚴飭邊防而已。

契丹盡有大漠，浸包長城之境，因宜爲治，秋冬違寒，春夏避暑，隨水草就畋漁。每歲四時，各有行在之所，卽捺鉢也。其春捺鉢曰河濼，在長春州東北東西二十里，南北三十里；契丹主於正月上旬起牙帳，方至天鵝未至，卓帳冰上，鑿冰取魚，冰泮，乃縱鷹鶻捕鵝雁，晨出暮歸，從事弋獵。夏捺鉢無常所，多在吐兒山或黑山；契丹主於四月中尋起牙帳，卜吉地爲納涼所；五月末或六月上旬至，居五旬，與南北臣僚議國事，暇日遊獵，七月中旬乃去。秋捺鉢曰伏虎林，在永州西北五十里；七月中旬起牙帳，入山射鹿及虎；其射鹿，俟夜將半，鹿飲鹽水，令獵人吹角效鹿鳴，旣集而射之，謂之舐鹻鹿，又名呼鹿。冬捺鉢曰廣平淀，在永州東南三十里；其廣東西二十餘里，南北十餘里，地甚坦夷，四望皆沙磧，木多楡柳，其地饒沙；冬月稍暖，牙帳多於此坐冬，與南北大臣會議國事，時出校獵講武，兼受南朝及諸國禮貢；用契丹兵四千人，每日輪番千人直禁衞。每歲四時，周而復始。

契丹故俗，分地而居，合族而處，故有部族之別；部落曰部，氏族曰族，然亦有族而部者，五院六院之類是也；有部而族者，奚王室韋之類是也；有部而不族者，特里特免稍瓦曷朮之類是也。有族而不部者，遙輦九帳皇族三父房是也。其部落在元魏之世，有奇首八部；在隋時爲十部；唐世大賀氏仍爲八部，而松漠玄州別出，亦十部也；太祖析九帳三房之族，更列二十部；聖宗之世，分置十有六，增置十有八，并舊爲五十四部，內有拔里、乙室己國舅族，外有附庸十部，是爲極盛之時。其氏族以蕭氏耶律氏爲最著，蕭氏爲皇族中之奚種，耶律氏爲皇族中之契丹種，通婚媾焉。契丹之初，草居野次，靡有定所，至涅里始制部族，各有分地。太祖之興，以迭剌部強熾，析爲五院，六院。奚六部以下，多因俘降而置，勝兵甲者，卽著軍籍，分隸諸路；番居內地者，歲時田牧平莽間；邊防糺戶，生生之資，仰給牧畜，績毛飲湩，以爲衣食，各安舊風，狃習勞事，不見紛華異物而遷；故家給人足，戒備完整，契丹之強，部族實爲之爪牙；太祖蕭后力戒其族浸染華風，亦職是之由爾。

契丹舊俗，事簡職專，官制樸實；及至太宗，兼制中國，官分南北，以國制治契丹，以漢制待漢人。官制分南北院，北面治宮帳部族屬國之政，南面治漢人州縣租賦軍馬之事。凡契丹朝官，北樞密視兵部，南樞密視吏部，南北二王視戶部，夷離畢視刑部，宣徽視工部，敵烈麻都視禮部，南北府宰相總之；惕隱治宗族，林牙修文告，于越坐而論議，以象公師，特勤則親王之類也。（著者謂夷離畢爲副宰相副戶堂之屬，夷離堇爲地方長官如省長之類，而林牙又用以稱黑契丹'Kara Kitai'

建國於起兒曼之主耶律大石所謂大石林牙是也。）北院南院，因其牙帳居大內帳殿之北或南而得名，有「北衙不理民，南衙不主兵」之諺。其於漢制，多用唐官名，以循漢人功名之風。其於奚室韋女眞渤海之屬，所制官爵，大者擬王封，小者准部使命其酋長與契丹人區別而用，如某國王府，某國某部節度使，某部王府，某部節度使之類是也。

契丹兵制，凡民年十五以上五十以下，皆隸兵籍。凡舉兵，其主率蕃漢文武臣僚，以靑牛白馬祭天地日神，惟不拜月，分命近臣，告太祖以下諸陵及木葉山神。其徵兵，有金魚符以調發軍馬；其捉馬及傳命有銀牌二百。軍所舍，有遠探攔子馬以夜聽人馬之聲。其正軍，每名備馬三匹，打草穀守營鋪家丁各一人；人備鐵甲九事；馬韉轡馬甲皮鐵視其力；弓四；箭四百；長短鎗，錍鑠，斧鉞，小旗，鎚，錐，火刀石，馬盂，粆一斗，沙袋，搭氈，傘各一，縻馬繩二百尺；人馬不給糧草，日遣打草穀騎四出抄掠以供之。出兵不過九月，還師不過十二月；在路不得見僧尼喪服之人；沿途民居園囿桑柘必夷伐焚蕩，擄其老幼男女以去。其南伐，點兵多在幽州北千里鴛鴦泊；及行，並取居庸關曹王谷白馬口安達馬口松亭關榆關等路；將至平州幽州境，又遣使分道催發，不得久駐，恐踐禾稼。皇帝親征，留親王一人在幽州權知軍國大事；既入南界，分爲三路，廣信州雄州霸州各一，駕必由中道，兵馬都統護駕等軍皆從。各路軍馬，遇縣鎭，卽時攻擊；若大州軍，必先料其可攻次第，而後進兵。至宋北京，三路兵皆會，以議攻取。及退亦然。三路軍馬前後左右有先鋒，遠探欄子馬各十數人，在先鋒前後二十餘里，全副衣甲夜中每行十里或五里稍駐，下馬側聽有無人馬之聲，有則擒之，力不可敵，飛報先鋒，齊力攻擊，如有大軍，走報主帥，敵中虛實動必知之。當道州城防守堅固不可攻擊，引兵過之；恐敵人出城邀阻，乃圍射鼓噪，詐爲攻擊；敵方閉城固守，前路無阻，引兵進，分兵抄截，使隨處州城隔絕不通，孤立無援。所過大小州城，至夜恐城中突擊及與鄰州計會，軍馬甲，夜，每城以騎兵百人去城門左右百餘步，被甲執兵立馬以待；兵出，力不能加，馳還，勾集衆兵與戰；左右官道斜徑山路河津夜中並遣兵巡守。其打草穀家丁，各衣甲持兵，旋團爲隊，必先砍伐園林，然後驅掠老幼運土木塡壕塹，攻城之際，必使先登，矢石擂木並下，只傷老幼。又於本國州縣，起漢人鄉兵萬人隨軍，專伐園林，塡道路。御寨及諸營壘唯用桑柘梨栗，軍退縱火焚之。敵軍旣陣，料其陣勢大小，山川形勢，往回道路，救援捷徑，漕運所出，各有以制之；然後於陣四面列騎爲隊，每隊五七百人，十隊爲一道，十道當一面各有主帥；最先一隊走馬大譟，衝突敵陣，得利則諸隊齊進，若不利引退，第二隊繼之；退者息馬，飲水粆，更退迭進；敵陣不動，亦不力戰，歷二三日，待其困憊，又令打草穀家丁，馬施雙帚，因風疾馳，揚塵敵陣，更互往來；中既飢疲，目不相覩，可以取乘。若陣南獲勝，陣北失利，主將在中無以知之，則以本國四方山川爲號聲以相聞，得相救。若契丹主不親征，重臣統兵不下十五萬，衆亦三路，往還北京會兵。若不命都統，只遣騎兵六萬，不許深入，不攻城池，不伐林木，但於界外三百里內耗蕩生聚，不令種養而已。軍入南界，步騎車帳不循阡陌，三道將領各一人，率攔子馬各萬騎，支散游弋百十里外，更迭覘邏。卽暮，以吹角爲號，衆卽頓合，環繞御帳，自近及遠，折木梢屈爲弓子鋪，不設鎗營塹棚之備。每軍行，鼓三伐，不問晝夜，大衆齊發。未遇大敵不乘馬，俟近敵師，乘新羈馬，蹄有餘力，成列不戰，退，則乘之。散而復聚，善戰耐寒，此皆契丹騎兵優點。中國兵多爲步兵，自荷甲冑餱糧，驟與之遇，易爲所乘；若久與之相持，又易疲憊；故惟憑河流植榆柳以謀阻之而已。

契丹主死，必鑄金爲像，別爲一帳供之；於每月朔望，以牲醴祭之；其所葬陵，各有陵地，置奴耕牧，以所獲供軍馬之用焉。

第五章　女真之興起及契丹之敗亡

西元一〇六六年，（宋英宗治平三年，遼道宗太康十年，）契丹復改國號曰遼。次年，宋神宗卽位，契丹仍遣使來賀。然是時宋與契丹之間已有疆界之爭，契丹於涿州等處增修城堡，儲糧秣軍器，聚兵於邊，有南侵意；宋亦數以兵襲擊越入界河之契丹人，幷使人入契丹境偵其情況，於保州一帶塹濠渠築堤障，以爲阻禦騎兵之備，沿邊增修戍壘與契丹相峙。契丹主洪基旣屢以小故責宋，探其強懦，更於西元一〇七四年（宋神宗熙寧七年，遼道宗咸雍十年）使林牙蕭禧詣宋，爭河東地界，言沿邊增修戍壘，起鋪舍，侵入蔚應朔三州界內，請毀撤，別立界址。宋主面諭差官檢視，會議於代州境上。契丹使者指三州分水嶺上隴爲界，相持久之。次年契丹使者復來宋，爭益力，執分水嶺之說不變，必得請而後反。宋主不得已，遣知制誥沈括報聘。括詣樞密院閱故牘，得頃歲所議疆地書，指古長城爲分界，今所爭乃黃嵬山，相遠三十餘里，表論之。宋主乃命以畫圖示禧，禧議始屈。沈括至契丹，凡六會，竟不可奪，遂舍黃嵬而以天池請，括乃還。遼使爭議疆事不決，帝以問於王安石，安石勸帝曰：將欲取之，必姑與之，於是詔以分水嶺爲界，蕭禧乃去。宋即遣天章閣待制范縝如河東，割新疆與之，遂失東西七百里間幅員三十里之地，爲異日興兵之端。自割地以後，宋之憑分水嶺外高地以控契丹者，轉以資之契丹，而契丹復因之益縱，每有越界捕人等事；於是雙方疑忌益深，戒備益嚴矣。

洪基當國，堪稱幹練之主；性雖和易，志則堅定，遇事鎮靜，不受搖惑；惜過信奸臣耶律伊遜，政出其門；洪基夫婦骨肉之間，經其構陷，罹其慘禍，宣懿皇后及昭懷太子，皆爲所誣死；其餘敗法亂紀之事，更難勝數。洪基後始悟其奸而誅之。昭懷太子有子曰延禧，被立爲皇孫，壽隆七年（西元一一〇一年）洪基卒，（在位四十七年，）延禧嗣位，是爲天祚帝。

神宗之子哲宗，亦於前一年卒。時，宋復與夏戰，契丹主遣使勸宋與夏和；蔡京爲宋相，逆知其事，亦預遣使乞助於契丹；延禧知其計，甚怒；閱四年，宋童貫王厚遣兵復河湟，夏遣使求援於契丹，契丹復遣使於宋勸與夏和。天祚爲人多疑慮，所行又操切少條理，崇信姦回，觖失人望，以致藩屬離心，國本動搖。天慶二年（西元一一一二年）春，延禧如春州，幸混同江釣魚，生女眞部長皆來朝，遇魚頭宴，延禧臨軒命其次第起舞，部長阿骨打（Akuta）再三不應命，延禧欲殺之而未果。阿骨打歸，遂舉兵叛，先併旁近部族，並召所屬使備衝要建城堡，修戎器。延禧發渾河北諸軍增益東北路統軍司以防之，阿骨打聞之，謂其下曰：遼人知我將舉兵，集諸路軍備我，我必先發制之，無爲人制。乃會諸部兵至契丹界，擊敗迎拒之渤海軍，契丹軍大奔。阿骨打卽進軍寧江州，塡塹攻城。先是，寧江州爲女眞市金珠蜜蠟之所，契丹人嗜利，虐女眞人，酒食短其値，或毆擊之，積怨已久；至是，羣起殺契丹人，獲其甲三千具，逃據長白山中。遼統軍司以聞，延禧方射鹿於慶州，略不介意，惟遣海州刺使高仙壽應援而已。及阿骨打陷寧江州，契丹主召羣臣議，有主張大發諸道兵以威壓之者，或以爲如此徒示弱，但發滑水以北兵卽足拒之。延禧乃使司空蕭嗣先等發奚及契丹兵往討之。時契丹東北部久無軍事，徵兵較易，應徵之衆以爲不難取勝，無戒備意，率其妻子隨往。阿骨打率衆潛渡混同江，乘夜直搗嗣先軍，後窺其未陣，驟襲之，嗣先軍潰，輜械牛羊及不克逃走之孩稚悉爲女眞所得，且被追至百里外，將士多爲所虜殺。潰軍所至刦掠，延禧聽樞密使蕭奉先（嗣先之兄）言云：若不肆赦，恐聚衆爲亂，故僅免嗣先官而已，自是諸軍相謂曰：戰則有死無功，退則有生無罪，因此士無鬬志，遇敵輒潰。

契丹舊例，漢人不預軍政，自與女眞連戰皆敗，延禧疑蕭奉先不知兵，遂召宰相張琳吳庸，付以東征事。然此輩亦僅能紙上談兵，未嘗躬臨戰陣，以爲前此討伐女眞致敗，由於率爾備戰，兵力不足；欲取勝，必須以漢兵二十萬人分道攻敵，延禧從之；乃於東路四州，計戶出軍，凡有貲三百貫者出一卒之費，有每戶供卒至二百人者，民財爲之耗竭；共得軍十萬，兵分四路，於十二月取齊。所具兵仗甲冑至爲雜亂，遵令備弓弩鐵馬甲者百不得一二。兵既集，益以其他各部，共得騎卒二十萬，步卒七萬，遣都統耶律斡里朶（Yerut Walito），左副統蕭乙薛，右副統耶律章嘉努，都監蕭謝佛留等將之，且屯田爲持久計。獨斡里朶一軍深入，阿骨打聞之，率兵至達里庫城，與斡里朶軍相遇。斡里朶所統之漢兵三萬稍卻，斡里朶疑其欲遁，乃急馳，率奚及契丹兵棄營而去，置漢兵不顧，漢兵卽自推武朝彥爲統帥，與女眞兵抗戰，卒爲所敗。其餘三路，聞耗悉後退，保其城，謀固守，亦於數月中先後潰敗。契丹嘗遣使斥阿骨打名，冀其降。阿骨打已稱帝，亦還書諭遼主降。先是阿骨打既屢勝，徇其衆之請卽位，且曰：遼以賓鐵爲號，取其堅也，賓鐵雖堅，終亦變壞，惟金不變不壞；金之色白，完顏（阿骨打氏族）色尙白，況所居愛新水亦金之意；於是國號大金，建元收國；時遼天祚帝天慶五年，宋徽宗政和五年（西元一一一五年）也。是年八月，延禧下詔親征，金主亦率兵出長春路，克黃龍府。契丹將耶律章努與魏王耶律淳妃弟蕭諦里等，誘將士亡歸，謀立淳，淳不從，斬諦里，單騎詣廣平淀待罪，延禧不究，待之如初。章努乃率麾下直犯行宮，不克；欲奔女眞，爲邏者所獲，送於延禧，延禧立斬以徇。金人方深溝高壘與契丹之軍相持，會獲契丹督餉者，詢知其主以章努反西還，因乘怠擊之，直擣中堅，契丹之軍大潰。金主亦旋退。當是時，遼東京留守蕭保先嚴酷，渤海苦之，保先被渤海人刺殺；渤海裨將高永昌被擁爲帝，東京州縣多爲所據，延禧遣張琳率兵二萬討之，永昌遣使求援於金；金主令其稱臣，永昌不從，遂爲金軍及張琳所敗，永昌率五千騎奔長松，爲遼陽人打不野所執，獻於金，金主殺之。

延禧卽位後，宋與契丹之間雖有信使往還，委蛇而已；至是，宋之邊將以所聞契丹衰亂敗挫之狀告於其主，徽宗本無意拓邊，而宰相童貫急欲乘隙圖契丹，力主與金夾攻之。貫、宦者也，與蔡京黨，頗擅權，時人因號京爲「公相，」號貫爲「媼相」云。徽宗以圖遼事付朝議，諸臣多不謂然；安良臣言之尤切，曰：童貫深結蔡京，同納趙良嗣以爲謀主，故建平燕之議，臣恐異時脣亡齒寒，邊境有可乘之隙，狼子蓄銳，伺隙以逞其欲云云，宋主然之，後竟爲奸謀所奪。

契丹在張琳吳庸等用兵失敗後，國人皆謂魏王耶律淳賢而忠，付以東征，士必樂爲用；招遼人爲軍，可報怨。延禧乃進封魏王爲秦晉國王，授都元帥，聽辟置官屬，募飢民二萬餘，使報怨於女眞，謂之「怨軍。」淳守燕有年，深得人心，燕京賴以不陷。時武朝彥以飢軍作亂，淳收斬之；會金兵至，與淳戰，淳敗績，收亡卒數千人而退，尋入朝。女眞軍乘勝而進，淳復奉詔赴沿邊，會四路兵馬防之，又敗於蒺藜女眞山。軍遂拔顯州，而東京之乾懿豪徽成川惠七州，皆降於金。時延禧在中京，聞敗耗，憂甚，密令集金玉珠寶之屬五百袋，選精兵二千騎，謀逃竄；並慰其衆，謂宋主與之爲兄弟，必相助，夏主爲其藩封，亦可往依；獨恐金兵至，必屠契丹之民耳。及見女眞兵退，事休息，意略壯；適金主遣使來求册封，延禧遂許之，遣耶律奴哥如金和議。金主復書曰：能以兄事朕，歲貢方物，歸我中京上京與中府三路州縣，以親王公主駙馬大臣子孫爲質，還我行人及元給信符，並宋夏高麗往復書詔表牒，則可。遼主從之，遣使備天子袞冕玉册金印車輅法駕之屬，如金册阿骨打爲東懷國皇帝。金主以册文無兄事之語，又不稱大金，而東懷又係小邦懷德之意，語涉輕侮，大怒，鞭其使，卻回之，和議遂絕。

西元一一二〇年（遼天祚帝天慶十年，金太祖天輔四年）阿骨打自將攻契丹，取上京，掘契丹諸主陵墓。時契丹皇室因諸皇子間承繼帝位之爭而致內變，外禍隨之愈烈。蓋延禧有四子，長趙王，次晉王，次秦王，次許王；趙王爲趙昭容所生，晉王爲文妃所生，秦王許王爲元妃所生。晉王積有人望，其母文妃亦賢，因嘗作歌諷諫延禧，以致見惡。樞密使蕭奉先者，元妃之兄，秦王許王之舅也，以國人屬意晉王，恐秦王不得立，而潛圖之。文妃有姊妹，一日俱會軍前，奉先諷人誣文妃等謀立晉王，延禧信之，賜文妃死，而誅其餘被誣之人；文妃之妹，妻耶律伊都，至是伊都亦爲所誣。伊都在軍中，聞之大懼，率千餘騎奔於金。金主以爲鄉導，趨契丹中京大定府，次年克之，遂下澤州。時延禧獵於鴛鴦濼，聞伊都引金軍至，憂甚；奉先復曰：伊都此來，欲立其甥晉王耳，若爲社稷計，不惜一子，明其罪誅之，可不戰而伊都自退矣。時有耶律薩巴等欲僭號，亦以立晉王爲言，延禧乃曰：反者必以此兒爲名，若不除去，何以獲安，乃遣人縊殺之。或勸晉王亡去，晉王曰：安忍爲蕞爾之軀而失臣子之節！諸軍聞晉王死，無不流涕，由是人心解體。伊都引金兵逼延禧行宮，延禧率衞士五千餘騎自鴛鴦濼走雲中，金人引兵追之，延禧以爲憂。蕭奉先猶以爲金兵不能遠離巢穴，及聞金師將至，延禧計無所出，遂輕騎入夾山，僅其長子以三百人隨之。延禧始悟奉先之不忠，怒曰：汝父子誤我至此，殺爾何益，恐軍心忿怒，爾曹避敵苟安，禍必及我，其勿從行。奉先下馬哭拜而去，未及數里，左右縛其父子送金軍，道遇契丹軍，奪以歸，並賜死。已而金兵至雲中，契丹守將蕭查剌以城降。

初、延禧將走雲中，留張琳李處温及其叔耶律淳等共守燕京，處温聞延禧入夾山，命令不通，乃外假「怨軍」內結都統蕭幹，謀立淳；邀張琳白其事。琳曰：攝政則可，卽眞則不可；處温曰：今日之事天意人心已定，豈可易耶。琳不敢執，遂與諸大臣耶律大石等集漢蕃百官諸軍及父老數萬人入詣淳府，引唐靈武故事勸進；淳不許，將出，守温之子持赭袍被之，令百官拜舞山呼；淳驚駭，再三辭，不獲，從之。羣臣上尊號曰天錫皇帝，建元天福，以妻蕭氏爲德妃，與謀諸臣授官有差，改「怨軍」爲「常勝軍，」軍旅之事悉委大石，遙降延禧爲湘陰王。遂據有燕雲中及上京遼西之地，號曰北遼；天祚所有者沙漠以北，西南西北兩路招討府諸蕃族而已。遼國遂分爲二。淳遣使於宋請免歲幣，結和好。宋主以天祚尚在，卻之。

宋自童貫力持攻遼之議，以還，即使人賫詔，浮海以通於金，金主語宋使者曰：吾已獲遼數路，汝歸見皇帝，果欲結好，早示國書；若仍用詔，決難從也。既而宋遣趙良嗣使金，謂金主曰：燕本漢地，欲夾攻遼，使金取中京大定府，宋取燕京析津府。金主許之，遂議歲幣。金主因以手札付良嗣，約金兵自平地松林趨古北口，宋兵自白溝夾攻，不然不能從。因遣使偕良嗣至宋以致其言，宋主使馬政報聘，書曰。大宋皇帝致書於大金皇帝，遠承信介，特示函書，致討契丹，當如來約，已差童貫勒兵相應，彼此兵不得過關，歲幣之數同於遼，仍約毋聽契丹講和云云。契丹既崩潰，宋更欲乘其敗以獲所欲。先是，淶水縣賊董龐兒聚衆作亂，爲契丹西京留守所破；蔡京嘗招董龐兒降，許王燕地，龐兒因上表自號扶宋破虜大將軍；及兵敗入雲應武朔等州，斬契丹監軍，函其首獻於宋，乞遣兵爲援，取中國故地；蔡京大喜，賜龐兒姓名趙詡，並擬出兵應之；因朝臣諫暫止。已而宋主召見，陳契丹可取狀甚切，遂命童貫北伐。前軍已發，會陶悅使遼還，具言契丹未可圖，乃止不進。至宣和初，竟出兵矣。宋主既與金主約定，共討契丹，差童貫爲河東河北宣撫使，屯兵於邊以應之，屢欲進攻，未果。及宋主聞王黼言，謂中國與遼雖爲兄弟之邦，然百餘年間彼之所以開邊慢我者多矣，且兼弱攻昧，武之善經也，今而不取燕雲，女眞卽強，中原故地將不復爲我有；乃決意治兵，置經撫房專治邊事，不關樞密，括天下丁夫，計口出算，得錢六千二百萬緡以充用。會聞耶律淳自立，乃命貫勒兵十五萬巡北邊以應金，且詔諭幽燕。時宋徽宗宣和四年，遼天祚帝保大二年，金太祖天輔六年（西元一一二二年）也。宋廷以三策付貫。如燕人悅而取之，因復舊疆土，上也；耶律淳納款稱藩，次也；燕人未服，按兵巡邊，下也。耶律淳既於卽位之初，遣使詣宋結好，而宋不納，童貫至邊，使張憲趙忠賫書諭淳使舉國內附，淳亦斬其使。貫至高陽關用知雄州和詵計，降黃榜及旗，述弔民伐罪之意，且云：若有豪傑能以燕京來獻者，卽除節度使；並分兵爲兩道，以种師道總東路兵，趨白溝，辛興宗總西路兵，趨范村。耶律淳聞之，遣耶律大石等禦之，宋師遂爲所敗，退保雄州。宋主聞敗，懼甚，詔班師，師道請復許契丹和，貫不答，密劾師道去之，以師道嘗諫阻其用兵也。

耶律淳寢疾，又聞天祚帝傳檄天德雲內朔武應蔚等州，合諸蕃精騎五萬，約期入燕，淳甚驚，命南北面大臣議。李處溫蕭幹等有迎立秦王以拒湘陰王之說，惟南面行營都部署耶律甯曰：天祚果能以諸蕃兵大舉奪燕，則是天數未盡，豈能拒之；否則秦湘父子也，安有迎子而拒其父者。處溫等以甯扇亂軍心，欲殺之，淳曰：彼忠臣也，焉可殺，天祚果來，吾有死耳，復何面目相見耶。已而，淳自知不起，密授處溫蕃漢馬步軍都元帥，意將屬以後事；及蕭幹等召宰執入議，處溫稱疾不至，陰聚勇士爲備，紿云奉密旨防他變。淳死，蕭幹等乃立淳妻爲皇太后，主軍國事，遙立秦王定爲帝，改元德興。蕭后聽政，幹以后命召處溫至，以時方多難，未及加誅，但追毀元帥劄子。處溫父子懼禍，南通童貫，欲挾蕭后納土，北通於金欲爲內應。事覺，后執處溫問之，處溫自陳有定策功，后曰：誤秦晉國王者皆爾父子，何功之有，並數其前後罪惡數十而誅之。蕭后旋遣使如宋，奉表稱藩，宋不納。及金向燕京進兵，分三道來攻，蕭后又上表於金，求立秦王爲帝；表五上而金主不許，乃以勁兵守居庸關。金兵至關，戍兵不戰自潰，金軍自關而南，遼統軍通款迎之，金主遂入燕京。諸臣多降，金主命守舊職。蕭后不得已，與蕭幹等出古北口，欲趨天德見延禧；行至松亭關，幹與耶律大石等議所往，大石欲歸天祚，契丹軍從之；蕭后至，竟爲延禧所殺。幹，奚人也，欲就奚王府立國，奚渤海軍從之，遂率衆離去，自稱神聖皇帝，改元天興，後爲降將郭藥師所敗，稱帝僅八月耳。大石之歸天祚，史文互異；一說大石於居庸爲金軍所虜，降於金，金人嘗以大石爲鄉導，追延禧，其後年餘，始自金逃歸，往見延禧。延禧責之曰：我在，汝何敢立淳。大石對曰：陛下以全國之勢，不能一拒敵，棄國遠遁，使黎民塗炭，卽立十淳，皆太祖子孫，豈不勝乞命於他人耶？延禧無以答，賜之酒食而赦其罪。

延禧入夾山，誅蕭奉先後，以諸局百工多亡，凡扈從不限吏民皆官之。時雲內寧邊東勝諸州，皆已降金。已而金取西京，沙漠以南部族亦降。延禧遁入額蘇倫，旋與金軍戰於石輦驛，敗績，金軍追之急，棄輜重以遁，出居四部族詳穩之家，率其諸子諸妃公主從臣駐於雲內州南。金軍復往圍之於青冢硬寨，從者悉陷，惟太保特母哥竊延禧次子梁王及長女遁出。已而金兵送契丹重輜宗族屬東行，延禧以兵五千邀戰於白水濼，金將斡離不(Warib)以兵千餘敗之，延禧遁去，金軍逐之二十里，盡得其從馬，別獲契丹牧馬萬四千，車八千乘；延禧使人持兔紐金印僞降，乘間西走。斡離不以書招之，諭以石晉北遷事；延禧答書，乞爲弟若子，量賜土地；斡離不不許。特母哥旋擕梁王至，延禧怒其不能盡救諸子，詰責之；適夏主請延禧臨其國，延禧從之；蕭特烈等切諫不聽，延禧遂渡河，次於金肅軍北；人情惶懼，不知所爲，特烈等陰相議曰：事勢如此，億兆離心，不早爲計，賴社稷何？乃共劫梁王走西北部，三日，遂立爲帝，改元神歷，以特烈爲樞密使，特母哥副之。梁王性寬大，諸部多率衆來附；其後日漸荒怠，獵於査剌山，致疾而卒。斡離不聞延禧奔夏，已渡河，乃遣書於夏，使執送遼主，且許割地。已而，阿骨打卒，其帝吳乞買(Gukimai)即位，更名晟，改元天會，時西元一一二三年也。延禧復渡河，居於突呂不部，金主復襲之，延禧北走。適耶律大石兵歸，又得陰山室韋瑪克實兵來歸，勢稍振。宋主欲誘致之，遣番僧齎御筆絹書通意，延禧允之，遂易書爲詔，待以皇弟禮，位在燕越二王上，築第千間，女樂三百；延禧大喜，童貫謀往迎；延禧旋慮宋主不足恃，遂未往。又自謂得天助，謀出兵復燕雲；大石力諫曰：自金人初陷長春遼陽，則車駕不幸廣平淀而都中京；及陷上京，則都燕京，及陷中京，則幸雲中；自雲中而播遷夾山，向以全師不謀戰備，使舉國漢地皆爲金有，國勢至此而方求戰，非計也；當養兵待時而動，不可輕舉。延禧不聽，大石乃集所部，置南北面官屬，自立爲王，夜率其衆向北去。延禧亦率諸軍出夾山，下漁陽嶺，取天德東勝寧邊雲內等州，南下至武州，遇金軍，復潰，直趨山陰，謀奔夏。會党項小斛祿遣人請臨其地，延禧遂趨天德。過沙漠，金兵忽至，延禧徒步走出，乘從者馬得脫。途次遇雪，又絕糧，從者至嚼雪以濟飢。過天德，夜宿民家，數日，嘉其忠，拜節度使；遂趨党項，以小斛祿爲西南面招討使，總知軍事。至應州新城方與小斛祿謀歸宋或夏，計未決而金將完顏婁室已至。因延禧尚有從騎千餘，又有金鑄佛長丈六，他物稱是。適時值大雪，車馬皆有轍迹，故爲金兵所及。婁室馳騎至，跪於前曰，奴婢不佞，乃以甲冑犯天威，因奉觴進，遂俘以還。延禧降於金，封海濱王，送長白山東築城居之，四年，以疾終，葬於廣寧府閭陽縣乾陵旁，（在今海參崴附近。）遼遂亡。

方宋金定約攻遼有成議之後，金人聞童貫舉兵，恐宋徑取燕京而歲幣不可得，乃遣使如宋議師期；宋主遣趙良嗣報之。初宋與金約，但求石晉賂契丹故地，而不思平營灤三州非晉賂，乃劉仁恭獻契丹以求援者；既而王黼悔，欲併得之，金主不肯。及趙良嗣往，金主使人責良嗣以出兵失期，且云今更不論元約，特與燕京薊景檀順涿易六州。良嗣力持元約山前後十七州，金主曰：若宋必欲平灤等州，幷燕京不與。且云：燕京用本朝力攻下，其租稅當輸本朝。良嗣曰：租稅隨地，豈有與其地而不與其租稅者。宋金間使者往反，王黼欲早定語金使者曰，租稅非約也，上意以交好之故，欲以銀絹充之。金使者請去年歲幣，宋主亦許之，仍遣趙良嗣往見金主。良嗣謂金主曰：本朝徇大國多矣，豈灤平一事不能相從耶？金主曰：灤平欲作邊鎮，不可得也，遂議租稅。金主曰：燕租六百萬，只取一百萬，不然，還我涿易舊疆及「常勝軍。」趙良嗣歸報，曰：過半月不至，吾提兵往矣。良嗣以金書遞奏，王黼竟勸宋主許之，於遼人舊歲幣四十萬之外，每歲更加燕京代稅錢一百萬緡。良嗣以宋誓書送金人，金人又求糧，良嗣許以二十萬石。已而，金人亦遣使以誓書及燕京六州來歸；時，燕之職官富民金帛子女，皆爲金人盡掠而去，宋所得惟七空城而已。

先是，有張瑴者，嘗以平州降於金，金以平州爲南京，瑴爲留守。瑴有貳心，欲假宋援以自重，有勸宋以招致瑴者，宋主欲納之。趙良嗣曰：國家新與金盟，如此必失其歡，後不可悔。宋主不聽，詔建平州爲太寧軍，以張瑴爲節度使。金人聞瑴降宋，以兵攻平州，取之，並索瑴，宋不得已，殺瑴，函其首送於金。是時，金已滅契丹，夏亦向金稱藩，西元一一二六年（宋欽宗靖康元年，金太宗天會四年），金人以怨宋納叛，又不給趙良嗣所許糧二十萬石，且嘗遣使迎延禧，並使童貫郭藥師等治兵燕山謀進取，乃使斡離不進兵，取檀州，郭藥師以其衆降，並導之深入。鐵騎奄至，宋軍在河北岸者倉卒奔潰，在河南者無一人，金人遂取小舟以濟，進圍汴京。時徽宗已內禪，其長子桓卽位，是爲欽宗，改元靖康。朝臣主和主戰，莫衷一是，而勤王之師輒敗，乃與金言和，議定宋朝輸金五百萬兩銀五千萬兩表緞百萬匹牛馬萬頭於金，尊金爲伯父，割太原中山河間三鎭於金，以宰相親王爲質。宋主乃括借都城金銀及倡優家財，得金二十萬兩，銀四百萬兩，以送於金。搜括時出榜籍士庶所有，「否則男子殺盡，婦人虜盡，宮室焚盡，金銀取盡」等語，謂之四盡云。斡離不旣得金銀，以肅王樞爲質，始解圍北還。時，太原固守，金將粘罕(Jemugor)攻之不下，兵被牽掣，未得與於圍汴之役；及聞斡離不議和，所獲甚多，亦遣使向宋索賂。宋卻之，且詔三鎭固守待援，復信僉人言，約契丹將耶律伊都爲內應，又約契丹梁王由北方合擊金人，其書均爲粘罕所得。金主乃責宋不守信約，以粘罕爲左副元帥，斡離不爲右副元帥伐宋，所向披靡。宋師旣潰，而廟堂和戰主張仍不一致，毫無戰守之計，所遣求和之使亦不得要領，金兵遂渡河圍汴。汴城基址甚大，紆曲縱斜，時人罔測，蔡京乃撤而方之；二將至城下，見曰，是易攻耳，令植礮四隅，隨方而擊，一礮所壓，一壁皆不守，城遂陷。欽宗乃親與粘罕議和，所索金一千萬錠，銀二千萬錠，縑帛如銀之數，留欽宗不遣；使人肆行搜括，府庫民家莫不罄竭；並索取后妃宗室百官及倡優技匠都三千餘人，同欽宗及上皇北行；廢趙氏，立張邦昌爲楚帝，都於金陵，自黃河以外除西夏新界疆場仍舊，爲金藩臣。宋餘臣迎康王構入居大位，是爲高宗，改元建炎，時金太宗天會五年（西元一一二七年）也。高宗初卽位於應天府（今河南商邱縣，）旋因金人進逼不已，南幸揚州；兩河淪陷，進迫揚州，高宗復渡江以避之，都於臨安（今浙江杭縣，）是爲南宋。金人遂盡克河北河東諸州郡及江淮以南之地，江東西皆陷，且入杭州。其後追高宗不及，始焚掠而北，稱南朝爲蠻子，（馬可波羅書中屢見此稱。）斡離不死，粘罕獨擁大權，金主吳乞買亦惟其計是從。

耶律大石者，阿骨機後裔也，嘗爲契丹林牙，故號曰「大石林牙。」天祚保大二年（西元一一一五年，）諫延禧勿輕動兵，不聽，遂自立爲王，率騎二百宵遁。北行三日，過黑水，見白達達詳穩古兒牀，古兒牀獻馬四百，駝二十，羊若干。西至可敦城，駐北庭都護府。會威武，崇德，會蕃，新，大林，紫河，駞，等七州及大黃室韋，敵刺，王紀刺，茶赤刺（Djadjerat）也喜，鼻古德，尼刺，達刺乖，達密里，密兒紀（Merkit），合主，烏古里，阻卜，普速完，唐古（Tangut）忽母思，奚的，糺而畢，十八部王衆，諭曰：

我主宗艱難創業歷世九主，歷年二百；金以臣屬，逼我國家，殘我黎庶，屠翦我州邑，使我天祚皇帝蒙塵於外，日夜痛心疾首；我今仗義而西，欲借力諸蕃，翦我仇敵，復我疆宇；惟爾衆亦有軫我國家，憂我社稷，思共救君父，濟生民於難者乎？遂得精兵萬餘，置官吏，立排甲，具器仗。次年二月，以青牛白馬祭天地祖宗，整旅而西，先以書諭回鶻王畢勒哥（Bilgo Khan）（其都似在喀剌和卓或闢展，但並未直接爲契丹藩屬）其書曰：昔我太祖皇帝北過卜古罕城，卽遣使至甘州，詔爾主烏母主曰，汝思故國耶，朕卽爲汝復之；汝不能反耶，朕則有之；在朕猶在爾也；爾祖卽表謝，以爲遷國於此十有餘世，軍民皆安土重遷，不能復返矣；是與爾國非一世之好也，今我將西至大食，假道爾國，其勿致疑。畢勒哥得書，卽迎至邸，大宴三日；臨行獻馬六百，駝百，羊三千，願質子孫爲附庸，送至境外。所過敵者勝之，降者安之，兵行萬里，歸者數國，獲駝馬牛羊財物不可勝計，軍勢日盛，銳氣日倍。至塔什干，西域諸國舉兵十萬號忽兒珊來拒戰，敗之。駐軍九十日，回回國王來降，貢方物。又西至起兒漫（Kerman'e）（在今撒馬兒干"Samarcand"與布哈拉"Bokhara"之間，又作奇爾瑪勒，）文武百官冊立大石爲帝，號葛爾罕(Gurkhan)復上漢號曰天祐皇帝，改元延慶。居三年，班師東歸，馬行二十日，得善地，遂建都城，號虎斯斡爾朵(Ghuz Ordo，其地在西突厥碎葉地方近旁）改號康國元年，時西元一一二七年也。於是遣將率兵七萬東征，行萬餘里無所得，牛馬多死，勒兵而還。康國十年，大石歿，廟號德宗，時西元一一三六年也。子夷列年幼，以皇后塔不煙權國政；七年而夷列即位，改元紹興；籍民十八歲以上，得八萬四千五百戶，在位十三年沒，廟號仁宗。子幼，遺詔以妹普速完權國稱制，改元崇福。普速完在位十四年，為其下所殺，仁宗次子直魯古即位，改元天禧。在位三十四年時，秋出獵，乃蠻(Naiman)王屈出律以伏兵八千擒之而據其位，時西元一二〇三年也。屈出律遂襲遼衣冠，尊直魯古為太上皇，皇后為皇太后，朝夕問起居以侍終焉。直魯古死，遼遂絕。柔然史中有虎斯突厥(Ghuz Turk)一名，其字似為阿剌伯語，以指濟斯人(Uzes)武葛蘭人(Alans)，又稱為庫蠻人(Comans)，皆曾居大石所至之地。羅馬查士丁尼皇帝(Jastinian)之六大區域中，即有一區曰庫蠻那(Comana)，屬於第三亞美尼亞國(Third Armenia)，法史家瑪斯庇洛(Maspero)記錄帝格拉斯庇里塞大帝(Tiglath Pileser)所征服之地中，亦有與之類似之名云。

自契丹衰亡後，又有微小之蒙古部族（其初又曰盟古）崛起大漠之北，逐漸奄有其地，並征服滿洲族女眞族以及中國唐古特波斯俄羅斯與夫其他歐亞二洲地方。在西元一三六八年至一六四三年之間，始由漢族光復中華故土，是爲明代。明代之後，又由女眞同文同種之滿洲族代之，大拓疆宇；其初亦極微之部落也。由是可知除漢（西元前二〇〇年至西元後二〇〇年）唐（西元六〇〇年至九〇〇年）兩代外，殆無漢族能擴張其勢力於塞外，或久有中國北部者；卽明代（西元一三六八年至一四六三年）亦時時爲蒙古族所侵擾，其主英宗且嘗爲厄魯特蒙古（Elwth mongol）之酋也先（Essen）所虜焉。